101 PAYS DE MIREPOIX LAVELANET

C'est ici un pays d'art et d'histoire. Ce pays est riche de son passé industriel comme le textile qui a brillé du Moyen Âge jusqu'au milieu du XXe siècle, de son patrimoine architectural et la forte présence de l'art roman, l'église de Vals en est un exemple, et la construction d'une multitude de Bastides. Mirepoix et ses couverts sont un écrin dont le joyau est sa place centrale.

119 PAYS DE LA BASSE ARIÈGE

Bienvenue dans le pays de la Basse Ariège ! Nous découvrons ici cette grande plaine qui s'étend entre Toulouse et le massif pyrénéen et qui offre une vue magnifique à celui qui vient d'Auterive. Cette plaine suit plus ou moins le tracé de la rivière Ariège, nous faisant voyager de Saverdun à Pamiers, la plus grande ville du département.

147 PAYS DE LA LÈZE

Ce pays se découpe entre patrimoine, nature et culture. Les bastides, les couverts de Lézat et les églises romanes sont les preuves d'un riche passé médiéval traversé par le chemin de Saint-Jacques de Compostelle. Et il y a dix mille ans, des Hommes occupaient déjà la fabuleuse grotte du Mas d'Azil.

...STOCK.ADOBE.COM

157 PAYS DU COUSERANS

Le Couserans possède une culture riche pleine de traditions et d'un passé luxuriant. Les sabots de Bethmale, les pierres à faux, le marbre, la papeterie… Son patrimoine naturel avec le Parc Naturel Régional des Pyrénées Ariégeoises, son patrimoine historique avec ses nombreuses bastides et son patrimoine gastronomique contribuent à faire de ce Pays un atout précieux pour l'Ariège.

179 ORGANISER SON SÉJOUR

Gentianes. © YVON52 - SHUTTERSTOCK.COM

La ville de Pamiers. © JACKF - STOCK.ADOBE.COM

HAUTE-GARONNE
Vers Toulouse
Lézat-sur-Lèze
D919
ST-YBARS
Vers Carbonne
Durf
D626
D628
le Fossat
D919
Vers Montesquieu
Daumazan-sur-Arize
CARLA-BAYLE
Artigat
Vers Tarbes, St-Gaudens
Fabas
Sainte-Croix-Volvestre
Camarade
Sabarat
Pailhès
Barjac
D627
LE MAS-D'AZIL
D119
Caumont
Lorp-Sentaraille
D117
Durban-sur-Arize
LA BASTIDE-DE-SEROU
Montjoie-en-Couserans
Montgauch
SAINT-LIZIER
D117
Rimont
Alzen
Vers Luchon
Forêt de Moulis
D618
SAINT-GIRONS
Balaguères
Moulis
D17
Augirein
D618
Salat
Audressein
D618
CASTILLON-EN-COUSERANS
D18
D618
Bethmmale
D 704
Massat
Oust
Cominac
Sentein
D17
SEIX
D32
Ercé
D117
Pic de Maubermé 2 880 m
Mont Valier 2 839 m
D8
Garbet
D3
Aulus-les-Bains
Salau
Guzet-Neige
Auzat
Mont Rouch 2858 m
D108
Pic de Mont 3078 m
Pic d'Estats 3 145 m
ESPAGNE
15 KM
ORDI
ANDORRA LA VELLA

Ariège

LIBRE ET AUTHENTIQUE

Ariejo, Ariejo ô moun païs ! Commencer cet édito par ces quelques mots issus de l'hymne ariégeois est devenu une tradition et nous voilà de retour dans les rayons des meilleures librairies pour cette 18e édition ariégeoise. Le pangolin a fait trembler la planète mais pas vaciller l'Ariège qui s'est adaptée et les professionnels de la restauration se sont reconvertis au « à emporter » et aux commandes par Internet (merci la fibre optique disponible partout sur le territoire). Désormais, libéré, délivré, notre département favori est prêt à accueillir touristes et visiteurs. Le Renard a pris la route et rencontré un nombre incroyable d'artisans, de producteurs, de restaurateurs, de passionnés, d'artistes et d'amoureux de cette terre, la plupart du temps anonymement. Rien n'a changé, le monde d'après est celui d'avant, en aussi bien. Nature, culture, authenticité, solidarité, liberté, fraternité, gastronomie sont toujours présentes dans le cœur de l'Ariège qui s'enrichit de nouveaux habitants venant de toutes les contrées, de nouvelles entreprises novatrices... Un vent de dynamisme souffle sur ce territoire. Rassurons-nous, les Ariégeois d'ici, les natifs, sont toujours râleurs, ont toujours un avis très tranché, sur l'ours, sur la chasse, sur l'Europe... Les grands chiens blancs protègent toujours les estives, la cuisine est toujours aussi bonne, la charcuterie toujours aussi sèche ; la saucisse de foie se trouve toujours à Foix et les Ariégeois sont toujours aussi accueillants. *Benvengut* !

Retrouvez cette offre en page 52

SOMMAIRE

Abbaye Saint-Pierre de Moissac. © ANIBAL TREJO - STOCK.ADOBE.COM

Etangs du Picot. © YVANN K

6 INSPIRER

Retrouvez toutes les informations pour avoir un premier aperçu de la destination : quand et pourquoi venir, les coups de cœur, des idées de séjours…

21 DÉCOUVRIR

Des dossiers approfondis pour découvrir les différentes facettes du département : sa gastronomie, son histoire, sa nature…

53 PAYS DE LA HAUTE ARIÈGE

Au cœur du pays des montagnes, de la faune, de la flore, des stations de ski, des multiples vallées qui serpentent le long des cours d'eau, vous pouvez « rester en bas » et profiter des eaux chaudes du thermalisme, mais vous pouvez aussi « prendre de la hauteur » et partir à la découverte des villages accrochés au flanc des montagnes.

75 PAYS DE FOIX

Le pays de Foix abrite la capitale de l'Ariège dominée par son château comtal du Xe siècle au pied duquel s'étend la ville médiévale. La ville étant idéalement située au centre du département, vous pourrez facilement rayonner.

Le château de Foix. © PHOVOIR

Autoroute
Nationale 4 voies
Nationale
Départementale
Préfecture
Sous-préfecture
Ville, village
Forêt domaniale
Ariège
AUDE
PYRÉNÉES-ORIENTALES
Vers Toulouse
Vers Belpech
Vers Castelnaudary
Vers Carcassonne
Vers Perpignan
Vers Belcaire
Vers Axat
Vers Mont-Louis
MAZÈRES
Montaut
Vernet
AMIERS
Lapenne
VALS
SAINT-JEAN-DU-FULGA
Rieucros
Coutens
MIREPOIX
Rieux-Pelleport
VARILHES
St-Jean-de-Verges
Dun
Camon
Aigues-Vives
Lac de Montbel
Montbel
LAROQUE-D'OLMES
La Bastide-sur-l'Hers
MONTGAILHARD
LAVELANET
Lesparrou
CELLES
Nalzen
Bélesta
Faougax-et-Barrineuf
Montségur
Les Monts-d'Olmes
TARASCON-SUR-ARIÈGE
Cazenave
Omolac-Ussat-les-Bains
Les Cabannes
Aston
Axiat
Lordat
Unac
LUZENAC
Montaillou
Ascou
Ascou-Pailhères
Rouze
Quérigut
AX-LES-THERMES
Bonascre
ORLU
Gestiès
Siguer
Pic de Baljésou 2 288 m
Pic du Thoumasset 3 078 m
SOLDEU
l'Hospitalet
PAS DE LA CASA
Col de Puymorens
D820
D624
D11
A66
N20
D6
D625
D119
D626
D7
D1
D620
D117
D9
D613
D25
Ariège

QUAND Y ALLER

JANVIER

0° / 7°

FÉVRIER

0° / 7°

MARS

2° / 12°

SNOW GAY
(AX-LES-THERMES)
L'événement LGBTQI+ des Pyrénées. Expositions, concerts, soirées, compétitions de ski, balades en raquettes, after ski cocktails.

JUILLET

14° / 24°

FESTIVAL DU CONTE DE SAURAT
(SAURAT)
Fermez les yeux et laissez-vous conter. Laissez-vous emporter par les histoires qu'on racontait jadis autour de la cheminée.

FESTIVAL RESISTANCES
(FOIX)
Projections de films différents. On s'ouvre l'esprit, loins des films commerciaux. Ce festival cultive l'authentique et la vérité.

AOÛT

14° / 24°

FOIX TERRE D'HISTOIRE
(FOIX)
LE spectacle son et lumière de l'Ariège ! A voir en famille pour un pur moment de plaisirs, de découvertes et d'histoire locale.

MIMA FESTIVAL DES ARTS DE LA MARIONNETTE
(MIREPOIX)
Découvrez MIMA : le deuxième festival international en France consacré aux formes contemporaines du théâtre de marionnettes.

SEPTEMBRE

14° / 21°

FESTIVAL DES SAVEURS
(AX-LES-THERMES)
Pour les becs fins, les fines gueules, les gourmands et les gourmets et savourer le meilleur de la gastronomie ariégeoise.

Voici une sélection manifestations parmi le nombre élevé d'événements (particulièrement en été). Il a donc fallu faire un choix difficile dans le nombre de manifestations et trouver un équilibre entre culture, tradition, événements et... dégustation. On remarquera que, tels les ours, l'Ariège hiberne au cœur de l'hiver. En janvier et février, la « neige étend son manteau blanc » c'est la saison de ski ! En novembre, on la prépare avec soins, cette saison et on attend que la neige tombe.

AVRIL

5° / 14°

SWING À MIREPOIX
(MIREPOIX)
3 jours de concerts in et off et d'une super ambiance swing et jazzy sur la place des Couverts et sur les terrasses des cafés.

MAI

8° / 17°

GABRIEL FOREVER
(PAMIERS)
Pour les mélomanes de la grande musique dite «classique» à la rencontre des grands compositeurs et des grands virtuoses.

LA GRANDE FOIRE
(TARASCON-SUR-ARIÈGE)
La grande foire des habitants de la montagne avec veaux, vaches, cochons, couvées... chiens et moutons. Produits locaux, concerts.

JUIN

13° / 21°

FETES DE LA TRANSHUMANCE
(SAINT-GIRONS)
Chaussures et sac à dos pour cet événement dans la vie des élevages de montagne. La montée aux estives est toujours une fête.

OCTOBRE

9° / 17°

FOIRE D'AUTOMNE
(PAMIERS)
La grande foire de Pamiers à la rencontre des commerçants et des artisans de la ville dans l'esprit des grandes foires d'antan.

FETE DE LA FIGUE DU MAS D'AZIL
(LE MAS-D'AZIL)
La figue est à la fête. Nature, cuite et cuisinée, sèche. La figue est délicieuse sous les auspices de la Confrérie de la Figue.

NOVEMBRE

4° / 11°

DÉCEMBRE

1° / 8°

FOIRE AU GRAS
(MAZÈRES)

La foire du foie gras et des bonnes choses avant les fêtes de Noël et de fin d'année. On trouvera tout ici pour les réussir.

LES BONNES RAISONS D'Y ALLER

© JACKF - STOCK.ADOBE.COM

LES CHÂTEAUX

Représentants de la puissance des Comtes de Foix, protecteurs des populations persécutées.

LES GROTTES

Traverser une grotte en voiture, contempler des peintures originales, naviguer en barque.

© JEAN-MICHEL ALIBAUD - STOCK.ADOBE.COM

© GAVIN - STOCK.ADOBE.COM

PARC NATUREL REGIONAL

Depuis 2009, il occupe 40 % du département et préserve l'authenticité de la faune et de la flore.

© FREDERIC MAILLARD - STOCK.ADOBE.COM

RESPIRER LE BON AIR

Grands espaces montagneux, torrents, lacs, pics vertigineux, eaux de sources. Ici tout est pur.

© XAVIER - STOCK.ADOBE.COM

LA VALLEE DE BETHMALE

Pour ses laiteries aux délicieux fromages et son surprenant lac bleuté aux teintes turquoises.

© PICTURES NEWS - STOCK.ADOBE.COM

MANGER SAIN

Charcuteries artisanales, pâtisseries, vins, bières, produits bio ou simplement naturels.

© SISOOPOTE - SHUTTERSTOCK.COM

LES MARCHES

Certains existent depuis le Moyen Âge et d'autres sont colorés et typiques.

LES BONNES RAISONS D'Y ALLER

LES VILLES MEDIEVALES

Témoins d'une époque difficile où la force militaire côtoyait la puissance religieuse.

© MEHDI33300 - SHUTTERSTOCK.COM

© SKAMPIXELLE - STOCK.ADOBE.COM

LA FAUNE

Entendre des marmottes, voir des Isards, observer des loups, et pourquoi pas un ours…

© 13_PHUNKOD - SHUTTERSTOCK.COM

LES EVENEMENTS

Festivals historiques, de marionnettes, de Jazz, spectacles… Il se passe toujours quelque chose.

LES 12 MOTS-CLÉS

#XXIE SIÈCLE

L'Ariège n'est pas figée dans son passé, certes riche historiquement, et investit dans le présent et le futur. Le réseau routier est continuellement amélioré et entretenu, la mobilité renforcée entre les villes et les villages mais surtout la fibre optique a vocation à être partout sur le territoire grâce à Ariège Très Haut Débit.

#CHAMPIGNONS

Il n'y en a pas ! Il n'y en a jamais eu et il n'y en aura jamais. Des cèpes ? Des girolles ? Des rouzillous ? Des pichagots ? Des morilles ? Mais on vous dit qu'il n'y en pas ! N'insistez pas ! Sûrement dans les départements voisins, mais pas ici ! On peut discuter de tout avec les Ariégeois mais pas de ce sujet passionnel. Et si on parlait de l'ours ?

#COMTES DE FOIX

« Fébus aban ! », « Ralliez-vous à mon panache blanc ! » Ils en ont des phrases célèbres, nos comtes de Foix. Ah vous ne saviez pas ? Mais Henri IV fut le dernier des comtes de Foix, très lointain ancêtre de Gaston Fébus (le blond avec une chausse noire). Les comtes ont toujours fait de Foix une ville résistante, protectrice et combative.

#HISTOIRE

Mais ils sont tous cassés vos châteaux ! Ah non, pas celui de Foix, qui est superbement conservé. L'Ariège jouit d'un patrimoine médiéval remarquable. Citadelles cathares en ruine, perchées sur leur éperon rocheux, bastides ancestrales, églises romanes millénaires, chevaliers, troubadours, cathares, catholiques, protestants... : des siècles d'histoire.

© JULIEN - STOCK.ADOBE.COM

#INDUSTRIES

« Des hommes et du fer » c'est ainsi qu'un proche de Napoléon Bonaparte décrivait l'Ariège et félicitait le courage de ceux qui au fond des mines extrayaient le précieux minéral. Le textile a été une manne mais il ne faut pas oublier le papier, le bois, les peignes en corne... Tourisme et industries de pointe métallurgiques ont remplacé ces activités d'antan.

#MONTAGNES

« L'Ariège ça monte et ça descend, ce n'est jamais plat ». Des pics, des cols... 3 143 m pour la Pique d'Estats, 3 077 m pour le Montcalm. Sans monter sur les extrêmes, le Plantaurel est vallonné et seule la Basse Ariège semble vivre dans la platitude. C'est le paradis des grimpeurs à vélo ou encordés. Mais les Ariégeois ont aussi de très bonnes descentes !

© IRFANLH - STOCK.ADOBE.COM

#NATURE

Pas besoin de chercher, elle est partout. Un parc naturel régional, des lacs, rivières et ruisseaux qui sillonnent montagnes et plaines, des forêts à perte de vue, une faune riche et préservée (tétras, ours, sangliers, cervidés, truites). Certaines espèces sont protégées mais d'autres font le bonheur des chasseurs et des pêcheurs.

#PRÉHISTOIRE

L'Homme vit en Ariège depuis la nuit des temps et a utilisé ses reliefs et ses cavernes pour se protéger. Des traits d'animaux au charbon en utilisant les courbures de la paroi, des mains, des scènes de chasse... Art, croyances ? Les chercheurs cherchent et la connaissance avance. Des enfants ont laissé des traces de pieds quelque part dans une galerie de Niaux.

LES 12 MOTS-CLÉS

#SANTÉ

Qu'il est bon l'air que l'on respire ici. Il est pur, rempli d'oxygène, énergisant. Les quatre éléments sont galvanisés par une sorte d'alchimie. La terre omniprésente dans son relief, le feu qui chauffe ces eaux sulfureuses qui font tant de bien. L'Ariège est un havre de paix pour qui veut s'isoler ou méditer au contact d'une nature riche et saine.

© JULIEN - STOCK.ADOBE.COM

#TERROIR

Le terroir, ce n'est pas qu'un accent ensoleillé et rocailleux, ce sont surtout des produits authentiques fabriqués dans le respect des consommateurs et des traditions. Fromages du Couserans, vins et bières des plaines, charcuteries sèches, saucisses et jambons, pâtés, terrines, et même du foie gras. On est bons pour faire tout ce qui est bon !

© ROCKERSTOCKER - SHUTTERSTOCK.COM

#SPORTS

Il y en a vraiment ici pour tous les goûts. Que vous aimiez arpenter les milliers de sentiers à pied ou en VTT, escalader des parois dignes de murailles, sauter d'un avion, décoller en parapente, dévaler des pistes de ski ou des rivières tumultueuses en canoë, grimper des cols à vélo… il y a forcément quelque chose pour vous !

#WAHOU

Cette expression résume l'Ariège. Vous l'avez déjà dite ou allez le faire sous peu si c'est la première fois que vous découvrez l'époustouflante beauté du département. Panoramas grandioses, sensations diverses et variées sur les routes, les pistes, les rivières, dans l'air… Des produits authentiques et surtout des gens au sang chaud et au grand cœur.

VOUS ÊTES D'ICI, SI…

- **Vous nommez doryphores** les braves Toulousains qui aiment notre département.
- **Vous « montez au Pas »** (prononcer le s) pour acheter vos cigarettes et carburant (et le beurre et le sucre !)
- **Vous dites à tout le monde qu'il n'y a pas de cèpes cette année,** en mangeant votre omelette.
- **Vous klaxonnez devant chaque panneau** signalant l'entrée dans le département.
- **Quand vous vous présentez,** on vous répond qu'on aime beaucoup… l'Ardèche.
- **Vous ne connaissez que le refrain de *Se Canto*,** mais vous le chantez à chaque repas.
- **Vous pensez que « les Parisiens » ne connaissent rien aux ours,** à la pêche, à la chasse, au pastoralisme… bref à l'Ariège.
- **Un Ariégeois vous demande,** quand vous dites que vous êtes d'ici : « Oui… mais de quelle vallée ? »
- **Vous ne comprenez pas pourquoi les touristes rient du nom de nos villages**… Seix, Les Verges, Saleix, Salau…
- **Vous mangez des chocolatines** et vous les transportez dans une poche.
- **Quand on vous invite sans précision,** vous savez que c'est obligatoirement pour l'apéro.

L'Ariège offre des paysages somptueux.
© ARENYSAM - SHUTTERSTOCK.COM

TOP 5

SE RESTAURER

Une sélection difficile tant le département propose de bonnes tables et d'établissements soucieux de la qualité de ce qu'ils cuisinent en étant très engagés dans le choix de leurs fournisseurs locaux et privilégiant les circuits courts. La liste de nos coups de cœur est bien sûr non exhaustive.

LA MÉTAIRIE - LE CLOS SAINT-MARTIN 114

EN PHOTO

Arvigna
Une chef qui ne cesse de surprendre par sa créativité et son professionnalisme. Le résultat dans l'assiette est toujours bluffant.

174 LE CARRÉ DE L'ANGE

Saint-Lizier
Tout pour passer un agréable moment. Un lieu historique et magistral, une vue grandiose sur les Pyrénées et une cuisine inventive et gastronomique.

LE VERTIGO

Foix
Ambiance relax et feutrée pour un grand choix de plats copieux à base d'ingrédients de qualité. Accueil chaleureux et service au top.

146 LE CHÂTEAU DE LONGPRÉ

Varilhes
Cuisine raffinée d'un Chef qui démontre que cuisiner peut devenir un art. Associations audacieuses de saveurs et de parfums.

RESTAURANT BASSAS 134

Pamiers
Menu surprise chaque jour pour une cuisine créative et goûteuse mélangeant couleurs et parfums qui mettent nos sens en éveil.

TOP 5

SE LOGER

Que ce soit dans une chambre d'hôtes au pied du château de Foix, un camping au cœur du Parc naturel régional des Pyrénées ariégeoises, ou une belle demeure de charme au détour d'un village, l'Ariège regorge de propositions originales pour un repos bien mérité après une journée d'exploration.

© CAMPING DES GROTTES

CAMPING DES GROTTES****

Alliat
Toboggans, jeux aquatiques et piscine chauffée pour ce camping entouré de montagnes au cœur de la nature et des grottes préhistoriques.

© CHÂTEAU DE CAMON

ABBAYE-CHATEAU DE CAMON

Camon
Un lieu chargé d'histoire. Une authentique abbaye du Xe siècle transformée en château avec jardins, piscine et vue sur les Pyrénées.

© CHÂTEAU DE BEAUREGARD

DOMAINE DU CHÂTEAU DE BEAUREGARD***

Saint-Girons
Elégante maison bourgeoise du XIXe, flanquée de 4 tours, entourée d'un magnifique parc arboré à 5 minutes du centre-ville.

© L'ARCHE DES CHAPELIERS

L'ARCHE DES CHAPELIERS

Foix
Le charme d'une maison du XVIIIe au cœur du centre historique de Foix la médiévale. Vue sur le château, à proximité de tout.

LE MANOIR D'AGNÈS***

Tarascon-sur-Ariège
Hôtel 3 étoiles à l'architecture romantique avec tout le confort du XXIe siècle, et qui propose un restaurant gastronomique.

© LE MANOIR D'AGNÈS

TOP 5
ACTIVITES

Il y a toujours quelque chose à faire en Ariège et ce, tous les jours, et en toute saison. L'hiver nous mènera vers les pentes enneigées et les sports de glisse mais l'été sera propice à des explorations plus poussées entre histoire et nature. Voici quelques lieux insolites à visiter.

LES BAINS DU COULOUBRET

Ax-les-Thermes
Eaux chaudes jaillissant des entrailles de la terre. Bains bouillonnants, hammam, sauna… en intérieur ou au soleil, sous la neige.

65

78

RIVIÈRE SOUTERRAINE DE LABOUICHE

Baulou
En barque au centre de la Terre sur la rivière souterraine navigable la plus longue d'Europe. Visite guidée et commentée.

67

CARRIÈRE DE TALC DE TRIMOUNS

Luzenac
C'est la plus grande carrière de Talc à ciel ouvert au monde. Située à 1800 m, elle offre des paysages lunaires.

MAISON DES LOUPS

Orlu
Vivez en direct le nourrissage de ces animaux qui vivent en semi liberté dans une immense forêt. Adorable ferme animalière.

69

104

FONTAINE INTERMITTENTE DE FONTESTORBES

Bélesta
La grotte des fées où l'eau jaillit en un tumultueux torrent de juillet à octobre toutes les 60 minutes.

IDÉES DE SÉJOUR

Histoire ou territoire ? Hommes du paléolithique vivant dans des grottes peintes et ceux du Moyen Âge à l'abri des vieilles pierres des forteresses ou découvertes des vastes étendues sauvages de nature préservée aux lacs bleutés et aux cascades tonitruantes au pied des pics vertigineux ? Il n'y a que l'embarras du choix pour qui veut découvrir l'Ariège lors d'un séjour long ou lors de petits week-ends. L'accès en train est assez cantonné aux villes et villages se situant le long du fleuve éponyme. La voiture semble donc indispensable pour découvrir les trésors des églises cachées et les villages accrochés aux flancs des montagnes. Le département ayant une division géographique, au col del Bouich, et linguistique, nous vous proposons un séjour du côté de Foix et un du côté de Saint-Girons, entre patois languedocien et gascon. Deux versions d'un même département aux valeurs communes.

LE TOUR DU GÉANT

Partez à la découverte du géant du Couserans, le Mont Valier, pour une grande aventure entre France et Catalogne. Le logement se fera en refuges de montagne (réservation impérative). Préparez-vous à des journées de marche de 4h à 9h en chemins balisés. Ce fabuleux périple demande une expérience de la randonnée en montagne et une bonne condition physique. À faire entre juin et septembre.

› Jour 1 - C'est le départ

Vérification des sacs, la carte IGN OT048 à portée de main, à manger, à boire, le sac de couchage, des vêtements de rechange... On ferme soigneusement la voiture sur le parking du col de Pause à Seix (p.175) et on se prépare à une première marche de 6 heures vers le refuge de Fornet qui se trouve en Espagne dans le Pallars Sobira catalan au cœur du parc naturel d'Alt Pireneu dans la vallée de Bonabé, réputée pour sa faune et sa flore. Accueil chaleureux et une cuisine conviviale, grillades, on dormira en dortoir ou chambre de 4 personnes. Douches, eau chaude, pension et demi-pension proposées.

› Jour 2 - Direction les Estagnous

Le refuge des Estagnous date de 1912 et culmine à 2 240 m d'altitude, au cœur d'une des plus anciennes réserves domaniales. Depuis la première étape, il faudra compter 7 heures de marche sur 11 km. Les plus courageux poursuivront depuis le refuge vers l'ascension jusqu'au sommet du Valier (compter 1h30 supplémentaire et 600 m de dénivelé). Une option pour certains et un aboutissement pour d'autres. Depuis le refuge, la vue sur la mer de nuages où seuls les sommets émergent est époustouflante. On se régalera d'une cuisine généreuse à base de produits locaux préparée chaque jour.

Seix.

› Jour 3 - Soirée à la ferme

On repart pour 7 heures de paysages fabuleux jusqu'à la ferme d'Esbintz accrochée à la montagne avec ses cultures en terrasses. Le refuge est en pierres et ardoises, bâti de leur propres mains, par les anciens propriétaires il y a 30 ans. Il est également une ferme d'élevage et de cultures en agriculture bio. Le diner gourmand est concocté à partir des produits de la ferme qui vit presque en autarcie : œufs, viande, légumes, fruits et même des sorbets ! Tout est produit et transformé à la ferme. Dortoir de 11 places, coin-cuisine équipée, deux salles de bains. Si ces 3 premiers jours vous ont fatigués, il est possible de prendre un taxi jusqu'à la prochaine étape. C'est d'ailleurs faisable d'étape en étape à l'exception du jour 2.

› Jour 4 - On grimpe la colline

Direction le gîte la Colline Verte ! Prévoyez 8h à 8h30 de marche dans le PNR (parc naturel régional). Regardez où vous marchez tant vous allez être distrait par ce que vous allez voir. Grandes étendues, superbes paysages, lacs et torrents sur le trajet... Arrivée devant la Colline Verte, cette grande bâtisse de pierres, moderne et cosy. C'est une ancienne auberge et boulangerie reconvertie il y a quelques décennies. Gîte d'étape de 25 places, 6 chambres et un dortoir. Ici aussi les produits sont du potager, locaux, bios et en circuit court pour des repas copieux et savoureux. Possibilités de se réapprovisionner dans l'épicerie de Saint-Lizier-d'Ustou (p.172).

› Jour 5 - Fromages de chèvre

4 heures sur le GR10 jusqu'au Gîte de la ferme Rouze. La balade est facile. C'est une ferme d'élevage de chèvres. Ne vous inquiétez pas si vous êtes accueilli par le gardien des lieux, un patou (le gros chien blanc de *Belle et Sébastien*) adorable mais qui fait son boulot de sonnette sur pattes. Le bâtiment est en pierre, couvert d'un toit de lauzes. Le confort est sobre et fonctionnel. Le « souper paysan » est copieux à base des produits frais de la ferme : viandes et charcuteries, fruits et légumes des jardins, œufs et fromages... de chèvre !

› Jour 6 - La boucle est bouclée

Prévoir 4 heures pour revenir à la voiture avec quelques fromages de chèvre, des images plein les yeux, peut-être aurez-vous vu quelques isards, entendus le sifflement des marmottes ou aperçu une trace d'ours près d'un torrent.

SUR LES TRACES DE NOS ANCÊTRES

Voyageons maintenant au travers des 14 000 ans d'histoire(s) que nous propose l'Ariège. L'idéal est de poser ses valises à Foix ★★ (p.78), dans le centre historique, dans une superbe chambre d'hôtes ou dans un des hôtels de la ville. Vous pourrez ensuite rayonner depuis la cité fuxéenne vers les découvertes que nous vous proposons car les distances ne dépassent pas 35 kilomètres.

Vue générale de Saint-Lizier.

CHÂTEAU
DE FOIX
RECONSTITUTIONS
ATELIERS
IMMERSION
LE
MOYEN
ÂGE EN VRAI
SITES-TOURISTIQUES-ARIEGE.FR
GRANDS SITES Occitanie
PYRÉNÉES ARIÈGE
Libres comme l'Air
SITES TOURISTIQUES ARIÈGE
L'AVENTURE COMMENCE ICI
TAO - © Studio Ze

© PHOVOIR

Le château et les toits de Foix.

› Jour 1 - Foix, capitale de l'Ariège

Bienvenue à **Foix** ★★ (p.78) pour cette première journée ! Si possible, évitez le lundi car beaucoup d'établissements sont fermés. Déambulez dans les rues médiévales du centre historique et faites une halte pour un café et des photos du château depuis le meilleur spot de la ville : la place Pyrène. Il y a de nombreux restaurants dans le centre et notamment dans les rues Labistour et de la Faurie. Vous visiterez ensuite le **château** (p.78), ce superbe édifice du XIe siècle, remarquablement conservé, qui domine la ville et la vallée de l'Ariège du haut de son rocher. Il faut compter 4 bonnes heures pour profiter pleinement du musée exceptionnel, de son exposition temporaire, et des animations dans l'enceinte du château. Utilisation de trébuchet et pierrier, fidèlement reproduits, tailleurs de pierres, une grue (roue de carrier) fonctionnelle, tir à l'arbalète... Le musée de 2 000 m^2 consacré à l'histoire du château et des comtes de **Foix** ★★ (p.78), est Hi-Tech, interactif et passionnera grands et petits.

› Jour 2 - Pays d'Olmes et terre cathare

Entre **Foix** ★★ (p.78) et **Mirepoix** (p.109), il faudra impérativement faire un détour vers l'étonnante église rupestre de **Vals** (p.118). Si c'est un lundi, il faut absolument voir le marché de Mirepoix qui existe depuis le Moyen Âge. La bastide a d'ailleurs été construite autour de ce marché et non pas de l'église comme c'était souvent le cas. Les autres jours, profitez d'un café sur la place des couverts et ses maisons médiévales multicolores. La route vers le **château de Montségur** (p.118), dernier bastion cathare, traverse villes et villages dont **Laroque-d'Olmes** (p.108) et **Lavelanet** (p.105), qui furent des sites industriels à l'apogée du textile français. Après avoir traversé Montferrier et longé le Touyre, on laissera la voiture sur le grand parking pour une « grimpette » du Pog (c'est le nom de la montagne) de 40 minutes où trône à 1 200 m d'altitude le majestueux château qui abrita pendant des décennies les familles des Bonshommes.

› Jour 3 - Aux origines de l'Humanité

Sur la route, vous pouvez faire une halte à **Tarascon-sur-Ariège** (p.70) et déambuler dans les rues de la cité médiévale pour monter jusqu'à la tour du Castella, l'ancien donjon du château comtal, et profiter de la vue sur 360°. On visitera également la distillerie où est fabriqué le célèbre Hypocras. Direction la vallée de **Vicdessos,** (p.74) le carrefour qui vous conduira à la petite route qui serpente jusqu'à l'entrée monumentale de la **grotte de Niaux** (p.69). Par petits groupes de 20 personnes, vous allez remonter le temps, seulement armé de votre lampe de poche, et heureusement accompagné d'un guide. Après une marche de 800 m à travers les galeries, le guide illuminera le salon noir et vous admirerez des scènes de chasse, des bouquetins, des chevaux, des bisons qui surgiront de la nuit des temps. Ils vous attendaient depuis 13 000 ans dans l'une des grottes les plus célèbres d'Europe.

DÉCOUVRIR

Découvrir l'Ariège... Ne devrions-nous pas dire « les Ariège(s) », tant ce département présente une diversité étonnante de paysages, de cultures, de patrimoines et d'histoire. Vous parlez gascon ou languedocien? c'est le même occitan et pourtant si différent. Le relief est déjà surprenant et singulier, passant des calmes plaines du sud Toulousain aux collines du piémont pour finir, telle une mer en furie, sur des massifs escarpés, arborant leurs neiges éternelles et leurs pics majestueusement dressés vers le ciel. On passe rarement par ici, dans ce pays niché entre France et Andorre, on y va toujours pour une bonne raison : cela peut être de la curiosité, l'amour de la nature ou la passion de l'Histoire. Mais tous ces éléments ont construit les Ariégeois depuis 14 000 ans, faisant d'eux un peuple fier et combatif qui vogue entre traditions et modernisme dans un pays qui prend le temps d'avoir le temps.

CATHARES ET CATHARISME

Citadelles en ruine d'un côté, fastes célébrations d'un catholicisme triomphant de l'autre... L'Ariège porte les traces des Croisades menées au XIIIe siècle pour défaire l'hérésie cathare. Bien des sites et des villes conservent aujourd'hui la marque, et l'âme de ce qui fut une religion méconnue au temps de la civilisation occitane ancienne qui était celle des troubadours, de la tolérance, de la démocratie et de l'amour courtois... L'Hérault et l'Aude limitrophe ont particulièrement souffert de ces Croisades. « Tuez-les tous, Dieu reconnaîtra les siens » a-t-on pu entendre à Béziers, ville martyre. Le catharisme demeure mal connu de beaucoup car appréhendé via des documents provenant directement de l'Inquisition. L'Ariège garde en mémoire les registres des interrogatoires de ces moines fanatiques, permettant ainsi aux historiens de connaitre l'identité et les métiers de ceux qui vivaient à ces époques.

Origines

Le catharisme apparaît en Europe vers le XIe siècle et fait suite à l'émergence de diverses hérésies. Il s'implantera facilement dans le midi de la France qui était une région tolérante et habituée à la cohabitation de différentes religions. Les juifs vivaient en paix aux côtés des catholiques et les musulmans occupaient l'Espagne de l'autre côté des Pyrénées. Ils vivaient en communautés souvent liées à des métiers artisanaux tels les tisserands. La désignation « cathare » vient du grec catharos signifiant « les purifiés ». Les Cathares eux-mêmes ne se dénommaient que bons chrétiens ou bons hommes. Les catholiques les appelaient Albigeois.

Philosophie et croyances

Les Cathares étaient donc des chrétiens. Ils pensaient toutefois que leur monde était trop terrible pour être l'œuvre du seul Dieu. Ils croyaient ainsi en un second principe créateur. Ils ne pensaient pas que le bon arbre puisse porter de mauvais fruits (parabole du bon et du mauvais arbre dans l'Evangile de Jean). Dieu, selon eux, ne pouvait être à l'origine du mal. Il y avait ainsi, pour eux, deux créations, deux créateurs mais un seul Dieu. Ils croyaient à la réincarnation de l'esprit et leur mode de vie devait s'approcher le plus de celui des apôtres du Christ. Ils rejetaient tous les sacrements de l'église catholique et basaient leur foi sur les enseignements du Nouveau Testament. Ils n'avaient pas de lieux de culte et prêchaient au gré des villages et des chemins. Le seul rite qu'ils utilisaient est « consolament », une imposition des mains et de la Bible sur la tête du croyant avant son décès. La vie étant dure à cette époque, le simple croyant menait une existence normale, il pouvait même avoir de très bons contacts avec le prêtre catholique du village. Les religieux, les « Parfaits », menaient une vie apostolique, presque d'ascète, étaient végétariens, rejetaient la sexualité ou la propriété privée. L'Eglise catholique commença à s'inquiéter dès le XIIe siècle mais tenta de combattre cette hérésie non pas par la violence mais en utilisant le même mode de persuasion que ceux utilisés par les prêcheurs cathares c'est-à-dire la rencontre avec les habitants et l'organisation de débats contradictoires avec les religieux... Dominique de Guzman qui deviendra Saint-Dominique fut un célèbre prédicateur de terrain.

La Croisade

Face à l'échec de cette stratégie et à l'assassinat de Pierre de Castelnau, le légat du pape. Philippe Auguste, roi de France, cède aux instances du pape Innocent III et appelle à la croisade contre les Albigeois en 1208. Le Nord catholique et pauvre se rue sur le Midi cathare fort riche. Un homme, Simon de Montfort, prend la tête de l'armée des croisés, et devient férocement célèbre dans tout le Languedoc. Cette croisade devint vite une guerre de conquête, tant les enjeux politiques apparaissaient comme puissants. Difficile en effet, de parler des Cathares, et de la croisade contre les Albigeois, sans parler de l'importance politique de ces événements dramatiques. Les comtes de Toulouse cherchaient manifestement à se retirer de la dépendance française. Ensuite, il y avait véritablement un risque de concurrence pour l'Eglise romaine. En effet, celle-ci était en difficulté du fait de l'instabilité du royaume de Jérusalem et des problèmes inhérents aux Croisades en Terre sainte, qui recevaient de moins en moins de participation et qui étaient souvent détournées à des fins militaires par les chevaliers croisés.

Château de la Roquefixade.

DÉCOUVRIR

Victoire du Roi de France

Dès 1209, l'armée des croisés vole de victoire en victoire : massacre et victoire sur Béziers, prise de Carcassonne, prise de Fanjeaux et de Pamiers… En 1212, le roi d'Aragon, proche des comtes de Toulouse et de Carcassonne envoie son armée vers la ville de Muret, prêt de Toulouse, pour rejoindre les forces des chevaliers occitans dans une ultime bataille contre l'armée française mais il y perdra la vie. C'est la victoire de Simon de Montfort. Toulouse sera reprise en 1218 et Montfort mourra pendant le siège, la tête fracassée par une catapulte tenue par des femmes. Une dizaine d'années va s'écouler où les forces en présence s'affronteront annonçant lentement le déclin des armées occitanes jusqu'au traité de Meaux de 1229 qui signe la fin de la Croisade et fut un véritable couperet aux volontés d'indépendance du Midi. Le comté de Toulouse était presque aussi riche que le reste du royaume de France. Malheureusement, les positions mouvantes et indécises des seigneurs occitans lui furent fatales. Les nombreuses dissensions entre les seigneurs locaux, tout au long des événements furent un élément de plus dans l'effondrement du Languedoc. Les interventions directes des rois de France ont achevé le rattachement de l'ancien comté de Toulouse et de Provence à la France.

L'Inquisition

La paix semble revenue, les territoires prospèrent, des bastides apparaissent… Il reste cependant un mal qui se déplace sur les routes d'Occitanie et qui terrorise les populations : l'Inquisition. Elle pratique « la question » autrement dit la torture et interroge systématiquement tous les Ariégeois. En 1242, Pierre Roger de Mirepoix massacre des inquisiteurs à Avignonet, relançant ainsi un vent de révolte en Occitanie. Les comtes du Languedoc, de Narbonne, de Foix rejoignant une nouvelle armée du comte de Toulouse et reprennent, entre autres, la cité de Carcassonne et la ville de Béziers. Mais ce vent de révolte n'aboutit pas au soulèvement escompté et la petite armée doit se soumettre. Une poche de résistance s'installe alors dans quelques châteaux pyrénéens dont celui de Montségur.

La fin des Cathares et de l'Occitanie médiévale

En 1204, le château de Montségur est une ruine mais, sentant un mauvais présage arriver, un évêque cathare de Mirepoix demande à Raymond de Péreille de le reconstruire afin d'en faire un véritable lieu de vie et de refuge. Le château devient rapidement un des hauts lieux, physiques et spirituels, du catharisme. Il va subir quatre sièges dont trois infructueux jusqu'au fatidique mois de mars 1244 où il tomba, devenant ainsi un haut symbole de la résistance cathare. Le 16 mars, plus de 200 Cathares montèrent sur le bûcher, en un lieu que l'on appelle aujourd'hui le Prat dels Cremats, le Pré des Brûlés. Pas un ne renonça à ses croyances. Ils se jetèrent dans les flammes, sans un cri, sans une plainte, femmes, enfants. On raconte même qu'ils chantaient.

GÉOGRAPHIE

Il y a quelques années une campagne publicitaire annonçait que « L'Ariège, ça monte, ça descend et ça n'est jamais plat ». C'est omettre que le département possède également d'immenses plaines fertiles et qui contrastent avec les massifs gigantesques de la chaîne des Pyrénées. En venant de Fanjeaux dans l'Aude, avant Mirepoix, il n'est pas rare de voir des automobilistes s'arrêter pour immortaliser cette vision imposante et colossale. Le spectacle est grandiose (si vous passez vers 7h du matin, avec une bonne vue, vous verrez même le château de Montségur briller sur son « Pog »). Bien sûr en quittant les plaines, nous arrivons au piémont et nous ne pouvons qu'être d'accord, ça va effectivement commencer à monter et à descendre... c'est bien évidemment pour cela que le tour de France s'intéresse quasiment chaque année au routes sinueuses, cols infranchissables et autres joyeusetés... adorés pour les aficionados de la petite reine.

Le climat

Voici un aperçu du climat dans le département. Il peut très bien passer d'un extrême à l'autre sur quelques kilomètres de distance. Il peut faire beau à Mirepoix, quelques gouttes à Pamiers, quelques flocons à Foix... et vous mettrez les chaînes à Lavelanet.

▶ **Températures moyennes** : Il s'agit d'un paradoxe mais pourtant, la douceur est au nord. De la plaine d'Ariège au nord, aux neiges d'Espagne et d'Andorre tout au sud, on passe des hivers doux et des étés chauds et secs à un climat rude, froid, aux précipitations abondantes en parcourant tout un éventail selon l'altitude et l'exposition. Les températures moyennes sont les suivantes : moyenne annuelle de 14 °C à 3 °C, moyenne annuelle des minima de 8 °C à -1 °C, moyenne annuelle des maxima de 19 °C à 7 °C, de la basse Ariège jusqu'aux plus hauts sommets.

© WARPEDGALERIE - STOCK.ADOBE.COM

Paysage du Couserans.

▶ **Ensoleillement** : L'Ariège est à la croisée de deux influences climatiques océanique et méditerranéenne. Les Pyrénées sont une montagne du sud où l'hiver rude et enneigé est bien ensoleillé. La partie nord du département effleurant les 1 200 heures de soleil par an bénéficie de son voisinage méditerranéen et d'influence audoise.

▶ **Précipitations** : Dans le domaine des précipitations, on peut donner quelques chiffres : de 750 mm/an au nord-est (secteur le moins arrosé) à 1 800 mm/an dans les montagnes d'Aulus (secteur le plus arrosé) ; les mois les plus arrosés sont avril, mai, octobre et les plus secs sont juillet, septembre. La neige est présente environ 10 jours en plaine, 30 jours à 800 m et 60 jours à 1 500 m. Il y a entre 20 à 25 jours d'orage.

▶ **Vent** : Quant aux vents dominants, ils sont de nord-ouest et du sud-est (le célèbre vent d'autan) bien que l'Ariège soit un département assez peu venteux. On constate depuis quelques années une recrudescence du vent, certainement lié au changement des conditions climatiques que subit malheureusement notre planète.

L'Ariège est sous une double influence : à l'ouest les paysages du Couserans et du Volvestre sont sous une influence océanique dominante, alors qu'à l'est, la végétation et le climat sont de type méditerranéen, et donc plus secs. Tous les cours d'eaux du département, à l'exception de ceux du canton de Quérigut, se jettent dans la Garonne, fleuve du versant océan, via l'Ariège, le Salat, le Volp et l'Arize.

Le relief

Ce département d'environ 5 000 km^2 tire son nom de sa principale rivière qui en partage le territoire dans la direction nord-sud. Il offre un paysage très varié de vallées, de grottes, de lacs, de torrents, de plaines, de montagnes et forêts.

La Région Occitanie Pyrénées - Méditerranée
Le meilleur de la région est sur
TOUS OCCITARIENS.fr
JE DIS
OUI
AUX PRODUITS
D'OCCITANIE !
iBIO InterBIOccitanie
FÉDÉRATION des fruits et légumes d'Occitanie
agricultures & territoires CHAMBRE D'AGRICULTURE OCCITANIE
La Région Occitanie Pyrénées - Méditerranée
IRQUALIM
Sud de France
LE MEILLEUR DE L'OCCITANIE
L'ABUS D'ALCOOL EST DANGEREUX POUR LA SANTÉ - À CONSOMMER AVEC MODÉRATION

© ARENYSAM - STOCK.ADOBE.COM

Le lac du Laurenti.

L'Ariège se caractérise par trois grandes zones :

La plaine d'Ariège

Cette grande plaine fertile de la basse Ariège avec au nord-est le Lauragais, la vallée de l'Ariège de Foix vers Toulouse et la vallée de la Lèze a vocation d'être des terres très agricoles et un peu viticoles. Les calmes paysages contrastent avec cette superbe chaine massive et chaotique que l'on aperçoit depuis la route ou l'autoroute.

Le piémont pyrénéen et le piémont couserannais

Les chaînons calcaires du Plantaurel d'est en ouest sont une sorte de marche-pied vers la haute montagne allant de collines plus ou moins douces vers de véritables falaises. Lavelanet, Foix, le bassin de l'Arize et Saint-Girons sont véritablement au pied des Pyrénées.

Le haut pays ariégeois

Ce haut Pays peut lui-même se découper en 4 grands pays. Le Castillonais et le Haut Sarlat au sud-ouest, La Haute Ariège au sud, vers Tarascon-sur-Ariège et Ax-les-Thermes, le Pays d'Olmes au sud-est vers Lavelanetet le Donezan à la frontière de l'Aude que nous partageons avec elle.

La moyenne montagne se situe entre 1 700 et 2 300 m, avec les massifs du Saint-Barthélemy, de l'Arget-Arize et des Trois Seigneurs rapidement dominée par la haute chaîne pyrénéenne, vers la frontière espagnole, dont quelques cimes avoisinent ou dépassent les 3 000 m, comme le Montcalm (3 080 m), la Pique d'Estats (3 140 m), le Maubermé (2 880 m) et le mont Valier (2 839 m). Il existe bien une différence de paysages entre le Couserans et la Haute Ariège. Cette dernière est plus encaissée, les sommets étant à peine visible depuis les vallées. Il faut monter en altitude pour jouir d'un panorama stupéfiant. Par contre, du côté de Saint-Girons, les grands sommets sont ouverts sur de vastes et larges vallées ou des cirques laissant comme une impression de majesté grandiose tout autour du visiteur.

Tous les glaciers pendant des milliers d'années ont beaucoup travaillé dans la montagne et ont creusé de superbes lacs. Dans le Querigut, au pied du roc Blanc, le splendide lac du Laurenti ; là-haut, au pied du Soularac, l'impressionnant étang du Diable. Parsemant la chaîne des Pyrénées ariégeoises, on en rencontre une multitude, plus de 200 sont à aborder et admirer.

Parc naturel régional des Pyrénées ariégeoises

Le périmètre du Parc naturel régional des Pyrénées ariégeoises occupe environ 40 % de la superficie du département de l'Ariège. Avec environ 2 468 km², il englobe 142 communes et 43 000 habitants. Le périmètre du PNR comprend au nord, la partie ariégeoise des petites Pyrénées (Volvestre) et la moitié ouest de la chaîne du Plantaurel, limitée par la rivière Ariège, aux 2/3 nord, en zone d'avant-monts : le Séronais, le Saint-Gironnais et le Bas-Salat, au sud et au centre, des zones à caractère montagnard affirmé, structurées en vallées telles la vallée du Vicdessos et son affluent, le Siguer, les vallées de Saurat et de la Courbière, du col de Port et du massif des Trois-Seigneurs à Tarascon-sur-Ariège et la vallée de la Barguillère, du col des Marrous et du col del Bouich à Foix, la vallée de l'Arac, le Haut-Salat, le Castillonnais (vallées de la Bellongue, du Lez...). Vous découvrirez une gamme de produits ou de prestataires estampillés « Marque Parc » qui respectent un cahier des charges spécifique fondé sur trois valeurs fondamentales : le lien au territoire, la dimension humaine et le respect de l'environnement.

NATURE

La nature ! C'est LE patrimoine principal de l'Ariège. Une faune et une flore préservées, authentiques. Chasseurs, pêcheurs, écologistes, pro-ours, anti-ours, randonneurs, champignoneurs, promeneurs... Malgré toutes nos différences, nous sommes en présence d'hommes et de femmes qui aiment et respectent profondément la nature ariégeoise et qui, chacun à leur manière, entendent la protéger. Ici en Ariège, la nature est encore bien sauvegardée mais elle n'en est pas moins fragile et certaines espèces sont déjà menacées. Devant de jolies fleurs, préférez prendre des photos ou en faire des croquis. Certaines espèces peuvent être protégées et rares ou endémiques (vous n'en verrez pas ailleurs). Gardez avec vous tous vos détritus jusqu'à la prochaine poubelle. Si vous passez une barrière ou une clôture, pensez à la refermer. Et enfin, par respect tant de la faune sauvage que du bétail et pour leur propre sécurité, gardez votre chien en laisse.

Les chiens de chasse et protection

- **L'ariégeois** est une race de chiens de chasse issue du croisement d'un chien d'Artois et d'un Bleu de Gascogne. C'est un chien d'ordre, calme, parfois entêté (comme tout bon Ariégeois), mais néanmoins intelligent, c'est un chien facile à vivre que l'on rencontre de plus en plus souvent comme animal de compagnie. Affectueux, patient avec les enfants, il est également sociable avec ses congénères. Mais sa vocation première reste la chasse, où son flair et sa belle voix constituent de précieux atouts.
- **Le braque de l'Ariège** est un chien d'arrêt français. Sa construction est puissante mais sans lourdeur excessive, robuste et d'un aspect vigoureux. On préfère les sujets aux membres secs, aux muscles saillants et aux lignes bien définies. Sa robe blanche truitée d'orange pâle de préférence ou parfois mouchetée de marron alliée à sa taille, en fait un chien élégant, distingué.
- **Le pâtou** est le « roi des chiens » et « Chien des rois ». Le pâtou, Montagne Pyrénées de son vrai nom, est devenu célèbre dans les années 1960 grâce à l'émouvant feuilleton Belle et Sébastien. C'est un véritable chien de protection alliant bravoure et courage dans toutes les situations. Il se bat jusqu'à la mort et ne recule jamais. Il est en montagne le seul rempart efficace contre les prédateurs et surtout, contre les chiens errants, responsables de la majorité des dégâts subis par les troupeaux en estive. « Roi des chiens » car son allure fière avec sa queue aroundera (très haute et arrondie), la pureté de sa blancheur et cet aboiement typique, que l'on entend à plusieurs kilomètres, inspirent le respect et forcent l'admiration. «Chiens des rois» car, de Gaston Phoebus à Louis XIV, ce prestigieux gardien a accompagné et protégé ces prestigieux monarques.

Chevaux et vaches

- **Le cheval de Mérens**. Originaire de la Haute Vallée de l'Ariège, ce cheval présente une étonnante convergence morphologique avec les chevaux magdaléniens représentés dans la grotte de Niaux. C'est un poney ariégeois rustique à la robe noire. Il demeura très longtemps l'animal de travail des paysans. C'est un bon cheval de randonnée, d'attelage et de voltige, également utilisé pour l'entretien écologique des régions montagneuses, grâce à son pied sûr et sa rusticité.
- **Le castillonais** est un cheval originaire de la vallée du Biros à l'extrémité sud- ouest du département. De robe noir pangaré (bai châtain) avec des marques de feu aux nuances rousses aux flancs et un nez de renard, ce cheval est lui aussi bien adapté à la vie des montagnes et est caractérisé par son adresse, sa robustesse et son ardeur au travail.

© CALLALLOO TWISTY - STOCK.ADOBE.COM

Le braque de l'Ariège.

DÉCOUVRIR

© MARC ANDREU - STOCK.ADOBE.COM

Chevaux de Mérens.

La vache gasconne est une jolie vache grise avec des marques noires sur le bord des oreilles. La recherche d'animaux plus grands, adaptés aux travaux du sol et à la traction a entraîné le développement du commerce de bovins gascons entre montagnards et éleveurs de plaines. C'est un animal robuste et puissant, jadis apprécié en traction animale.

En montagne et dans les forêts

Le cerf est l'animal sauvage le plus imposant qu'on peut observer dans la région. Les mâles à l'âge adulte peuvent atteindre 1,50 mètre au garrot. Leurs bois tombent, chaque année, aux mois de mars ou avril pour repousser en juillet et août. On peut entendre le brame du cerf en septembre-octobre. De son côté, l'ours fait beaucoup parler de lui depuis de nombreuses années. On sait qu'il se déplace constamment dans les Pyrénées et on peut évidemment le rencontrer en Ariège. Ce prédateur fait partie du patrimoine animalier pyrénéen mais rentre souvent en conflit avec les bergers et le pastoralisme. L'isard, lui, a été trop chassé dans les années 1950, et aurait sans doute disparu s'il n'avait trouvé protection sur les terres du parc national des Pyrénées. Enfin, la marmotte est aujourd'hui, certainement, l'espèce la plus visible pour les visiteurs et audible par son sifflement strident.

Dans le ciel et l'eau

Dans le ciel, avec ses 3 m d'envergure, son regard d'or cerclé de carmin, son masque et sa barbiche noirs, ses longues ailes anthracite et son poitrail orangé, le gypaète barbu se distingue des autres rapaces. Ne subsistant que dans les Pyrénées et en Corse, il se nourrit d'os de charogne qu'il brise au préalable sur les rochers. L'aigle royal et le faucon pèlerin peuvent être observés en Haute Ariège et sur la route d'Andorre.

Également présent dans le département, le grand tétras. Appelé aussi coq de bruyère, cet oiseau de la famille des gallinacés habite les zones humides de la hêtraie-sapinière, entre 1000 et 2400 m. Célèbre pour la grâce de ses parades nuptiales (mi mai-début juin) et son chant très particulier.

Dans l'élément liquide, c'est la truite qui étend sa suprématie dans les ruisseaux, les rivières, les étangs et les lacs. S'y trouve aussi, le desman des Pyrénées ou rat-trompette, un nocturne, protégé, de 25 cm qui vit dans les torrents et se nourrit de différentes larves d'insectes.

Flore

Les forêts de sapins sont majestueuses comme celles de Bélesta ou la forêt royale de Sainte-Croix-Volvestre. Située à 330 m d'altitude, cette épaisse forêt a de tout temps intrigué les botanistes par son altitude. En 1667, elle impressionna l'intendant des forêts de Louis XIV par la beauté et la hauteur de ses arbres, beaucoup utilisés à l'époque de la marine à voile, dans la construction des bateaux. D'autres espèces sont très présentes comme le hêtre, qui fit le bonheur des charbonniers, le noisetier, le bouleau, le chêne ou le châtaignier. D'autre part, les fleurs ensoleillent les printemps de l'Ariège : orchidées sauvages, genêts, rhododendrons, gentianes, saxifrages. D'autres fleurs plus rares et plus isolées se laissent admirer et photographier, comme le lis des Pyrénées, le lis martagon ou l'edelweiss. Les forêts, les sites, les bois, de la plaine à la montagne sont nombreux et variés mais ne ratez pas Lapenne, Orlu et le mont Valier. Et surtout, n'oubliez pas que la protection de la nature passe par de grandes mesures au niveau national, européen ou international mais aussi par des petits gestes à portée de main : chaque fois que nous nous promenons dans la nature, nous n'en sommes que des hôtes éphémères dont les actes peuvent avoir des répercussions durables dans le temps. Pour éviter tout piétinement excessif qui met à mal la végétation, restez sur les sentiers.

HISTOIRE

14 000 ans d'histoire, c'est la période couverte par l'Ariège depuis que l'Homme s'est exprimé sur les parois de nos cavernes... Des grottes préhistoriques aux grottes minières du XIXe siècle, le département possède un patrimoine historique exceptionnel. Gaston Fébus, les magdaléniens et aziliens, les cathares, la guerre des Demoiselles, les guerilleros espagnols et autres francs-tireurs partisans, Delcassé, Delpech, Clausel, un ancien président du Sénat..., l'Ariège fourmille de grands hommes et femmes et de grandes idées. C'est un territoire ancré complètement à gauche qui a longtemps brillé par son humanisme et les valeurs que sont la laïcité, la tolérance et la fraternité. Mais ce grand passé n'empêche pas le département de se tourner vers l'avenir, à son rythme.

50 000 ANS AV. J.-C.
Époque moustérienne, première occupation humaine dans la grotte du Mas-d'Azil.

15 000 ANS AV. J.-C.
C'est ici que débute réellement l'histoire de l'Ariège. Notre département est l'un des plus riches en grottes ornées du paléolithique supérieur. Les grottes de Niaux, de la Vache, d'Alliat, de Bédeilhac, correspondent (à quelques siècles près) à cette période.

14 000 ANS AV. J.-C.
Les magdaléniens peuplent l'Ariège et la grotte du Mas d'Azil devenant ainsi des Aziliens.

4000 ANS AV. J.-C.
Les glaciers descendent dans les vallées. Dans les plaines paissent de grands herbivores, tels les mammouths, les rennes, les chevaux ou les bisons.

58 AV. J.-C.
Toute la Gaule est occupée. Toute ? Et oui, même notre département. L'Ariège actuelle était alors habitée par divers peuples d'origine ibérique, du moins dans la région du comté de Foix. Les Romains ont laissé de nombreuses traces de leur passage : routes, monuments, tours carrées, restes de camps, monnaies, objets divers.

IIIE SIÈCLE
Le christianisme commence à apparaître grâce à saint Sernin et à ses disciples. L'évêché du Couserans est créé avec saint Valère que l'on nomme Valier (d'où le nom du célèbre pic) comme premier titulaire.

500 AV. J.-C AU V[E] SIÈCLE
Présence Romaine attestée à Pamiers, Saint-Jean de Verges, Saint-Lizier et Saint-Girons.

L'Abbaye de Saint-Volusien.

VIIIe SIÈCLE D'après la légende, saint Lizier aurait défendu par ses prières la capitale Lugdunum Consoronarum (ancien nom de la ville de Saint-Lizier) contre les Wisigoths et l'aurait sauvée. Vers 780, bien décidé à en découdre avec les envahisseurs, Charlemagne remonta le cours de l'Ariège et campa dans la petite plaine de Tarascon au Pré Lombard (où trône un camping maintenant !). Il y aurait livré une glorieuse bataille le 8 septembre. A la suite d'une apparition miraculeuse, le sanctuaire de Notre-Dame-de-Sabart est construit sur le lieu-même en reconnaissance de la victoire contre les Sarrasins.

849 Fondation de l'Abbaye de Saint-Volusien à Foix.

1002 Création du Comté de Foix. Cette année-là est rédigé le premier document faisant mention du pays et du château de Foix. Les comtes vont faire du Sabarthès une zone quasiment inviolable et très protégée, comprenant 17 châteaux-forts et 6 grottes fortifiées.

1204 Le château de Montségur devient un des hauts lieux, physiques et spirituels, du catharisme. Il va subir quatre sièges dont trois infructueux jusqu'à sa chute.

1209 Début de la croisade contre les Albigeois avec à sa tête le tristement célèbre Simont de Montfort.

1244 Après plusieurs mois de siège, le 16 mars, plus de 205 Cathares montèrent sur le bûcher. Pas un ne renonça à ses croyances et l'on rapporte qu'hommes, femmes et enfants se jetèrent volontairement dans les flammes en chantant.

TOUTE L'HISTOIRE
L'AVENIR A UNE HISTOIRE
Une chaîne Mediawan
@tlhtv www.toutelhistoire.com
DISPONIBLE SUR
CANAL+
orange
SFR
free
bouygues
BIS
prime video CHANNELS
molotov.TV

XIIIE SIÈCLE — Une période de reconstruction politique et sociale. Un grand nombre de villages, villes ou bourgs furent érigés en communes avec des chartes très libérales et purent développer l'agriculture, le commerce et l'industrie. Saint-Ybars en 1241, Mazères en 1252, La Bastide-de-Sérou en 1256, Le Mas-d'Azil en 1286... C'est également l'apogée des bastides.

1345-1391 — Gouvernance de Gaston Fébus. Le plus célèbre des comtes de Foix va donner un lustre éblouissant à son comté ainsi qu'à celui du Béarn. Le lion des Pyrénées est devenu le Soleil (Fébus) du sud.

XIVE SIÈCLE — Les temps sont durs en Ariège qui est touchée par la grande famine, la peste, les pillages des Routiers et la guerre de 100 ans.

XVIE SIÈCLE — Le département est frappé par les guerres de religion entre protestants et catholiques. Toutes les églises des grandes villes sont incendiées.

1630 — Richelieu ordonne la destruction et le démantèlement de la majorité des châteaux et des fortifications de l'Ariège.

1789 — Les Etats de Foix célèbrent avec enthousiasme l'avènement de la 1re République et celles qui suivront. Un décret de l'Assemblée nationale du 27 décembre 1789 crée le département de l'Ariège, avec Foix pour centre de l'administration car la ville se situe à une journée de cheval de tous les villages du département.

1829 — La guerre des Demoiselles ébranle les forêts de l'Ariège. Une jacquerie qui implique des hommes déguisés en femmes et qui s'en prennent aux représentants de l'État suite à la nouvelle réglementation du code forestier.

XIXE SIÈCLE — C'est le siècle de l'industrialisation ; l'Ariège voit la prolifération et le succès des forges à la catalane, grandes consommatrices de bois pour fondre le minerai extrait des nombreuses mines telle celle du Rancié. Les chemins de fer, trains et tramways serpentent dans tout le département. L'industrie du papier et du textile est à son apogée.

2nde guerre mondiale

L'Ariège résiste massivement et violemment dans de nombreux maquis grâce aux soutiens des nombreux guérilléros espagnols.

XXIE SIÈCLE — Le département vit avec son époque et investit dans le déploiement de la fibre optique qui atteint les endroits les plus reculés. Quelques industries de pointe et de technologie fleurissent et le tourisme est en plein essor.

TOP 10

PERSONNALITÉS LOCALES

Liste non exhaustive des personnalités ariégeoises qui ont connu la célébrité en France ou ailleurs : sportifs, hommes politiques, combattants et résistants et même une Miss France. L'Ariège est décidément présente dans tous les domaines ! D'autres personnages apparaissent dans les rubriques de ce guide.

CHLOÉ MORTAUD

Née en 1989. 79e Miss France. Triple nationalité : Américaine, Française et… Ariégeoise.

© FEATUREFLASH PHOTO AGENCY - SHUTTERSTOCK.COM

LE MARÉCHAL CLAUSEL

Né à Mirepoix en 1772, il se distingua dans les campagnes du Premier Empire. Il fut député de l'Ariège.

© ZU_09 - ISTOCKPHOTO.COM

FABIEN BARTHEZ

Et 1 et 2 et 3-0 ! Tout le monde se rappelle ! C'est lui le goal des champions du monde 1998.

© PH.FAB - SHUTTERSTOCK.COM

PERRINE LAFFONT

Notre grande championne, spécialisée dans l'épreuve du ski de bosses. Médailles d'or, championne du monde…

© LEONARD ZHUKOVSKY - SHUTTERSTOCK.COM

ANDRÉ TRIGANO

Maire de Pamiers pendant 25 ans. Son nom est célèbre dans les domaines des vacances et du tourisme.

ARISTIDE BERGÈS

Le père de la houille blanche (chutes d'eau). Il met au point les conduites forcées et les turbines hydrauliques.

AUGUSTE DELPECH

Né en 1846, sénateur de l'Ariège, membre fondateur de la Ligue des droits de l'homme et Grand Maitre du GODF.

FABIEN PELOUS

Le rugbyman détient le record de sélections en équipe de France dont 12 tournois des 6 Nations et 4 grands chelems.

FRANÇOIS VERDIER

Franc-maçon et membre de la Ligue des droits de l'homme. Républicain convaincu, résistant il sera assassiné par les nazis.

JOSEPH LAKANAL

Acteur de la Révolution et philosophe. Député de la Convention. A l'origine de l'école primaire et de l'enseignement des filles.

ARCHITECTURE

Même si nous sommes, parait-il, assez chauvins, il faut reconnaître que le département ne possède pas d'architecture transcendante, bien que nous pouvons être fiers de ce que nos ancêtres nous ont laissé, comme le palais des évêques de Saint-Lizier. L'Ariège est connue pour être le pays des bastides, ces villages d'origine médiévale, souvent fortifiés qui de nos jours dégagent des sensations de romantisme et de charme comme celle de Mirepoix ou de Camon. L'architecture ariégeoise, c'est aussi les églises romanes, les châteaux médiévaux et les villages perchés, littéralement accrochés à la montagne au bout de routes improbables. Le temps a encore laissé des traces visibles sur les flancs des montagne ; on peut distinguer encore les champs agricoles en terrasse. On imagine aisément la difficulté des travaux des fermes quand il fallait monter et manier les charrues et les outils à la main car les pentes étaient trop dangereuse pour les animaux.

L'architecture religieuse

L'Ariège est connue pour ses paysages, ses forêts, ses montagnes et la luxuriance de sa végétation. Elle mérite aussi d'être visitée pour la floraison d'églises qu'elle abrite, jusque dans les hameaux les plus reculés du département. Trois édifices méritent une attention particulière : la cathédrale de Saint-Lizier, Notre-Dame de Vals et Saint-Martin d'Unac. De nombreux autres villages abritent des églises remarquables, en général classées monuments historiques telles les églises de Sainte- Suzanne, de Mérens, de Vernaux, d'Axiat, d'Arnave, de Mercus, de Saint-Jean-de-Verges, de Saint-Félix-de-Tournegat, du Vic-d'Oust, de Soueix... La liste pourrait être considérablement allongée tant l'église catholique a bâti de véritable beauté architecturale sur cette terre cathare qui devint protestante. Qu'elles soient du premier art roman (XIe siècle) ou plus tardives, elles émeuvent par la rusticité de leurs lignes, surprennent par la qualité architecturale de leurs constructions et laissent admiratifs devant les objets d'art et autres statues ou retables qu'elles renferment. Au-delà de leur signification religieuse, les églises romanes d'Ariège constituent un témoignage exceptionnel du savoir-faire des ouvriers et compagnons du Moyen Age (certaines églises ont plus de 1 000 ans !). On médite sur la solidité de cette beauté qui a traversé tant de siècles. L'office de tourisme des Vallées d'Ax propose un circuit de 22 visites des bâtiments de autour d'Ax-les-Thermes.

Le château de Montségur.

L'architecture militaire

Même si la quasi-totalité des châteaux médiévaux sont aujourd'hui en ruines, et certains ont même totalement disparu, ils doivent être mentionnés comme témoins d'une époque révolue et comme symboles encore vivants et présents de périodes trop souvent marquées par les guerres, la résistance et les affrontements. Le seul château du département qui soit parfaitement conservé et dont la construction s'étala sur plusieurs siècles, est celui de Foix. L'autre également célèbre, bien que partiellement détruit, est le château de Montségur dont il reste le symbole de pierres de cette tragédie historique. Bien des sites et des villes conservent aujourd'hui la marque, et, quelquefois, l'âme de ce qui fut une religion méconnue au temps de la civilisation occitane ancienne. D'autres forteresses, au cours du Moyen Age, ont joué des rôles majeurs dans la défense de la frontière pré-pyrénéenne entre la France et l'Espagne : Péreille, Château-Verdun, La Garde, Mirabat, Miglos, Montréal-de-Sos, qui fait actuellement l'objet de fouilles, Pailhès, La Barre, Quié… et bien d'autres encore. Nombreux furent démantelés par Richelieu dans un premier temps et ensuite lors de la signature du traité des Pyrénées entre les deux ennemis.

Cloître de la cathédrale de Saint-Lizier.

Les villes et les villages

Comme souvent les villes étaient bâties aux confluences de rivières réunissant position stratégique, qualité défensive, et voies d'accès accessibles pour favoriser le commerce. Elles se développaient sous protection religieuse et militaire. Foix, par exemple, (dont le nom veut dire fourche) s'est construite à partir de la jonction de deux rivières, l'Arget et l'Ariège. La ville est surmontée d'un imposant château-fort chargé de la protéger, au pied duquel trône une imposante abbatiale. Les villes et les bastides médiévales commencèrent à s'étendre à partir du XVIIIe siècle quand elles détruisirent leur remparts. Heureusement pour les amoureux d'histoire et d'architecture ancienne, quelques somptueux vestiges ont traversé le temps et sont parvenus jusqu'à nous. Les couverts en bois sculptés de Mirepoix, datant du XIIe siècle, les maisons à colombages de Foix, bien cachées dans les ruelles de la vieille ville, les orris des bergers, constructions rustiques en pierres sèches, les châteaux particuliers datant des XVIIIe et XIXe siècles, sont autant de constructions chargées d'histoire et de témoignages sur le génie créatif des hommes. A quelques minutes de Niaux, dans la vallée de Vicdessos, le petit village de Siguer possède une maison dans le style Renaissance, qui date de 1487, et qui, selon la tradition, aurait été le rendez-vous de chasse des comtes de Foix mais qui fut historiquement la maison des consuls de la vallée de Siguer en 1585. Les pans de bois sculptés de la façade en font un bâtiment exceptionnellement beau. De par sa géographie, l'Ariège possède différents pays, différentes cultures, deux langues d'oc sensiblement différentes, et par conséquent différents types d'habitations liés souvent au climat et au relief. En règle générale les toits des maisons ariégeoises sont en ardoise et en lauzes en montagne, car la matière première est facilement exploitable, et en tuiles dans les basses vallées. Les bâtiments sont souvent en pierre sèche, maisons, murets, fontaines, cabanes, orris…, et sont des éléments importants du patrimoine bâti des Pyrénées Ariégeoises. L'orri est une petite cabane de haute et moyenne montagne servant à la traite des animaux et à la fabrication du fromage. Elle permettait généralement au berger d'avoir un toit et de pouvoir se protéger des intempéries. En Haute-Ariège, l'habitat est concentré en villages fortement agglomérés souvent entourés de hameaux ou de lieux-dits. Les maisons ont des ouvertures : plus hautes que larges et leurs façades relativement ordonnées par la symétrie mais, le plus souvent, sans aucun ornement. Dans les Haut Couserans et Couserans, l'habitat est regroupé en villages denses, les maisons sont plus carrées, s'ouvrant souvent sur des galeries de bois protégées assez typiques. Dans le Plantaurel les maisons sont dispersées, c'est le pays de nombreuses bastides. Les maisons sont de plus grandes dimensions, les exploitations agricoles sont des bâtiments plus importants que dans la montagne. Ils sont construits en pierres calcaires et parfois en briques, et sont couverts d'un toit de tuiles. En Basse Ariège,l'habitat est clairsemé et très dispersé, implanté souvent sur des collines, sur les croupes ensoleillées. Les villages y sont rares et établis dans les vallées ou les vallons, exceptés le Carla Bayle et Saint-Ybars qui sont des bastides perchées sur un territoire qui a été difficile à sécuriser. Les fermes y sont isolées, les maisons basses composées d'un rez-de-chaussée et de combles, sans étage. Elle sont souvent longues, construites de galets de rivière (souvent proches) et de briques.

BEAUX-ARTS

Depuis la nuit des temps, on a créé de l'art en Ariège. On peint, on dessine, on sculpte... La grotte de Nivaux pourrait être définie comme la première galerie d'art du département, peut-être du monde, par la richesse de ce qu'elle propose. Au Moyen Âge les enluminures du livre de la chasse de Gaston Phébus sont des exemples de beauté et de précision dont seuls les artistes de l'époque étaient capables. De nos jours, des galeries d'arts fleurissent dans toutes les villes ariégeoises de Mirepoix à Foix en passant par le Couserans et le village de Carla-Bayle est exceptionnel dans ce domaine, étant devenu un véritable village d'artistes depuis la fin des années 80. Galeries, ateliers d'artistes ayant pignon sur rue font de ce village une exposition à ciel ouvert.

L'art rupestre

La grotte de Niaux date de l'époque magdalénienne (entre 17 000 et 12 000 ans) et a contribué à faire connaitre l'Ariège dans le monde entier grace à cet art pariétal. C'est la plus grande grotte ornée avec celles de Lascaux et d'Altamira. Les parois sont couvertes de dessins au trait noir que les spécialistes qualifient d'une maîtrise parfaite de l'outil. Des dizaines de bisons, chevaux ou bouquetins ont été tracés au charbon de bois et peints à l'oxyde de manganèse. Les reliefs naturels de la roche ont été utilisés pour souligner la silhouette de l'animal.

La peinture

Une femme se distingue des peintres ariégeois ; Mady de la Giraudière (1922-2018) a consacré sa vie au dessin et à la peinture influencée par la nature. Elle exposera de la fin des années 50 au début des années 70 devenant ainsi l'une des grandes figures de l'art naïf en France et dans le monde. Ryton Cazenave est un aquarelliste fuxéen habitué des paysages méditerranéens, des villages ariégeois, du château de Foix, et des grands pics pyrénéens. Alphonse Roubichou (1861-1938), impressionniste né à Pamiers fut en son temps extrêmement prolifique. Joseph Bergès (1878-1956) était spécialiste des portraits et des natures mortes. Il réalisé une fresque monumentale dans la faculté de droit à Toulouse. Élève de Bergès, André Regagnon (1902-1976) reçut de nombreux récompenses pour l'ensemble de ses œuvres teintées de gris, vert et rouge. Bien que né à New York (!) René Gaston-Lagorre (1913-2004) eut son atelier dans le Couserans il fut l'ami de Matisse, Picasso et Gauguin. Peintre figuratif il finit sa carrière dans l'art abstrait. Pierre Daboval (1918-2015) peindra jusqu'aux années 70 et se consacrera au dessin avec une période fantastique et érotique puis des autoportraits mélangeant humour et sa vision du monde. Christian d'Orgeix (1927-2019) est l'illustre descendant d'une ancienne famille aristocratique Ariégeoise et est considéré comme un proche du surréalisme et du post-cubisme. Il s'adonnera à la sculpture en recyclant des objets trouvés, des cailloux peints.

La sculpture

Bien que quelques ossements ou cornes ont été retrouvés sculptés dans la grotte du Mas d'Azil notamment, l'Ariège n'a pas connu du grands sculpteurs mais il en est deux, contemporains, qu'il convient de mentionner. Claudius de Cap Blanc qui se définit comme « vulvo graphiste ».Il peint et sculpte des vulves partout où il peut sur des rochers, sur des arbres, mais aussi dans des lieux publics... Il fut le créateur de pièces mobiles en bois et métal se mouvant graces a des poulies et des mécanismes visibles à l'Affabuloscope au Mas d'Azil. Nicolas Kessler est le créateur de l'œuvre superbe que l'on peut voir en haut des allées de Villote à Foix. L'Humanité représentée par une femme nue portant un globe terrestre entre ses jambes, protégée par un portique. Ses projets et ses réalisations audacieuses et créatives son mues par le désir de voir des Hommes meilleurs et plus justes.

Cinéma et Télévision

Au cinéma, on peut noter *Le Retour de Martin Guerre* avec Gérard Depardieu et Nathalie Baye. Ce film retrace l'histoire d'Arnaud du Tilh, arrivé en 1556 dans le village d'Artigat qui usurpa l'identité de Martin Guerre, un enfant du pays et dupa son épouse et tout le village. Le film connu un grand succès. Le téléfilm *Les Cathares*, en deux épisodes, a été réalisé par Stellio Lorenzi en 1966 avec Jean Topart. Son succès a fait connaitre cette partie de l'histoire de France et le château ariégeois de Montségur à l'ensemble de la France.

Grotte de Niaux.

MUSIQUES ET SCÈNES

Dès le Moyen-âge, les troubadours sillonnaient les chemins ariégeois. Nous en connaissons 450 et 2500 chansons ont perduré jusqu'à nous. Vous avez forcément tous en tête un air d'Ariège ? La célèbre Pavane de Gabriel Fauré, immortalisée par la publicité Loulou de Cacharel, « Oui c'est moi » à la fin des années 80. Quel Ariégeois sait que les ancêtres de Marie Laforêt sont de Lavelanet ? De nos jours, l'Ariège regorge de musiciens talentueux, de luthiers, de groupes et interprètes divers. Il y a toujours un concert quelque part dans le département que ce soit dans des bars voire des restaurants ou des salles comme l'Estive ou l'excellent Relais de Poche à Verniolle et sa programmation hétéroclite. A Foix, deux luthiers se sont installés dans le centre historique. L'un est spécialisé dans les contrebasses et l'autre dans la réparation des instruments à vent ; sans oublier Ariège Musique à Foix qui est le seul grand magasin du département pour les musiciens.

Musiques d'antan

Le troubadour Aicart del Fossat a vécu au milieu du XIIe siècle. Né en 1250 et, comme son nom l'indique, il est originaire du Fossat. Sa vie fut courte car il décède à 18 ans lors d'une bataille pour laquelle il avait écrit un sirventès qui lui sera funeste. Gatien Marcailhou d'Aymeric est né le 18 décembre 1807 à Ax-les-Thermes. Il était le fils de Jean-Pierre Augustin Marcailhou, un receveur des douanes musicien et de Rose Astrié du Castelet (on reste dans le local). Remarqué très tôt pour ses aptitudes remarquables pour la régale qu'il apprit sous la direction de son père, il ne tarda pas à le surpasser. Par ailleurs médecin, il débuta toutefois une grande carrière de musicien qui lui fit écrire 144 valses, quadrilles, polkas et mazurkas. Très célèbre en son temps, il « monte » avec succès à Paris où il fut, par ailleurs, le professeur d'un autre illustre ariégeois, Gabriel Fauré. Il publia de nombreux livres sur la musique dont *L'Art de composer et d'exécuter la musique légère au piano*. Il fut aussi l'amant de George Sand à qui il dédia sa célèbre valse Indiana. Il est mort à Paris le 25 décembre 1855.

Gabriel Fauré se Pavane

Le plus connu des musiciens et compositeurs ariégeois reste sans aucun doute Gabriel Fauré. Treize barcarolles, treize nocturnes, six impromptus, une centaine de mélodies, de la musique religieuse dont deux chefs-d'œuvre, la messe basse et la messe de requiem et la fameuse Pavane (op. 50 en fa dièse mineur en un mouvement pour petit orchestre symphonique avec chœur ad libitum pour les mélomanes) composée en 1857. C'est un faible aperçu des créations de Gabriel Fauré, né à Pamiers le 12 mai 1845, mort à Paris le 4 novembre 1924. Fils d'un sous-inspecteur de l'instruction primaire, Gabriel Fauré fut rapidement remarqué par M. de Saubiac, député de l'Ariège, pour ses dispositions étonnantes pour la musique. Pendant neuf ans il fut l'élève de Niedermeyer, célèbre compositeur et pédagogue du XIXe. D'abord inspecteur général puis professeur de composition, il occupa ensuite le poste de directeur du Conservatoire national. Il a formé des artistes aussi différents que Maurice Ravel, Georges Enesco, Nadia Boulanger et Louis Aubert. Il existe un festival Gabriel Fauré, à Pamiers qui accueille les plus grands musiciens. Sa maison natale est visible au n°17 de la rue Gabriel-Péri.

Musiques d'aujourd'hui

Qui ne connait pas Marie Laforêt (1939-2019), chanteuse et actrice dont les yeux, magnifiques resteront associés à jamais à l'interprète de « Viens sur la montagne » ou « Mon amour, mon ami ». Elle se considérait comme ariégeoise car petite-fille de Louis Doumenach, qui dirigeait une entreprise d'effilochage de textile à Lavelanet. Elle adorait son grand-père et vécut quelques années en Ariège pour échapper à une sordide histoire dont elle a été victime. Né en 1953 Christian Ton Ton Salut est un batteur de jazz qui a habité Pamiers de 1958 à 1977 et y a commencé sa carrière avec l'orchestre de Marc Feinder en 1970. Il a accompagné une multitude de grands jazzmen et s'est produit dans le monde entier. Il est également professeur à Toulouse en histoire du jazz et en culture rythmique et organise des Master Classes lors du mondialement connu festival de jazz de Marciac.

La main sur le cœur

L'air le plus célèbre dans le cœur de tous les Ariégeois, installés à travers le monde est l'hymne de l'Ariège, composé par l'abbé Maury-Sabas (1863-1923), prêtre musicien du petit village de Miglos « Arièjo ô moun païs » (Ariège ô mon pays). Il repose au cimetière de Varilhes où il finit sa carrière. Pour l'anecdote, son célèbre

Gabriel Fauré.

chant (localement célèbre) était chanté lors de l'épreuve du certificat d'études à l'école de Varilhes en 1932 ! Chauvin les Ariégeois ? De nos jours un jeune et talentueux compositeur, Florent Adroit, a tenté, avec succès de créer un nouvel hymne un peu plus moderne et d'actualité en français qui décrit à merveille ce qu'est d'être Ariégeois. On espère une version occitane. Il a également composé et écrit l'hymne des supporters du Stade Toulousain.

Un département jazzy

Outre ces quelques musiciens célèbres, l'Ariège fête la musique au travers de différents événement et de grands festivals qui se succèdent du printemps à l'été en général (exception faite de « Musiques au pays de Gabriel-Fauré » qui s'étale du printemps à l'automne). Le jazz est à la fête et on commence en avril par le Festival « Swing à Mirepoix » qui depuis 25 ans fait swinguer et danser les passionnés de jazz grâce aux nombreux bénévoles qui s'investissent dans cet événement. Fin juillet, les mélomanes se donnent rendez-vous à Foix pour le festival de jazz pour écouter des virtuoses et des pointures nationales et internationales. A Mazères, se déroule chaque année le Manouch' Muzik Festival ou le festival de Jazz manouche. L'esprit de Django Reinhardt flotte sur l'Ariège pendant 4 jours en août avec un festival in et un off. Interprètes et luthiers se retrouvent pour un moment de jazz sans tambour ni trompette.

Des instruments uniques

Le département l'Ariège en particulier et l'Occitanie en général possèdent une riche culture musicale qui leur est propre et qui va bien au-delà de simples notes de musiques accrochées à des partitions moyenâgeuses. Certains des outils qui servent à leur interprétation se veulent uniques pour les restituer dans les sons entendus par leurs auteurs. Certains instruments de musique sont typiques et heureusement quelques groupes et fanfares perpétuent leur utilisation et surtout leur fabrication. Les plus utilisés sont l'aboès, appelé aussi « hautbois du Couserans », les craba, bodega, en languedoci ou boha, en Gascogne qui sont des cornemuses, les grailes, également famille des hautbois, la flûte à 3 trous, la vielle à roue, les harpes, le brau qui est un tambour à friction ou encore l'accordéon diatonique. A ne pas manquer parmi les nombreux interprètes occitans (même s'ils ne sont pas « d'ici ») que l'on peut entendre sur quelques scènes ariégeoises, le groupe féminin de « La mal coiffée » qui chante a capella, Nadau très engagés dans l'émancipation de la culture occitane, Christian Salès et le groupe OC et sa musique planante sur des textes médiévaux…

LITTÉRATURE

Outre un grand philosophe, l'Ariège a produit des écrivains, des poètes, des romanciers et de nombreux historiens comme des médiévistes célèbres, des chercheurs spécialisés dans la préhistoire, des conteurs ou des talents dans le neuvième art ; sans oublier notre grand Comte de Foix, Gaston Fébus qui dès le 14e siècle, apportait ses propres contributions à la littérature ariégeoise. Il suffit de voir dans les meilleures librairies, les nombreux livres ariégeois en rayons pour se rendre compte de la prolixité de nos auteurs. Les Ariégeois sont des hommes et des femmes qui pensent, réfléchissent, créent, se questionnent sur leur devenir, dans des environnements économiques et naturels qui leur furent parfois hostiles. Ils s'interrogent sur leurs passés, leurs racines, leurs cultures, et même sur les origines et le futur de l'humanité en véritables penseurs libres et humanistes. Ils sont nombreux et cette liste n'est donc pas exhaustive.

Des auteurs historiques

Gaston Fébus

Pendant 60 ans (1331-1391) le plus connu des comtes de Foix (après Henri IV) posa quelques fois l'épée et mania la plume avec brio et dextérité. Ce grand guerrier à la fois chasseur et séducteur fut également écrivain et poète. Il choisit Fébus en référence à Phoebus le dieu des arts, de la poésie et du soleil. Fébus écrivit la chanson « Se canto » véritable hymne pyrénéen et occitan. Il a aussi rédigé un incroyable livre enluminé sur la chasse et ces techniques, utilisé par les princes et les rois durant 3 siècles.

Pierre Bayle

Le philosophe ariégeois est né au Carla en 1647 d'un père pasteur, qui lui apprit le latin et le grec. Il poursuivit ses études à l'Académie protestante de Puylaurens, manifestant un grand intérêt pour les études, puis apprit la philosophie à Toulouse et enfin la théologie à Genève. Protestant, Pierre Bayle se réfugie à Genève en 1670 et s'installe à Rotterdam. Son *Dictionnaire historique et critique*, ouvrage majeur, conçu pour redresser les erreurs des dictionnaires ou auteurs antérieurs, dépasse nettement son objectif et prend des positions radicales. Parmi ses autres œuvres il faut citer *Pensées sur la comète* et *Nouvelles de la République des lettres*. Il mourut en 1706.

© ZU_09 - ISTOCKPHOTO.COM

Pierre Bayle.

Raoul Lafagette

Quelle est cette statue que l'on peut voir dans le jardin de l'hôtel de ville ? Il s'agit d'un homme méconnu, dit « Le poète des Pyrénées », né et mort à Foix (1842-1913), protégé de Victor Hugo et d'Alphonse Daudet. Sa première poésie connue s'intitulait *Les chants d'un montagnard*. Lafagette s'impliqua également dans la vie politique ariégeoise mais sans grand succès.

Isabelle Sandy

Née Marie Isabelle Fourcade en 1884, à Cos. Elle est décédée à l'âge de 91 ans. Son œuvre est étonnamment abondante et variée : 47 romans publiés, plus de 250 contes, 4 recueils de poésie, 8 ouvrages religieux, des milliers d'articles. Chantre passionné de l'Ariège et de l'Andorre, éperdument amoureuse des montagnes et des paysages, Isabelle Sandy a mis toute la force et l'éclat de son talent pendant plus de 80 ans à construire une œuvre qui mériterait enfin de resplendir en pleine lumière. Elle repose au cimetière de Saint-Martin-de-Caralp.

Adelin Moulis

L'auteur de l'Ariège ! Il est né à Fougax-et-Barrineuf le 20 juin 1896 et mort le 4 mai 1996 à Mazères. Il fut tout à la fois poète, conteur en occitan, folkloriste, historien et surtout amoureux et grand connaisseur de l'Ariège. Il laisse une œuvre considérable entièrement rééditée. Il est absolument incontournable pour qui veut connaître les sites, l'histoire et les personnalités du département.

L'Ariège à la page

Christian Bernadac

Célèbre historien et écrivain né à Tarascon en 1937 et mort en 2003. Il a été journaliste à

Europe 1, avant d'être grand reporter à la télévision. Il a notamment couvert la guerre d'Algérie pour « Cinq colonnes à la une ». En 1972, il crée le premier journal télévisé de la 3e chaîne et deviendra par la suite rédacteur en chef. Il a écrit une cinquantaine de livres, principalement sur la déportation et les camps de la mort. Quelques ouvrages et romans ont l'Ariège pour cadre.

Georges-Patrick Gleize

Né à Paris en 1952, il passe son enfance en Ariège auprès de ses grands-parents. Ses études supérieures à Toulouse le mèneront à un DEA d'histoire méridionale, plus précisément sur les campagnes ariégeoises. Professeur, il enseigne à travers la France avant de revenir en Ariège où il sera professeur au lycée du Castella, à Pamiers. En 2001, il commence une carrière littéraire aux éditions Albin Michel et a depuis publié de nombreux romans dits de terroir. Il s'intéresse au monde rural, « *cette France que nous avons perdue, ce passé proche et déjà lointain* ». Un écrivain ariégeois à découvrir et à suivre !

Olivier de Robert

D'origine ariégeoise bien que né à Paris (!) en 1965. Notre truculent conteur manie le verbe et les histoires d'antan. C'est qu'il en a du bagou. Mi-conteur, mi-comédien, il fait revivre Jaurès, sur scène, mélangeant politique, histoire et poésie. Notre homme historien de formation, et de passion pour les mots a été accompagnateur en montagne et a également le don de l'écriture au travers de ses livres de contes et d'un roman. Une grande figure (gueule ?) ariégeoise, Olivier toujours avenant et souriant qui dérange certains, et en amuse d'autres nous invite toujours au voyage vers le rire et le rêve.

Gilles Castroviejo

Poète, humaniste, amoureux de la chanson française, des livres et de la vie ; tels sont les mots qui pourrait décrire cet auteur ariégeois, né en 1949 à Albiès, il a publié une quinzaine d'ouvrages divers et variés : bibliographies d'Adelin Moulis, poèmes, œuvres sur l'aéropostale, le talc, les poisons... Il possède une bibliothèque personnelle époustouflante et une collection de disques et cassettes de musiques françaises à rendre jaloux la moindre médiathèque. Il a poussé l'amour des livres à son paroxysme en écrivant *Le livre des livres d'Ariège*, colossale encyclopédie de tout ce qui été publié dans notre département.

Anne Brenon

Célèbre historienne, archiviste paléographe (spécialiste des écritures anciennes), enseignante, romancière et conservatrice du patrimoine français. Elle est surtout une spécialiste du catharisme. Auteure de nombreux ouvrages sur le sujet, elle s'attache à en montrer la véritable nature, au-delà des clichés et des divagations. Elle a écrit des romans qui, contribuent à donner une vision plus exacte des mentalités et des événements de cette époque.

Beka

Nous devrions plutôt écrire : « les » Beka, alias BErtrand et CAroline. Deux scénaristes de BD de grand talent, qui ne font qu'un. Bien sûr vous avez forcément déjà lu une de leurs œuvres car, depuis plus de 15 ans, ils nous régalent de leurs histoires des *Rugbymen* (3 millions d'exemplaires vendus), la série GEO BD, les « Le jour où... » abordant les choix de vie de Clémentine dans un monde plus humain et plus zen. Ils sont aussi aux scenarii du « spin off » du comte de Champignac, personnage bien connu des aficionados de Spirou qui voyage au cœur de l'Histoire.

Par Pyrénix et Petitfutos, Obélix serait tombé dans l'azinat magique ? Eh oui, le célèbre petit Gaulois breton et son gros comparse (qui est gros ?) sont un petit peu... ariégeois ! Albert Uderzo a passé le flambeau à l'Ariégeois de cœur Jean-Yves Ferri pour l'écriture des histoires d'Astérix.

QUE RAPPORTER ?

Il est absolument certain que vous allez ramener d'Ariège des souvenirs, beaucoup de souvenirs… et peut-être aussi quelques kilos mais quand on aime on ne compte pas. Sans oublier également des milliers de photos dans l'un de vos appareils high tech : des paysages époustouflants, des couchers de soleil ou des levers, c'est selon l'heure ; des pistes de ski enneigées, de torrent tumultueux, des moutons, des chevaux noirs, des grands chiens blancs… Votre valise sera également pleine d'objets hétéroclites fabriqués par nos artisans, des hommes et des femmes passionnés par leur terroir et la transmission de leur savoir-faire. Vous serez obligés de passer par la case gastronomie tant l'Ariège est riche de produits locaux, bios, et dans le respect de la nature et de l'environnement. Charcuteries, bières vins et alcools (toujours avec modération…), plats cuisinés, confitures, douceurs sucrées…

L'artisanat

L'Ariège abrite de nombreux artisans, toujours passionnés et amoureux de leur métier. Dans la vallée de Bethmale, les sabots ont une légende liée à un jeune berger et une femme amoureuse... Les sabots de Pascal Jusot (un des derniers sabotiers de France) sont fabriqués dans des essences de noyer, de hêtre ou de bouleau. La réalisation de ces sabots traditionnels de la vallée de Bethmale nécessite savoir-faire et patience depuis l'ébauchage jusqu'à l'habillage. D'autres artisans réalisent des objets traditionnels de qualité selon le respect des matériaux et des techniques traditionnelles : le travail de la corne et ces fameux peignes idéals pour les cheveux mais aussi pour brosser les animaux car cela empêche toute forme d'électricité statique. La vannerie, la coutellerie, la taxidermie sont autant d'exemples typiques qui ne doivent pas faire oublier que ces métiers peuvent aussi faire preuve d'innovation. Ils représentent une richesse de notre patrimoine basée sur la diversité et l'authenticité. Quant aux créateurs ils représentent une mosaïque d'activités diverses : souffleurs de verre, céramistes, créateurs de mobilier, fabricants de jouets, tourneurs sur bois, bijoutiers-créateurs, etc. Ils façonnent notre environnement esthétique en créant les éléments de mode ou de décoration.

© FOOD-MICRO - FOTOLIA

Les bocaux de foie gras, faciles à rapporter.

A table !

Nòu, la nouvelle marque de l'Ariège, créée à l'initiative de la chambre d'agriculture, met en valeur des producteurs et artisans qui ont adhéré à cette charte qualité pour bénéficier de ce label. On commencera le shopping par une bouteille d'Hypocras ou de Sambuc et pourquoi pas une des nombreuses bières locales du Bison ou de Saint-Girons. Bien évidemment, on trouve des charcuteries dans toutes les régions de France mais celles d'Ariège se caractérisent par leur mode de fabrication car elles sont, la plupart du temps, séchées grâce à la qualité de l'air en montagne et l'hygrométrie. D'ailleurs au XIXe siècle, en France, on employait que très rarement le terme de « saucisse sèche » mais on disait : « saucisse d'Ariège ». On n'oubliera pas de ramener bien entendu de la saucisse de foie (sèches ou fraîche) rendue célèbre grâce à la comptine de la marchande de Foix qui vendait du foie dans la ville de Foix et qui se dit ma foi… un plateau de charcuterie s'accorde souvent avec un plateau de fromages d'où résonneront les noms de leurs vallées de fabrication, Bethmale, Moulis ou autres productions la Corre au lait de vache, de chèvre, de brebis, ou, pourquoi pas, un mélange des trois ! Pour faire passer toutes ces bonnes choses, on se délectera d'un gouleyant vin d'Ariège, d'Engravies, de la Lèze ou du Plantaurel. Pour finir sur une douceur sucrée les gourmands choisiront une croustade aux pommes de Mirepoix ou aux myrtilles des ponts du pays d'Olmes, une des nombreuses confitures de chez Jougla, flocons d'Ariège ou quelques biscuits artisanaux. Il restera forcément de la place dans vos bagages pour quelques conserves de plats cuisinés élaboré par nos artisans ou chefs gourmets et gourmands. Des mounjetades (le cassoulet ariégeois), L'Azinat et sa rouzolle (sorte de garbure, mais en mieux), des jambonneaux, des pâtés, et pourquoi pas du foie gras…

SPORTS ET LOISIRS

L'Ariège brille dans beaucoup de domaines sportifs. Nous avons eu un goal champion du monde en 1998 et l'équipe de Luzenac a fait parler d'elle en son temps. Il n'y a pas que le ballon que nous apprécions, il y surtout la montagne et toutes les activités qu'elle peut nous procurer. Un véritable paradis pour tous les sportifs. Les amateurs de sports à sensation pourront satisfaire leur passion grâce aux écoles et associations proposant de s'initier ou se perfectionner dans plusieurs disciplines audacieuses. Les sports d'eaux vives font leurs plus beaux remous sur l'Ariège à descendre en canoë-kayak, en rafting ou en hydrospeed, ou glisser en ski nautique grâce au téléski de Mercus. A Beille, chiens de traineau et bivouac en igloo. Dans les entrailles de la terre, des centaines de grottes à explorer, en haut de nombreuses voies d'escalade. Superbe vue sur Foix en parapente à partir du Prat d'Albis. Même le karting peut être pratiqué !

Randonnées pédestres

Pour une randonnée itinérante, un trek de plusieurs jours, c'est le classique GR10, qui traverse les Pyrénées en passant par les réserves d'Orlu et du Valier. La voie du Piémont vers Saint-Jacques-de-Compostelle (GR78) et les Tours de pays révèlent chacun des aspects méconnus de l'Ariège. Quant au GR7 qui s'étire des Vosges jusqu'à la chaîne des Pyrénées, il traverse l'Ariège sur environ 130 km. La nuit, gîtes d'étapes et refuges de haute montagne vous offrent le couvert au coin du feu. Certains se transforment parfois, les soirs d'été, en repaire de conteurs, en salon littéraire et même en chais de dégustation. Cathares, passeurs, bergers, contrebandiers, se sont de tous temps joués des frontières. La barrière naturelle des Pyrénées est trouée de passages secrets que seuls les initiés empruntaient. Une vingtaine d'itinéraires transfrontaliers font revivre les échanges ancestraux entre les vallées pour des randonnées de 2 à 7 jours. Émouvant, le Chemin de la liberté, utilisé pendant la 2nde Guerre mondiale par ceux qui fuyaient l'occupation allemande. Celui chemin des Bonshommes, vous transporte au Moyen-Âge, dans les pas des derniers Cathares.

A vélo et à cheval

A vélo, cyclotourisme et VTT

De la promenade familiale du dimanche sur terrain plat jusqu'à la montée répétée de plusieurs cols raides et longs, la palette des routes proposées est variée. Le tour complet de l'Ariège s'adresse à des cyclotouristes entraînés. Ils grimpent le Col de Pailhères, le col de la Core, le col d'Agnes, le port de Lers... Ce n'est pas un hasard si le Tour de France fait souvent étape en Ariège. Ils sont toujours très appréciés des organisateurs de courses cyclistes. Pour des descentes insolites, rien ne vaut le VTT. 450 km de sentiers balisés, de pistes et de circuits sont aménagés. Les cyclistes endurcis ne manqueront pas la course de L'Ariégeoise, la grande épreuve de montagne. Elle rassemble chaque année plus de 3 000 participants venus du monde entier. La Ronde de l'Isard, course cycliste internationale, fait place aux jeunes talents du plus haut niveau dans le peloton des amateurs.

A cheval et à dos d'âne

Terre idéale pour les cavaliers, l'Ariège se chevauche aussi le pied à l'étrier. Près d'une soixantaine de centres et fermes équestres sellent de nombreux séjours de l'initiation à la grande randonnée. 1200 kilomètres de chemins tracent des circuits thématiques alliant la pratique du cheval et les découvertes culturelles avec un hébergement convivial en gîtes et chambres d'hôtes.

Voies vertes, quand les chemins de fer deviennent des chemins verts.

L'Ariège a eu une grande activité ferroviaire. Ingénieuse idée que d'aménager ces chemins de fer en chemins de terre ! Vous vous promènerez à vélo, à pied, à cheval, de gare en gare, sur une voie sans rail et sans engin motorisé, traversant des ouvrages d'art, jusque-là oubliés. Des panneaux vous raconteront le passé de ces voies aujourd'hui silencieuses. Balades émouvantes et champêtres entre nostalgie et découverte. Voie verte de Foix à Saint-Girons et en Pyrénées cathares, de Mirepoix à Lavelanet.

Sports d'hiver

Le vaste domaine skiable des Pyrénées ariégeoises couvre 10 stations, dont 4 de ski de fond s'étirant du mont Vallier jusqu'à la limite du Capcir.

Ascou-Pailhères (1500m–2000m) est spécialisée dans l'accueil des tout-petits : la station leur réserve son jardin des neiges et une aire de luge à l'écart. Mais les skieurs de bon niveau, parmi lesquels les adeptes du snow-board, devraient trouver aussi leur bonheur.

Plateau de Beille.

Ax 3 domaines (1400m–2400m). Ici s'étend le plus grand domaine skiable de l'Ariège et le plus complet des Pyrénées. Les 3 Domaines réunissent les versants de Bonascre, du Saquet et des Campels qui communiquent entre eux en un seul et vaste tapis de glisse. Outre le ski alpin, on pratiquera le surf, le ski artistique ou le ski nordique. Grâce à ses équipements pour handicapés, Ax bénéficie notamment du label Handisport.

Plateau de Beille (1800m–2000m). Au-dessus des Cabannes, sur le plateau de Beille s'étend le premier domaine de ski de fond des Pyrénées, également premier stade de neige au niveau national. L'altitude garantit un des meilleurs enneigements. L'espace naturel y est préservé et dégage un véritable bol d'air pur et vivifiant.

Goulier Neige (1500m–2000m). Au-dessus d'Auzat et de Vicdessos, cette petite station Sport Nature au pied du Montcalm est une des plus conviviales, loin de l'esprit de compétition.

Guzet neige. (1100m-2100m). Au-dessus du col de la Trappe, cette station très nature est plantée d'une colonie de 350 petits chalets douillets en pierre et en bois au milieu des sapins.

Les Monts d'Olmes (1400m-1955m) La station de notre championne olympique Perrine Laffont dispose d'un enneigement conséquent agrémenté d'une batterie de canons à neige. Les pistes sont courtes, mais intéressantes techniquement et très agréables. En été, les activités ne manquent pas non plus : descente tyrolienne en VTT, arapaho (trottinette tout terrain).

Station de ski de Mijanès. Le Pays de Donezan est couronné de sommets dont le relief et l'altitude assurent un bon enneigement. La station la plus méridionale des Pyrénées ariégeoises plante ses bâtons à la limite de l'Aude et des Pyrénées-Orientales garantissant un ensoleillement durable.

Sports d'eaux-vives

Avec 400 km de rivières adaptées et 6 différents niveaux de difficulté, en Ariège les sports d'eaux vives se pratiquent à la carte. Canoë, rafting, canoë- kayak, hydrospeed, canyoning... nagez, sautez, glissez dans un monde aquatique, acrobatique et ludique. Les lacs font le bonheur des véliplanchistes, des campeurs, des dériveurs, des baigneurs... Outre Montbel et Le Carla-Bayle, il faut citer Mercus, Mondély, Labarre... sans oublier les innombrables lacs de montagne que l'on atteint après un peu ou beaucoup de marche.

Pêche

Avec 2500 km de cours d'eau et 800 ha de plans d'eau, dont 80 % classés en 1re catégorie, l'Ariège est le paradis de la pêche où abondent truites, carpes, sandres, brochets, alose, saumon de fontaine, goujon, écrevisse américaine, omble chevalier, barbeau, gardon, brème, chevesne et tanche… Des torrents d'altitude aux grandes et larges rivières, des cours d'eau paisibles aux ruisseaux capricieux, la pêche est à la fois sport, passion, plaisir, délassement et jouissance de la nature. 143 lacs de montagne sont répertoriés pour la pratique de ce sport.

En hiver, l'Ariège offre la possibilité de skier sur de nombreux domaines.

GASTRONOMIE

L'Ariégeois aime manger copieusement et doit être bien nourri. Napoléon écrivait qu'il était impressionné par ce que pouvait ingurgiter un Ariégeois. Ici les plats traditionnels du Sud prennent un autre nom et un autre accent. Le cassoulet devient « mounjetado » du nom occitan du haricot. En marge de la cuisine traditionnelle, vous découvrirez que les Maîtres Restaurateurs usent d'inventivité et de créativité avec les produits locaux. Les spécialités ont évolué avec le temps : il faut savoir que la misère touchait l'Ariège au siècle dernier et le département était culinairement pauvre. On cultivait des choux, de la pomme de terre et, la plupart des familles, en plus des volailles traditionnelles élevaient un cochon que l'on tuait en compagnie des voisins. Le canard est arrivé un peu plus tard et s'est imposé comme mets de choix dans la cuisine ariégeoise, influencée par nos voisins Béarnais et Commingeois. A table !

Les spécialités ariégeoises

L'azinat

Le plat « national », potée aux choux et pommes de terre, accompagnée de jambon, saucisse de foie cuite et autres cochonnailles. Plat riche par excellence qui doit être accompagné de sa rouzolle, sorte de farce, en galette, cuite sur un feu très doux et régulièrement retournée. A l'origine, l'azinat était un plat unique. On commençait le repas en buvant le bouillon de légumes dans lequel trempaient des morceaux de rouzolle, puis on attaquait le plat proprement dit, le porc, décliné dans toutes ses variantes. L'histoire ne nous dit pas quel était le dessert.... mais tout est bon dans le cochon.

Le confit de canard

Plat typiquement sudiste et « sud-ouestiste ». Le confit de canard convient à tous les régimes car c'est un plat léger. Comment peut-on affirmer cela ? Mais braves gens, le canard est léger ! La preuve ? Il flotte et il vole...

Le foie gras

Du confit au foie gras, il n'y a qu'un pas. Et les foies gras ariégeois peuvent fièrement rivaliser avec ceux de nos amis gersois, périgourdins... D'ailleurs, les membres de la Confrérie du Foie Gras de Mazères ne s'y sont pas trompés.

L'hypocras

Au Moyen-Age, les Croisés ont célébré l'Hypocras aux vertus toniques pour le corps et l'esprit. Restant fidèle à l'authentique recette médiévale, la famille Séguéla de Tarascon-sur-Ariège a remis au goût du jour cette boisson qui fut jadis sur les tables royales. Jusqu'au XVIIIe siècle, les plus fins gourmets (Gaston Fébus, Henri IV, Rabelais et Louis XIV) apprécièrent ce breuvage précieux composé d'ingrédients délicats : cannelle, cardamome, clous de girofle,

DÉCOUVRIR

© ANNAPUSTYNNIKOVA - ISTOCKPHOTO.COM

Confits de canard.

pétales de rose, gingembre, rapportés d'Orient. Dans sa belle robe brune, cet élixir 100 % naturel se déguste frais aussi bien en apéritif qu'en vin de dessert. Il accompagne à merveille nos fromages et foies gras.

La mounjetado

A l'origine un plat de haricots cuisinés avec des restes de viande, c'est aujourd'hui devenu un plat festif avec du porc et du canard. C'est le cassoulet ariégeois, traditionnellement cuisiné avec des cocos de Pamiers (à l'origine avec des fèves). Chaque village ou hameau se doit de faire annuellement mounjetade.

La saucisse de foie

Elle peut être de Foix, ma foi. Très souvent sèche et plus rarement fraîche, à griller. Cette saucisse au goût unique est un fleuron de notre département. Ne nous faites pas l'affront de nous dire que cela ressemble aux figatelli corses... Ça n'a rien à voir. C'est un peu comme comparer la mer au lac de Montbel.

Les taillous

Spécialité de pommes de terre, jambon de pays, œufs, salade. Simple, bon et efficace.

Les fromages

Ils sont issus essentiellement du Couserans, sont à pâte pressée non cuite à base de laits crus de vache, de brebis, de chèvre ou de savants mélange de différents laits. Les noms les plus connus sont le Bamalou, le Bethmale, le Moulis, le Rogallais...

Le Bethmale est un fromage français originaire des Pyrénées ariégeoises. Selon la légende du terroir, le premier bethmale, daterait de l'occupation des Maures, au XIVe siècle. C'est un fromage à base de lait de vache, à pâte pressée non cuite. Il est excellent d'avril à novembre, après un affinage de 5 à 6 mois. Un brossage quotidien lui donne une croûte orangée renfermant une pâte onctueuse, légèrement sucrée-acidulée.

Le Moulis est à base de lait de brebis, de chèvre ou de vache. Sa période de dégustation optimale s'étale de mai à octobre après un affinage de 6 mois, mais il est aussi excellent de mars à décembre. On trouve aussi le Moulis vache tommette qui est un petit fromage à base de lait de vache.

Le Rogallais est un fromage à base de lait de vache, à pâte pressée non cuite. L'affinage se fait sur 3 mois, la croûte est naturelle avec des couleurs automnales et légèrement tachetée, elle est crémeuse et aérée.

Les douceurs

Les desserts les plus marquants, et les plus délicieux sont la croustade (aux pommes ou aux myrtilles), le millas à base de farine de maïs et de froment et également les bonbons : les flocons d'Ariège. Vous trouverez également des miels de montagne : de rhododendron, plantes et fleurs de montagne, les miels d'ici ont des saveurs très diverses, et sont excellents pour la santé.

© ADRIEN ROUSSEL - STOCK.ADOBE.COM

Croustade aux pommes.

A boire !

Eaux minérales

Les eaux minérales régionales du Montcalm. L'eau de source , puise sa pureté dans la petite ville d'Auzat. Une eau que l'on peut qualifier d'oligo-minérale, y resurgit à 1 100 m au-dessus de la vallée. Très faiblement minéralisée et pratiquement exempte de nitrates, elle peut être bue par tous et convient à la préparation des biberons. L'eau «eau neuve» 09 est la dernière née des eaux ariégeoises. Une première en France, l'emballage est en carton. Une immense usine intégrée dans le paysage et 100% éco-responsable.

Vins

Il était une fois l'histoire de quatre olibrius qui s'étaient mis en tête de faire renaître le vignoble ariégeois. L'idée saugrenue en a fait rire plus d'un. Mazette, mais le vin d'Ariège, c'est de la piquette infâme que l'on servait, au bord de la route, aux Toulousains qui « montaient au Pas » et que l'on noyait dans de l'eau fraîche tellement il était bon... On l'appelait d'ailleurs le « petit vin ». La culture viticole de l'Ariège avait complètement disparu suite aux épidémies nationales du phylloxéra depuis la fin du XIXe siècle. C'était mal connaître l'histoire du vin d'Ariège qui depuis 971 a honoré les tables des cours des rois de France et fait la richesse des évêques de Pamiers. Mais revenons à nos quatre fantastiques, qui ont replanté en 1998 les cépages traditionnels et à force de travail, de passion et d'œnologie ont ressuscité le nectar ariégeois afin de nous proposer des vins de grande qualité, bio pour certains. Nos vins sont reconnus, appréciés par les plus grands guides gastronomiques et ne font plus ricaner personne.

AGENDA

Il se passe toujours quelque chose en Ariège. Des reconstitutions historiques, des spectacles, des concerts, du théâtre de marionnettes aux belles soirées de contes, en passant par des activités ludiques, sportives ou gastronomiques, les festivals folkloriques et les expositions de toutes natures, ce sont autant de manifestations de qualité qui nous transportent dans une grande diversité de genres des plus originales aux plus traditionnelles. Découvrez ces nombreuses manifestations, véritables lieux de rencontres, de fêtes et de créativité. Retrouvez toute la culture issue d'un patrimoine local riche, profitez de la qualité d'accueil de tous ces acteurs, professionnels comme bénévoles, passionnés par leur histoire et leur département et qui n'ont qu'une envie, le partager avec vous. Il existe également une multitude d'événements, ici et là et toute l'année que vous pourrez découvrir dans la Bougeotte distribuée gratuitement.

SWING À MIREPOIX

MIREPOIX

✆ 05 61 68 83 76

www.swingamirepoix.com

En avril (tous les week-ends de Pâques).

Chaque année le Festival de swing et de jazz fait sonner la cité médiévale de notes de jazz New Orleans (entre autres) et ce, pendant trois jours, avec des animations dans les rues, la foire artisanale, une exposition d'instruments de musique, de partitions, d'affiches, de livres, de photos, de disques sur le thème... du jazz bien sûr ainsi que la traditionnelle omelette géante. Concerts les soirs dans la salle Paul Dardier et le « Off » sous la halle en centre-ville. Renseignements auprès de l'office de tourisme de Mirepoix.

GABRIEL FOREVER

PAMIERS

✆ 05 61 67 52 52

En mai. De 10€ à 25 € selon les places et interprètes.

Depuis 1995, ce festival honore Gabriel Fauré et son œuvre. Cette année, l'événement fait peau neuve et change de style. Des concerts sont donnés par de grands interprètes et virtuoses (on a pu écouter Adam Laloum, Anne Queffelec...) dont l'un des objectifs principaux est de conquérir tous les publics. Pamiers est la patrie natale de ce célèbre compositeur et lui rend hommage aux notes de Bach, Mozart... Patrimoine musical et architectural se mêlent puisque les concerts ont lieu dans les hauts lieux appaméens : la salle du Jeu du Mail et le cloître du Carmel.

LE TRAIL DES CITADELLES

LAVELANET ✆ 05 61 01 22 20

trail-des-citadelles.blogspot.fr

En avril sur deux jours.

Depuis plusieurs années, le Trail des Citadelles, une course incroyable au milieu des châteaux cathares et des paysages de la région, accueille des coureurs venus de tous horizons. Trois parcours pour les aguerris : 24, 40 et 70 km et une course pour les débutants de 10 km, le Sanctus. A la fin de votre périple fatigués mais heureux, vous clôturez avec un bon repas. Plus de 150 personnes travaillent au succès toujours grandissant de cette manifestation. Durant les courses, 6 points de ravitaillement sont installés. Une aventure humaine et intérieure formidable.

FESTIVAL D'ART SACRE DU COUSERANS ET DE L'ARIEGE

SAINT-LIZIER

✆ 05 61 96 77 77

Dernière semaine de mai.

Ce festival se déroule pendant les fêtes de l'Ascension, en Couserans. Le Sacré sous toutes ses formes artistiques : musique, chant, art, théâtre... se vit dans les édifices sacrés les plus emblématiques de l'Ariège tels que la cathédrale de Saint-Lizier, l'abbaye de Combelongue, les églises romanes du Haut Salat. Tout en pratiquant des tarifs modiques, le festival propose une programmation de qualité, permettant par ailleurs de faire découvrir la beauté du patrimoine régional.

PARC DE LA PREHISTOIRE
TARASCON-SUR-ARIÈGE
TAO
LA PRÉHISTOIRE
EN VRAI
RECONSTITUTIONS
ATELIERS
IMMERSION
SITES-TOURISTIQUES-ARIEGE.FR
GRANDS SITES Occitanie
PYRÉNÉES ARIÈGE
Libres comme l'Air
SITES TOURISTIQUES ARIÈGE
L'AVENTURE COMMENCE ICI

SALON DU LIVRE D'HISTOIRE LOCALE DE MIREPOIX

MIREPOIX

✆ 05 61 68 83 76

1er dimanche de juillet.

Ce salon a toujours un grand succès. Il se déroule sur la place Maréchal-Leclerc, sous les couverts et sous la halle. Ventes et dédicaces de livres par les auteurs historiens ou auteurs de romans historiques, bouquinistes et associations de défense du patrimoine, conférences et vente aux enchères privée animeront cette manifestation. C'est l'occasion de rencontrer ceux qui nous font rêver, de discuter et de partager. Possibilité de rencontrer des généalogistes.

L'ARIEGEOISE

SAINT-GIRONS

cyclosport-ariegeoise.com

De juillet à août.

Cyclosportive de niveau international. Plus de 4 000 participants attendus entre Tarascon-sur-Ariège et Les Cabannes par les cols ariégeois; la croix des Morts, Pailhères, le Chioula. Quatre parcours (de 69 km à 169 km) : cette année il y a même l'Ariègeoise XXL ! Une grande partie des trois parcours se déroule dans le Pays d'Olmes et traverse le massif du Plantaurel, piémont des Pyrénées ariégeoises. Le parcours de l'Ariégeoise de 153 km est entré dans les annales : «La cyclosportive des Pyrénées». L'arrivée se fait aux Cabannes. Le dénivelé global est de 3 128 m !

FESTIVAL RESISTANCES

24, Avenue du général de Gaulle

FOIX

✆ 05 61 65 44 23

www.festival-resistances.fr

En juillet.

Fondé en 1997, ce festival de cinéma d'auteur présente des œuvres engagées autour de différents thèmes. Tous les ans, pendant 9 jours, des thèmes sociétaux sont abordés, venus de France ou d'ailleurs dans le monde. Ce festival s'est donné comme objectif de promouvoir un cinéma rarement diffusé sur les écrans pour créer un salutaire étonnement, faire connaître d'autres regards et d'autres cinéastes que ceux du prêt-à-penser habituel. Chaque film est suivi d'un riche débat sur le ou les sujets abordés dans l'oeuvre. Programmation jeune public et apéros-concerts

MIMA FESTIVAL DE LA MARIONNETTE

Rue Vigazory

MIREPOIX

✆ 05 61 68 20 72

www.mima.artsdelamarionnette.com

En août.

Ce rendez-vous, désormais bien installé début août, offre l'occasion de découvrir un Mirepoix insolite peuplé de petits personnages malicieusement manipulés. Ce festival reste fidèle à sa volonté de promouvoir les multiples formes de la marionnette, des plus traditionnelles aux plus contemporaines. Le festival décentralise sa programmation dans les villages et propose des circuits en campagne dans des lieux aussi divers qu'un verger, une petite place, une impasse, etc.

JAZZ À FOIX

FOIX

✆ 05 61 01 18 30

www.jazzfoix.com

En juillet.

Une pléiade de concerts et une belle distribution pour ce festival ariégeois qui perdure depuis plus de 20 ans. Le festival « in » présente un ensemble de concerts donnés par de grosses pointures du jazz. Le festival « Off » anime les terrasses des cafés fuxéens les après-midi et soirées. Il est l'événement culturel de la musique jazz en Ariège. Tous les jours à 18 heures, apéritifs concerts, à consommer avec modération pour l'apéro et sans modération pour la musique. Attendus notamment cette année 2022 dans la cour de l'école Lucien Goron, Nicolas Gardel.

AUTREFOIS LE COUSERANS

SAINT-GIRONS

✆ 05 61 96 26 60

autrefois-le-couserans.com

En août.

Le premier week end d'août, du jeudi au dimanche, depuis 1992, c'est la grande manifestation des traditions rurales, de la vie fermière, des savoir-faire ancestraux... qui fêtera donc cette année ses 30 ans. Elle attire tous les ans plusieurs milliers de personnes. Défilé dans les rues, bal traditionnel, marché artisanal et marché gourmand. Tout est mis en œuvre pour étonner le palais des plus gourmets. Plus de 700 bénévoles participent avec un grand défilé, des tracteurs, vaches, moutons et vous font revivre la vie du Couserans d'autrefois.

INGÉNIEUSE AFRIQUE

Domaine de Ruffié
FOIX
✆ 05 61 03 60 29
www.ingenieuseafrique.info
En août. Entrée gratuite.

En août, de 10h à minuit, découvrez sur la place Parmentier des exposants en provenance de tout le continent africain : marché de produits locaux, restauration et découvertes gustatives, sculpteurs, bronziers, griot, conteuse, awalé, films, expositions, animations, concerts, ateliers pour les enfants... Une véritable rencontre et de nombreux échanges entre nos deux continents et les différentes cultures qui composent cette immense Afrique. Des conférences animent ce marché. Tous les soirs, concerts gratuits sous la halle aux grains.

FETE DE LA FIGUE DU MAS D'AZIL

LE MAS-D'AZIL
✆ 05 61 68 97 08
www.effets-nature.com
Chaque premier week-end d'octobre.

De la cueillette à l'assiette… venez partager les divers plaisirs de la figue au Mas-d'Azil : confection et dégustation de confitures à la figue par la Confrérie qui honore ce fruit depuis 20 ans… Cette journée de fête est l'occasion de découvrir le marché artisanal et les fabricants de produis autour de la figue mais également de mets locaux. Distraction assurée par les spectacles de rue, des musiciens, des saltimbanques... Ambiance festive et (dé) gustative pour toute la famille.

LES Z'ARTS EN DOUC

DUN
www.zartsendouc.fr
En août.

Cette association organise le festival d'été de la vallée du Douctouyre. Ce festival multiculturel propose chaque année du théâtre local, des projections de reportages et de documentaires, des concerts, des rencontres avec les producteurs de la vallée, des ateliers divers... Le but étant de favoriser la rencontre et le partage entre toutes les générations. Mais la petite association bien sympathique est devenue avec le temps une grande et dynamique association, et présente tout au long de l'année des artistes dans différents lieux...

FOIRE AU GRAS

MAZÈRES

Au programme, un concours qui met en concurrence de bons produits du terroir : foie d'oie et de canard, oies et canards entiers, oies et canards ouverts, chapons, dindes et oies de Guinée, et une catégorie plus récente : foies d'oie ou de canard en bocaux ou en boîte. Le jury déguste et le public peut donner son avis ! Bien sûr, les gourmands et gourmets peuvent aussi venir se procurer sous la halle couverte les délices qu'ils concocteront pour les fêtes. Le samedi soir a lieu le traditionnel repas du gras, avec foie gras en perspective !

FESTIVAL DES SAVEURS

AX-LES-THERMES
www.festivalsaveurs.com
En septembre. Restauration.

Le Festival des saveurs est une manifestation favorisant la rencontre des producteurs, des artisans de métiers de bouche et des restaurateurs du département afin de mettre en valeur leur savoir-faire. et proposer le meilleur de la gastronomie ariégeoise dans le respect des produits du terroir. Le concours des binômes met en relation un restaurateur et un producteur pour une création gastronomique originale où le public peut participer à la dégustation des plats. Et enfin le concours des azinats, ce plat typique est réservé aux familles et aux amateurs de cuisine.

FETE DE LA POMME DE MIREPOIX

Place du Maréchal-Leclerc
MIREPOIX
✆ 05 61 68 83 76
Chaque 3e week-end d'octobre, sur un théme précis la ville est décorée en pommes locales.

Marché fermier avec les producteurs, tous produits dérivés, fabrication de jus de pomme, distillation... Voilà une bien belle façon d'accueillir l'arrivée de l'automne. L'association des commerçants s'évertue comme toujours à embellir la belle bastide de Mirepoix. Sous les couverts et autour de la ville se déploient des centaines de mains qui manipulent les pommes pour le plus grand plaisir de nos yeux.

PAYS DE LA HAUTE ARIÈGE

Vous voici au cœur du pays des montagnes, de la faune de la flore, des stations de ski, des multiples vallées qui serpentent le long des cours d'eau. Vous pouvez « rester en bas » et profiter des eaux chaudes du thermalisme, de la découverte de Tarascon-sur-Ariège, d'Ax-les-Thermes ou de Vicdessos et sa belle vallée. Vous pouvez également décider de « prendre de la hauteur » et partir à la découverte des villages accrochés au flanc des montagnes, des « spoulgas » moyenâgeuses qui surveillaient les routes d'antan, des fiers châteaux de Lordat ou de Miglos culminants sur leurs sommets, ou vous enfoncer dans des randonnées au cœur des forêts domaniales pour ensuite accéder aux estives herbeuses où paissent vaches et brebis le long des torrents ou au bord des lacs turquoises, riches en truites. Vous êtes au pays des isards et des ours, des patous et des bergers. Vous êtes dans la Haute-Ariège.

Pays de la Haute Ariège
D618
Saurat
Mercus
Arignac
E9
Bompas
Surba
Rabat-les-Trois-Seigneurs
N20
TARASCON-SUR-ARIÈGE
Quié
Ussat
NIAUX
P.N.R. des Pyrénées Ariégeoises
D18
AULUS-LES-BAINS
D8
VICDESSOS
AUZAT
N20
Sinsat
D20
LES CABANNES
Aston
Albiès
Garanou
LUZENAC
D2
D44
Perles
Savignac-les-Ormeaux
Sorgeat
D613
Réserve Biologique Intégrale des Gorges de la Frau
D9
Fougax-et-Barrineuf
Camurac
Prades
D25
AX-LES-THERMES
Orgeix
ORLU
Bonascre
Mérens-les-Vals
ESPAGNE

PAGES

●● PAYS DE LA HAUTE ARIÈGE

© JACKF - STOCK.ADOBE.COM

Tarascon-sur-Ariège.

AULUS-LES-BAINS ★

Si vous voulez fuir les tourments de la vie urbaine, c'est peut-être ici que vous trouverez votre bonheur. Territoire touristique ariégeois qui a su conserver des activités agricoles et d'élevage, le Haut-Couserans est traversé par les vallées du Salat, de l'Alet et du Garbet. C'est là que l'on trouve la station de Guzet, au-dessus des villages d'Aulus-les-Bains et d'Ustou, face à une barrière de pics montagneux qui forment une frontière naturelle avec l'Espagne voisine, dans un environnement boisé de sapins. Le domaine skiable se compose de trois secteurs : la Combe de Guzet, Le Freychet et le Prat Mataou qui est dédié aux enfants halte-garderie.

L'ÉTAPE €€

Place du Midi

✆ 05 61 96 79 88

http://restaurantetape.free.fr

Ouvert à partir du mois d'avril et les vacances. Bar ouvert 7h. Menus de 17 € à 24 €. Formule du midi : 13 €. Terrasse.

Bâtie dans les année 1880, l'Etape était déjà une pension de famille. Ce bar-restaurant est situé au centre du village, dans le PNR Pyrénées ariégeoises, Dominique et Yvan Papaix l'ont décoré avec goût et esprit d'antan. Vous découvrirez une grande cheminée aux hauts plafonds composée comme une immense table d'hôte, ainsi qu'un remarquable bar, tout en bois. On s'y sent bien, comme chez soi. La cuisine est familiale et de qualité, à base de produits locaux. De plus, des gîtes sont mis à disposition pour le plus grand plaisir des vacanciers.

LA CASCADE D'ARS

Mai juin. Ouvert tous les jours. Gratuit.

Impressionnante, majestueuse, wow… voilà les mots que l'on entend quand on voit pour la première fois cette cascade haute de 246 mètres dont la chute principale mesure 100 mètres de haut ! C'est une des cascades les plus pittoresques et imposantes des Pyrénées. Située au fond de la vallée du Garbet vers le col de Latrape, comptez 1h30 à 2h de marche pour accéder à la cascade. Si vous y allez en été, vous risquez d'être déçu car c'est à la fin printemps (mai-juin) que les ondes jaillissent dans toute leur beauté et leur puissance lors de la fonte des neiges.

RESTAURANT L'AGOUADIS €€

Chemin de Cameza

✆ 05 61 96 00 72

www.agouadis.com

Ouvert toute l'année. Du mardi au vendredi de 12h à 14h et de 18h30 à 21h ; le week-end de 12h à 21h.

Tout au bout d'un chemin à l'orée du bois voici une charmante grange aménagée en bistrot de pays ! Découverte surprenante et originale derrière l'établissement thermal, au cœur d'une prairie bordée de noisetiers. Un enchantement pour les yeux et pour les papilles. Vous dégusterez un plat typique d'Ariège. Les frites, à la carte, sont cuites à la graisse de canard. Régulièrement des animations et concerts sont proposés. ainsi que des ateliers. C'est un espace de vie et de rencontres qui bouge, où il se passe toujours quelque chose. A voir !

CAMPING MUNICIPAL LE COULEDOUS** €€

Couledous ✆ 05 61 66 43 56

www.camping-aulus-couledous.com

Ouvert toute l'année. 72 emplacements. Exposition : ombragé. Sol : herbeux. Animaux acceptés. Chèque Vacances. Wifi.

Point de départ idéal pour découvrir la cascade Ars. Ce séjour naturel offre à proximité nombre d'activités sportives telles que canyoning, parapente, escalade, pêche ou ski. Remise en forme bien-être et détente. Accueil chaleureux et fort sympathique pour garantir des vacances inoubliables riches d'activités et de sensations. Les responsables du camping sont toujours à l'écoute et répondent à vos besoins et vos désirs pour rendre encore plus doux votre séjour dans ce cadre idyllique.

LES THERMES D'AULUS-LES-BAINS

✆ 05 61 66 36 80

www.thermes-aulus.fr

Basse saison : ouvert le lundi et du mercredi au samedi. Haute saison : du lundi au samedi. Espace détente. Boutique.

Réputées depuis l'Antiquité, les eaux thermales aident à lutter contre l'obésité, la goutte, le diabète, l'hypertension artérielle. Sulfatées, calciques et magnésiennes, elles agissent sur le métabolisme et sont particulièrement efficaces dans le traitement du cholestérol. Idéal après une journée de ski ou une randonnée. L'espace détente, avec son bassin chauffé à hydrojets, son bain bouillonnant et son hammam, entouré de grandes baies vitrées ouvertes sur la nature.

AUZAT

Le pays d'Auzat et de Vicdessos qui s'étend le long du Vicdessos jusqu'au Montcalm, « Toit de l'Ariège » (3 077m), offre un riche patrimoine naturel et historique. La détente s'annonce en douceur au fil de randonnées pédestres suivant le cours des sentiers, des lacs, des torrents et des rivières. Les loisirs deviennent véritablement toniques et riches en sensations fortes : équitation, parapente, ski, escalade, vtt, canyoning, via Ferrata. La petite hôtellerie de montagne, les gîtes, les chalets et les chambres d'hôte offrent un hébergement convivial et non surfait proche de la nature. Labellisé « Station Sport Nature du Montcalm ».

LE BARRI - MAISON DES PATRIMOINES

Maison des Patrimoines
✆ 05 61 02 75 98

Ouvert du mercredi au vendredi et le dimanche de 14h à 17h. Gratuit. Visite guidée. Boutique. Animations.

De la Préhistoire, avec des traces d'habitats troglodytiques, aux activités industrielles du siècle dernier avec l'hydroélectricité et l'électrométallurgie en passant par l'époque médiévale. L'histoire des paysages et des hommes expliquée à travers trois salles d'expositions permanentes, c'est Le Barri, Maison des Patrimoines, un centre d'interprétation où animations, expositions, conférences, films, stages, balades culturelles sont proposés tout au long de l'année.

CHÂTEAU DE MONTRÉAL DE SOS

Hameau de Olbier
✆ 05 61 02 75 98

Ouvert toute l'année. Visites guidées certains jours. Tous les jours. Gratuit.

Datant du 13e siècle, ce château fut le plus important du comté de Foix. Pourtant ce site n'est plus habité depuis près de 700 ans comme le prouvent les vestiges des murs de l'enceinte et des tours. Les environs de cette forteresse qui domine le bassin d'Auzat-Vicdessos sont également à découvrir, notamment les grottes et les baumes dans lesquelles des peintures sont l'objet d'une mystique liée au catharisme. Le site est l'objet, actuellement, de fouilles archéologiques.

LE DOLMEN DE SEM

Sur la D208A
SEM

Ouvert toute l'année. Tous les jours. Gratuit.

Appelé aussi Palet de Samson, cette pierre semble défier les lois de la pesanteur. On peut penser être en face d'un ouvrage néolithique mais elle est beaucoup plus ancienne et sa légende, bien plus mystérieuse. Il faut remonter à l'époque de Samson (celui de Dalila). Le géant s'installa dans les Pyrénées. Il avait pour habitude de se nourrir de brebis. Il s'emparait d'une énorme pierre qu'il projetait en direction du berger qui mourait sur le coup des suites de l'onde de choc provoqué par la chute du mégalithe. Vous pouvez donc voir le dernier palet de Samson !

LA MINE DE FER DU RANCIÉ

SEM
✆ 05 61 03 80 00

Ouvert toute l'année. Haute saison : tous les jours de 11h à 18h. Le reste de l'année sur rendez-vous.

Cette exposition vous retracera l'histoire de la mine de fer de Rancié longtemps considérée comme la plus importante mine de fer des Pyrénées. Pics de mineurs, lampes à huile, gorbilho, gravures, photographies anciennes et documents d'époque s'offrent à vous ; le film d'Arthus Fonthès vous permet également de revivre les conditions de vie de ces familles de mineurs. Un espace « mine » est aménagé dans la Maison des Patrimoines, le Barri à Auzat.

CAMPING LA VERNIÈRE** €€

camping Village ✆ 05 61 64 84 46
www.la-verniere.fr

Mobil-homes pour 4 pers de 250 € à 430 €/sem, pour 2 pers de 200 € à 320 €/sem ; chalets 5 pers de 340 € à 530 €/sem.

Au pied du Montcalm, le camping d'Auzat possède 64 emplacements individualisés par des haies de verdure ombragés. Dans l'enceinte même du camping se trouvent 7 chalets modernes dont 2 sont spécifiquement équipés pour accueillir les personnes à mobilité réduite. Sur un vaste terrain à l'écart du camping, 10 chalets authentiques, entièrement équipés pour 4/5 personnes, vous attendent pour des vacances de rêves en pleine nature, entre piscine et escapades en montagne. Grottes et châteaux de la vallée du Vicdessos n'auront plus aucun secret pour vous.

LE RELAIS D'ENDRON €€

GOULIER

✆ 06 41 15 04 55

Ouvert toute l'année. CB non acceptée. Chèque Vacances.

Dominant la superbe vallée de Vicdessos, et accroché à la montagne, le petit village de Goulier est un écrin qui abrite la plus petite station de ski des Pyrénées. C'est dans l'ancienne école du village que s'est créé ce gîte-auberge-d'étape de montagne. Composé de 5 chambres et d'un dortoir de 10 lits, vous pourrez y séjourner en autonomie ou en demi-pension grâce au restaurant de ce petit complexe. Certaines chambres comprennent une cuisine avec un micro-ondes, un réfrigérateur et des plaques de cuisson. Wifi gratuit, terrasse et local à skis.

LE RUCHER DU MONTCALM

GOULIER ✆ 05 61 64 83 86

www.rucherdumontcalm.com

Visite de l'écomusée et de l'exploitation sur rendez-vous.

A 7 km d'Auzat, dans le charmant petit village de Marc, à 1 070 m, le dernier de la vallée au pied du barrage de Soulcem, l'apicultrice Sylvie est la reine des abeilles, elle surveille ses 100 ruches et récolte le précieux miel doré. Tous les produits de la ruche sont des antibiotiques naturels a chacun sa vertu. De la plus douce à la saveur la plus forte, il existe de nombreuses variétés de miel : acacia, rhododendrons, tilleul, châtaignier, bruyère et bien sûr « toutes fleurs en pierres sèches ». Les enfants apprécieront de découvrir le petit écomusée.

VILLAGE DE VACANCES DE MARC €€

Marc ✆ 05 61 64 88 54

www.marc-montmija.com

Ouvert toute l'année. 16 logements (35 chambres). Chèque Vacances. Wifi. De 370 € à 1143 € selon saison et hébergements.

A 1000 m d'altitude, ce village vous propose un hébergement de qualité dans un site naturel préservé, pour des vacances authentiques, à taille humaine. Site idéal pour les amoureux de la nature et de la montagne. Professionnels des vacances, un personnel d'accueil et d'animations répondront à tous vos désirs de confort et d'aventures pour un séjour en famille. A proximité de sites historiques, traditions, paysages. Nombreuses formules d'hébergements pour un plaisir culturel et sportif.

STATION DE SKI DE GOULIER

La Prado

GOULIER

✆ 05 61 64 88 99

www.goulier-neige.fr

Ouvert tous les jours à partir de 10h et à partir de 17h. Tarifs des remontées sur le site Internet. Chèque Vacances.

Au-dessus d'Auzat et de Vicdessos, c'est par une route sinueuse que vous parviendrez à cette petite station Sport Nature au pied du Montcalm. L'une des plus conviviales du département, loin de l'esprit de compétition. On se sent presque chez soi. Il est possible de combiner deux activités sportives en passant des spatules à l'étrier avec des week-ends ski équitation. 4 remontées mécaniques, 6 pistes dont 2 vertes 2 rouges 2 bleues résument l'ensemble du circuit de 7km. Espace enfant.

PYRÈNE

106, rue du Montcalm

✆ 06 83 03 89 71

www.pyreneboissons.com

Ouvert du lundi au samedi de 9h à 12h et de 14h à 17h30.

Le Montcalm n'est pas qu'un massif, c'est également une région de sources réputées pour leur qualité et leur pureté. C'est pour leurs vertus qu'Elie et Bastien ont choisi de se lancer dans la production de limonade aux bulles fines et de thés glacés aromatisés. Les deux amis se sont rencontrés sur les bancs du lycée Gabriel Fauré de Foix et tous deux sont des Ariégeois, l'un de Cadarcet l'autre de Saint-Girons. Chacun avec ses compétences, Bastien était auparavant brasseur et Elie gestionnaire et commercial. Production à 100% écologique.

AX-LES-THERMES ★

À 720 mètres d'altitude, située aux confluents de trois rivières : l'Oriège, l'Ariège et la Lauze, la petite ville d'Ax-les-Thermes est une destination de rêve pour les amoureux de la nature et du bien-être. Au creux de la vallée, ce sont les eaux thermales connues depuis l'Antiquité qui vous séduiront avec leur qualités curatives et leur chaleur relaxante. Au-dessus les stations de ski vous enchanteront par la qualité de leurs installations et la beauté des paysages montagneux. Au cœur de la cité, le bassin des Ladres, construit au Moyen Âge par Louis IX, est toujours fréquenté de nos jours et mérite un détour pour une pause relaxation.

CHÂTEAU D'USSON

Hameau de Husson
MIJANÈS
✆ 04 68 20 43 92
www.pyrenees-ariegeoises.com
Ouvert tous les jours. Visite commentée mercredis, vendredis, dimanches de 14h à 16h.

Dominant la vallée de l'Aude à 925 m, le château est mentionné pour la première fois en 1035. Bâti pour partie en pleine période Cathare. Il a été propriété des Rois d'Aragon, sous gestion de Gaston Phoebus puis est revenu à la couronne de France. Base arrière des Cathares, l'histoire dit qu'il a vu passer 4 d'entre eux et leur trésor à la veille de la reddition de Montségur. Les anciennes écuries du XVIIIe siècle abritent aujourd'hui la maison du patrimoine du Donezan et ses 700 m^2 d'exposition. La vue depuis la tour à éperon est à couper le souffle.

OT DES PYRÉNÉES ARIÉGEOISES - POINT INFO AX LES T.

6, avenue Théophile-Delcassé
✆ 05 61 64 60 60
www.pyrenees-ariegeoises.com
Ouvert du lundi au vendredi de 9h à 12h30 et de 14h30 à 18h ; le dimanche de 9h à 12h30.

L'office de tourisme des Pyrénées ariégeoises regroupe le secteur du Donezan, des Vallées d'Ax, de Tarascon, d'Auzat et du Vicdessos. Trois autres points d'information sont assurés en haute saison à Ax 3 domaines, Pays de Beille et Luzenac. Pour Ax 3 domaines, en haute saison d'été et d'hiver, le point d'accueil se situe sur le domaine de Bonascre. En hiver, de l'ouverture à la fermeture de la station, le point d'accueil ouvre également les week-ends hors vacances scolaires.

STATION DE SKI MIJANES-DONEZAN

MIJANÈS
✆ 04 68 20 41 37
Ouvert pour la saison de ski.

« Québec ariégeois », le Pays de Donezan est couronné de sommets dont le relief et l'altitude assurent un bon enneigement. La station la plus méridionale des Pyrénées ariégeoises plante ses bâtons à la limite de l'Aude et des Pyrénées Orientales garantissant un ensoleillement durable. Le fort taux de boisement permet de skier même par mauvais temps pour le ski alpin et le ski de fond. Restaurant. Vous pourrez en toutes saisons découvrir ce pays au patrimoine naturel exceptionnel.

LE BELVÉDÈRE €

Belvédère - **ASCOU**
✆ 05 61 64 04 40
www.chambre-dhote-ariege.com
Chambre simple de 56 € à 60 € ; chambre double de 62 € à 66 € ; chambre triple de 76 € à 82 € ; suite de 70 € à 102 €.

Très bien située, à l'entrée de la commune d'Ascou, cette charmante maison à colombage offre de coquettes chambres d'hôtes, confortables, avec une jolie vue sur le Pic de Tarbézou. Les chambres et suites ont une décoration sobre, assez datée mais pas dénuée de charme, et toutes possèdent leurs propres salles de bains et toilettes. Annick et Alain accueillent leurs hôtes dans une ambiance paisible et leur table d'hôtes séduit par son caractère familial. On saluera la recherche des meilleurs produits locaux et de saison, à tendance bio.

LE BREILH €€

Place du Breilh
✆ 05 61 03 02 43
www.hotellebreilh.fr
Fermé du 11 novembre au 22 décembre. Accueil jusqu'à 22h. Animaux acceptés. Wifi.

Le Breilh est l'un des tout premiers hôtels d'Ax-les-Thermes. Les grands-parents d'Anne Garetta l'ont fait construire voici plus d'un siècle, en 1904. Ses parents ont repris la succession et à son tour, la dernière fille de la lignée tient maintenant cet établissement. Presque à chaque génération, l'hôtel s'est agrandi de plusieurs étages. Les deux niveaux initiaux supportent maintenant quatre autres étages. Les chambres sont toutes différentes. L'hôtel est classé soirée-étape. Cet hôtel a gagné le concours départemental des établissements fleuris.

LES CABANES MAGIQUES DES ENCATADAS €€

Le Sivarol
IGNAUX
✆ 05 61 64 28 20
À partir de 75 € la nuit. Deux nuits au minimum.

Elles sont deux dans la montagne, un peu biscornues comme des maisonnettes de contes de fées. Le domaine se situe à 1 000 m d'altitude, au calme. À votre arrivée, votre lit est fait, vous avez du linge de toilette et du savon, des confitures et un verre de bienvenue. Tout le confort est proposé, à l'exception du petit déjeuner. On apprécie la belle terrasse commune. En hiver, sous la neige, les cabanes sont encore plus féeriques ! En été, vous partez de la cabane pour randonner.

LES CASCATELLES €€

Route de l'Aude ✆ 05 61 64 22 79
www.lescascatelles.com

Ouvert toute l'année. 5 chambres. Chambre double à partir de 80€. 3 pers 90€, 4 pers 105€. Petit déjeuner inclus.

Ce château de charme, ancienne maison de maître du début du XXe siècle du ministre des Affaires étrangères Théophile Delcassé, se situe sur la route d'Ascou, au-dessus de la ville d'Ax-les-Thermes. Proche à la fois de la station alpine d'Ascou-Pailhères et du domaine nordique du Chioula, elle est également à 10 km d'Ax 3 Domaines. Dans un grand parc arboré, le château des Cascatelles domine la vallée et les chambres ont une vue splendide sur les Pyrénées. Quelques chambres et appartements à louer été comme hiver, dans une demeure historique au calme.

LE CASTELET €€

4, roc de la Gabide
✆ 05 61 64 24 52
www.axhotelcastelet.com

Chambre double de 62 € à 64 €. Petit déjeuner : 7,50 €. Chèque Vacances. Restauration.

Dans une oasis de paix et de verdure, paisible et naturel, l'hôtel offre une vue sur la montagne et propose un savoureux petit déjeuner ainsi qu'un hébergement confortable à proximité d'Ax-les-Thermes et d'Andorre. Le personnel amical et discret du Castelet vous réserve un accueil chaleureux et vous aidera à profiter au maximum de votre séjour dans cette région calme et relaxante. Les chambres agréables disposent d'une salle de bains privative. Certaines possèdent un petit balcon ou une grande terrasse bien exposée. Vacances au calme, sans prétention.

© PHOVOIR

Ax-les-Thermes, au bord de l'Ariège.

LE CHALET*** €€

4, avenue de Turrel
✆ 05 61 64 24 31
www.le-chalet.fr

Chambre double de 70 € à 90 € ; triple de 100 € à 115 € ; suite de 140 € à 185 €. Restauration. Bain bouillonnant.

L'établissement remarquablement situé au bord de l'Oriège, est à deux pas du centre-ville, tout près du Teich, le principal centre thermal d'Ax-les-Thermes. Magali et Frédéric Debeves sont les heureux propriétaires du Chalet. Les séjours tout compris (hors week-ends et hors vacances scolaires) sont des packages «Nuit Romance», «Nuit Gourmande», «Nuit Gourmandine» qui associent le séjour au Chalet, au champagne, à de moments privés dans le bain bouillonnant, à des fleurs et à un délicieux dîner. On vous prend en main, on vous chouchoute !

MAISON D'HOTE LE GRILLON €€

5, rue Saint-Udaut ✆ 05 61 64 31 64
https://legrillon-hote.fr/

Chambre simple 70 € ; chambre double de 76 € à 82 €. Petit déjeuner inclus. Table d'hôtes 23 €. Wifi. Restauration.

Ce joli chalet de style basque construit en 1935 est orchestré par Sylviane Feuvrier. Vous séjournez dans une ambiance familiale, cosy et douillette, près de la nature mais à quelques pas du centre ville d'Ax. Un petit chalet a été construit à l'extérieur pour entreposer le matériel de ski, une délicate attention dans cet établissement situé au pied d'Ax Trois Domaines. Si le ski ne vous tente pas, vous avez le choix entre randonnées, visites, escalades, VTT ou... thermalisme. Bonne table. En été, le grillon chante et vous enchante !

PIERRE ET VACANCES - LES 3 DOMAINES €€

Camp de Granou
✆ 05 34 09 23 00
www.pierreetvacances.com

Ouvert toute l'année. Garde d'enfants. Animaux acceptés. Wifi. Restauration.

A quelques mètres de la télécabine menant au domaine skiable, deux bâtiments de quatre et six étages, composés de studios ou d'appartements pouvant accueillir 2 à 6 personnes. Construits avec les matériaux traditionnels de la région, ascenseur, salon commun et casier à skis par appartement. L'hiver, vous serez idéalement situé pour le ski et l'été, soit curiste, soit touriste. La résidence dispose d'une piscine découverte chauffée. Parking découvert, gratuit, à 50 m de la résidence.

VILLAGE DE VACANCES LE TARBESOU €€

✆ 05 61 64 88 54
www.marc-montmija.com

Ouvert toute l'année. 16 logements et 74 chambres de 2 à 4 lits. Club enfants. Wifi. Restauration. Vente. Animations.

Labellisé 4 étoiles et situé à 1 400 m d'altitude. Une équipe professionnelle vous y attend pour des séjours de qualité tout confort. Eté comme hiver, vous profiterez, depuis vos chambres ou vos gîtes, d'un panorama grandiose sur les Pyrénées. Salle de cinéma, Wifi, télévision, salle de muscu, piscine. Grâce à des animateurs diplômés et des prestations diverses comme le restaurant avec terrasse, la prise en charge des enfants, vous passerez de vrais week-ends ou de vraies vacances.

WELLNESS SPORT CAMPING LE MALAZÉOU**** €€

RN 20
✆ 05 61 64 69 14

Label Clef Verte. Ouvert toute l'année. Chèque Vacances. En août chalets de 691 à 950 €, mobil-home de 649 à 1 090 €.

Situé en bordure de l'Ariège et parfaitement bien ombragé. L'été, nombreuses animations, pour les enfants et les adultes. L'hiver, une navette gratuite vous emmènera jusqu'aux pistes d'Ax 3 Domaines. Au camping, pendant l'été, de nombreuses manifestations sont organisées. Sur place, snack et épicerie, bar-restaurant La Tanière. Une salle de remise en forme vous attend. Chiens en laisse acceptés. Excellente adresse pour les amoureux de la nature et de la vie au grand air !

RÉSIDENCE LE GRAND TETRAS*** €€€

Promenade Paul-Salette ✆ 05 61 65 86 00
www.residence-ax.com

En saison : studio 101 € à 121 € la nuit, de 574 € à 718 € la semaine. Wifi. ménage. Hammam, bain bouillonnant, sauna.

Cette résidence hôtelière thermale et de tourisme 3 étoiles propose tout au long de l'année 53 logements avec 33 studios de 24 m² et 20 studios de 38 m² d'un excellent confort, aux premières loges du casino et du centre thermoludique et à deux pas des télécabines. Salon spacieux équipé de télévision, belle cuisine et salle de bains rendront votre séjour des plus agréable. Les thermes intégrés et un espace Forme permettent d'accueillir une clientèle soucieuse de son bien-être.

LE CLOS SAINT LOUIS €€

2, rue Marcailhou ✆ 06 09 7 4 91
http://ax-3-domaines.fr/

Ouvert toute l'année. Pour 8 personnes (60 m²). Restauration (avec restaurants partenaires). Lave-vaisselle.

Un bel immeuble clair, situé à 200 m des télécabines, abrite une résidence de standing, à dimensions humaines, sur 3 étages. Tout n'est que raffinement, design, bon goût très « arts de la table ». Même les matériaux choisis l'ont été avec le souci du détail. Du haut de gamme à petit prix. C'est la 2e bonne surprise ! Un rapport qualité-prix exceptionnel pour des prestations qui flirtent bien avec un 4 étoiles. Le linge de maison et les affaires de toilette, les produits d'entretien sont fournis. Vous disposerez d'un local à skis qui réchauffera vos chaussures...

L'APARTÉ €€

5, rue Gaspard-Astrié
✆ 06 03 97 55 05

Fermé en novembre. Ouvert du jeudi au mardi de 11h30 à 21h30. Menus de 14 € à 39 €. Terrasse. Vente à emporter. Wifi.

Ce restaurant est situé dans une petite rue axéenne. Le décor est dans un style très théâtral. Valérie, la « metteur en sauce », est la charmante hôtesse qui œuvre aux fourneaux dans un souci de saveurs et de qualité. Tout est fait maison... même les yaourts. L'amour et la passion pour l'art, et pas uniquement celui des papilles, sont omniprésents. « *Le monde est un théâtre où chacun doit jouer son rôle* » a écrit Shakespeare. Ici, les rôles de l'équipe sont bien attribués pour le plaisir du gourmet-gourmand qui souhaite un aparté.

L'ATELIER €€

Bonascre
✆ 05 61 01 97 09

Ouvert pendant la saison de ski. Ouvert tous les jours et les jours fériés. Terrasse.

Bâtiment tout en bois sur le plateau de Bonascre. Une nouvelle équipe est aux commandes et elle perpétue la cuisine de qualité et de saveurs qu'on ne s'attend pas à trouver dans une station de ski. On ne change pas un concept qui gagne. Spécialités de flammekueche alsaciennes, Burgers au fromage d'Ariège ou à la sauce aux cèpes. Pour rester dans l'esprit montagne, les spécialités fromagères, raclette au morbier et patates à volonté, mont-d'or ou camembert cuits au four. La décoration est sobre, murs rouges et bois, une grande table centrale et l'accueil est sympa.

LA BOITE A OEUFS €€

13, avenue Théophile Delcassé
✆ 05 61 96 04 31
Pizzas de 8 € à 13,50 €. Tartiflettes et Gnoflettes de 13€ à 15€.

Avant tout il faut savoir qu'on appelle «œuf», les télécabines. C'est justement dans une de ses télécabines en terrasse que vous dégusterez des spécialités montagnardes telles les tartiflettes, les gnoflettes (la tartiflette aux gnocchis), une raclette avec différents fromage fondus, ou, c'est moins montagnard, des pizzas (possibilité de pâte multi céréales). Bien qu'à Ax, l'ambiance de l'établissement se veut être celle d'un restaurant d'altitude. Thibault et Rémi ont réussi ce pari totalement fun. C'est bon et copieux, c'est sympa, et super original, donc futé.

CASA MAURICIO €€

3, avenue Delcassé
✆ 05 81 29 43 24
http://casamauricio.fr
Haute saison : ouvert tous les jours le midi et le soir. Menus de 12,50 € à 27,50 €. Accueil des groupes. Terrasse.

Cette vraie bodega devenue la reine des tapas et des spécialités espagnoles en Ariège tenue depuis 20 ans par Eric et Véronique (dont le grand-père était espagnol) dans un nouveau décor contemporain et raffiné ! On apprécie particulièrement les salles Picasso et Dali avec des références à ces deux artistes ainsi que la grande terrasse. Vous dégusterez un grand choix de tapas et de viandes et poissons à la plancha. Parmi leurs spécialités, il ne faut surtout pas passer à côté de la paella et la fideuà (comme à Valence). Et *Viva España !*

LE BREILH €€

Place du Breilh
✆ 05 61 03 02 43
www.hotellebreilh.fr
Haute saison : tous les jours midi et soir. Menus de 11,50 € à 29,50 €. enfant : 9,90 €. Terrasse.

L'établissement fondé en 1903 dispose d'une terrasse immense et ensoleillée. Le restaurant propose une cuisine traditionnelle et montagnarde un vaste choix de viandes. L'originalité de la carte vient de la variété impressionnante de plats disponibles à base de poissons frais. La présentation des assiettes est soignée et les plats copieux. Tout est élaboré avec soins et bon goût. En été on peut se désaltérer avec de jus de fruits naturels pressés. Une petite faim dans la journée ? Un adresse à Ax bien placée et une carte variée pour tous les goûts.

LE COMPTOIR €€

4, place Roussel
✆ 05 61 66 87 02
Ouvert toute l'année. Haute saison : tous les jours. Menus de 15 € à 18 €. Plat du jour : 12 €. Terrasse.

Ambiance bistrot de village pour cet établissement situé sur la place centrale. Un grand bar occupe toute la longueur de la pièce, avec mobilier imitation bois, et une petite mezzanine domine la salle. Pour les petites faims, le bar propose des sandwiches, crêpes, tartines et pour les frileux du vin chaud. C'est vraiment copieux et concocté avec soin et talent. Bon à savoir, en hiver, avant de monter, une nouvelle carte est proposée, avec burgers, club-sandwichs, salades, pâtes, viandes. Une adresse authentique où l'on mange bien, une adresse futée donc !

AU CANON €€

2, place du Breilh
✆ 06 13 99 80 09
Menu enfant : 10 €. Formule du midi : 16 €. Terrasse. Animations. Terrasse couverte et chauffée.

C'est un « néo bistrot », qui associe restaurant, bar et ambiances festives et musique live. L'entrée se fait en traversant la grande terrasse chauffée, en bois, dans le plus pur style montagnard. La cuisine est de qualité, goûteuse et les présentations sont originales. Spécialité maison : la Brasérade ! Il s'agit de petits fours de braise alimenté au charbon de bois qui vous permet de cuire vous-même viandes et fromages accompagnés de pommes de terre et de crème ciboulette et un peu de salade. Pour les gourmands : la sauce de Papi Francis, roquefort et morilles.

LE COULOUBRET €€

Place Couloubret
✆ 05 61 03 86 40
Ouvert toute l'année. Du samedi au mercredi de 9h à 1h. Plat du jour : 10 €. Terrasse.

Jérôme est aux commandes assisté de Fatiha, charmante et avenante. C'est une brasserie, restaurant, pizzeria et glacier qui dispose d'une très agréable terrasse surélevée permettant une belle vue sur la place. u choix vous vous régalerez des différentes pizzas à base de tomate ou de crème fraîche ; des salades composées, la tartiflette classique, au poulet, ou sa version royale (avec sa charcuterie)... Pour les amateurs, magret de canard, andouillette grillée... Si vous êtes joueur, sachez que vous êtes à quelques mètres du casino !

LE GRAND CAFÉ €€

1, avenue Theophile Delcassé
✆ 05 61 64 14 31

Ouvert toute l'année. Du mardi au dimanche de 9h à 0h. Concerts

Un café 1900, entièrement rénové devenu un véritable restaurant au fil des ans. Une jolie terrasse surplombe la rivière. Des fresques modernes remplacent les décorations d'antan. On y trouve l'hiver des spécialités de montagne : tartiflettes, camemberts rôtis ou plat du jour du marché. L'été, pizzas et grandes salades. Pour les affamés, le hamburger XXL est vraiment... XXXL ! La carte est très complète. Glacier l'après-midi, avec une vingtaine de coupes au choix et pâtisseries. Le soir venu l'établissement se transforme en bar avec concerts.

L'OISEAU BLEU €€

3, rue Victor-Pilhes
✆ 05 61 64 07 37

Ouvert du mardi au samedi le midi ; du mercredi au samedi le soir. Chèque Restaurant. Jardin. Terrasse.

Une crêperie reste une crêperie ? non ! Une crêperie peut être originale, voire unique. C'est ce pari osé qu'ont réussi Tania et Philippe Vogel dans le coquet établissement à la façade jaune et bleu. Une crêperie, c'est breton ? Encore une fois non, car nos audacieux restaurateurs viennent d'Alsace. L'Oiseau bleu est une cigogne. Les assiettes sont superbement présentées. Aux beaux jours, on profitera de l'agréable patio fleuri et verdoyant avec sa fontaine et son puits. Il est également possible de manger sur la terrasse de la rue piétonne.

LOU CANTOU €€

Plateau de Bonascre

Fermé d´avril à juin. Ouvert tous les jours. Menu unique à 19,90 €. Plat du jour : 12 €.

Bel endroit pour faire une pause sur le plateau de Bonascre entre deux descentes. Une nouvelle équipe est aux commandes et a été rapidement à la hauteur de ses prédécesseurs. Grande terrasse ensoleillée où il fait bon de ne rien faire en buvant un chocolat chaud... On peut bien entendu y manger avec une cuisine simple et bonne et déguster des spécialités de montagne. Ne vous laissez pas impressionner par le monde sur la terrasse, le service est rapide et très efficace. La salle de restaurant est plus cosy pour des dîners relax. Ambiance festive et amicale.

LE P'TIT MONTAGNARD €€

6, place Roussel
✆ 05 61 64 22 01
www.leptitmontagnard.fr

Ouvert tous les jours. Menus de 24 € à 33 €. Menu enfant : 9 €. Formule du midi : 14 €. Terrasse.

Michel et Sébastien Gomes vous réservent un accueil chaleureux et convivial dans un cadre montagnard fait de bois et de pierre. Le chef concocte différentes spécialités ainsi que des plats régionaux : poêlée de foie gras aux pommes et raisins flambée, fondue savoyarde, papillotes de saumon, azinat ou cassoulet. La terrasse peut accueillir une vingtaine de personnes, bien située sur la place du marché. Service sur des planches à découper. Le P'tit Montagnard peut aussi se déplacer sur toute la haute Ariège en sa qualité de traiteur.

LA MARMOTTE TOQUÉE €€

Col du Chioula - **IGNAUX**
✆ 05 61 03 18 71
www.restaurantlamarmottetoquee.com

Fermé d´avril à mai et d´octobre à novembre. Ouvert tous les jours de 9h à 18h. Carte : 25 € environ. enfant : 8,50 €.

L'établissement est situé en haut du col du Chioula à 1400 m d'altitude. La vue sur les montagnes à 180° est époustouflante. On se réglera d'un délicieux burger à la viande bio de Prades, en Ariège, accompagné de ses frites maison à la pomme de terre AOC et bio du Plateau de Sault. Qui ne connaît pas cette variété de pommes de terre ne connaît rien à la pomme de terre ! Pour ceux que le mot burger rebute, on peut déguster des salades copieuses, de la charcuterie locale, des grillades traditionnelles ou sur des pierres, à table, et, bien sûr de la truite locale.

LA PETITE FRINGALE €€

6, rue Joseph-Rigal
✆ 05 61 01 36 40

Ouvert tous les jours. Menus 25 € à 38 €. enfant : 12 €. midi : 19 €. Chèque Vacances, Chèque Restaurant. Terrasse.

Le restaurant est situé de l'autre côté de la rue. La salle, à la décoration chargée (ethnique ? Inde ? un peu de tout...), est très sympa. L'accueil est décontracté, le service est souriant, sympa, rapide et super efficace, le rapport qualité/prix excellent. Le restaurant propose également des fondues, raclettes et autres spécialités montagnardes. Les produits étant bien le plus possible locaux. La viande est vraie, goûteuse et de qualité, et les frites sont faites maison. Une adresse qui mérite sa place dans ce guide pour une petite ou une grosse fringale.

RESTAURANT LES THERMES €€

Allées Paul-Salette

✆ 05 61 64 31 24

Ouvert tous les jours. Crepes de 2,20 € à 6,20 €. Menu enfant 7€. Menus de 14,50 € à 30 €.

L'emplacement est idéal pour une pause ensoleillée sur la terrasse après une journée de ski, un moment de détente aux bains du Couloubret tout proches ou simplement pour répondre à l'envie de boire un verre, se régaler d'une crêpe ou d'une coupe glacée. L'établissement est également un restaurant qui vous proposera une cuisine d'hiver comme la raclette ariégeoise ou une fondue bourguignonne et des plats bien traditionnels comme les cuisses de grenouilles, la blanquette de veau ou le hachis Parmentier. Idéal pour se reposer, snacker ou se restaurer.

LA TABLE DU SUD-OUEST €€

8, rue Joseph-Rigal ✆ 05 51 93 29 31

Ouvert du mardi au dimanche. Réservation impérative. Menu unique à 14,50 €. Plat du jour : 13 €. Vente à emporter.

Une adresse sympa dans la rue piétonne d'Ax qui sent bon l'ail et le piment d'Espelette pour une cuisine résolument Sud-Ouest. Le chef nous vient du Lot et a fait ses armes dans des établissements bordelais. Tapas à l'apéro, raclette basque, chipirons à la plancha (calmars), garbure, piquillos, gardiane de taureau régaleront votre palais de parfums originaux et différents. Les frites sont fraîches et les desserts maison. La petite salle décorée en rouge basque, arbore des grappes de gousses d'ail et de piments. L'accueil est sympa et souriant. Pensez à réserver !

LE TETRAS €€

Domaine du Saquet

✆ 05 61 64 28 33

www.letetras.fr

Ouvert toute la saison de ski. Ouvert tous les jours et les jours fériés le midi de 9h à 16h30. Terrasse.

Cette cafétéria d'altitude, située précisément au Saquet, est une véritable institution montagnarde. Le bâtiment est niché au bord de la montagne et propose un panorama grandiose. Par beau temps, l'immense terrasse en bois, exposée plein sud, invite aux bains de soleil et la grande salle est un refuge bien accueillant quand la météo se dégrade bien que l'on puisse rester abrité sous la couverture amovible de la terrasse. On y mange bien, les produits sont toujours de qualité et l'on peut y faire aussi une pause pour une simple boisson.

LE CHALET €€€

4, avenue de Turrel

✆ 05 61 64 24 31

www.le-chalet.fr

Ouvert du mardi au dimanche. Menus de 32 € à 60 €. Menu enfant : 15 €. Chèque Restaurant. Terrasse.

L'établissement situé au bord de l'Oriège, est à deux pas du centre-ville, tout près principal centre thermal d'Ax les Thermes. Magali et Frédéric Debeves sont les heureux propriétaires du Chalet. Du prélude gourmand à la symphonie de desserts c'est un vrai régal. La célèbre émission de TF1, masterchef, a diffusé des recettes concoctées par Frédéric. Le chalet c'est aussi une belle adresse pour y séjourner et profiter de l'espace détente en bains bouillonnants et des nombreux soins du corps proposer pour votre plus grand bien être.

LE LOUZAT €€€

Bonascre

✆ 06 74 24 38 20

www.lelouzat.fr

Ouvert pendant la saison de ski. Ouvert tous les jours. Terrasse.

Agréable terrasse ou en partie couverte. Les plats proposés sont originaux et de qualité. Confit de canard de chez Samarran, saucisse de la maison Garcia. On ne vient pas là que pour déjeuner, c'est aussi l'occasion de profiter du lieu, éloigné du tumulte de la station. Participez à une soirée insolite ! Après le repas du soir, testez la descente à ski à la tombée de la nuit encadrée par des pisteurs et d'une moto neige. L'idée est originale et la sensation de skier de nuit sur des pistes désertiques est unique : un goût d'aventure presque surnaturel.

LA BOUTIQUE DE LA FERME

Place du Breilh ✆ 05 61 01 54 63

www.laboutiquedelaferme.com

Ouvert du lundi au samedi de 9h30 à 12h30 et de 15h à 19h ; le dimanche de 10h à 16h. Fermée lundi hors vacances.

Cette boutique propose des produits pyrénéens, ariégeois et artisanaux. En rayon : épicerie fine, huiles de toutes sortes, cave à vins, charcuterie, miel, viandes, fromages, biscuits, bonbons, épices... Toutes les semaines dégustation de vins, de fromages, de charcuterie...: Plus original encore, le pique-nique ou le repas à emporter. Laurent qui chaque été organise randonnées et balades historiques saura aussi vous faire partager avec ses amis, éleveurs en montagne, la rencontre des troupeaux en transhumances et appréciez les denrées élaborés par leurs soins.

SAVEURS DE MOUN PAIS

3, avenue Théophile Delcassé
✆ 06 68 27 83 36
Ouvert le lundi, le mardi et du jeudi au samedi de 10h à 12h30 et de 15h à 19h.

On traduira le nom de cette nouvelle boutique par les «saveurs de mon pays». Elle est située juste à côté du restaurant la Casa Mauricio. On y retrouve tous les bons produits régionaux, des idées déco très cosy, des cosmétiques bio, et d'excellents fromages du pays. Et c'est génial, la raclette «all inclusive» : les plateaux de fromage et charcuteries et location de l'appareil pour les gens qui sont en villégiature à Ax-les-thermes. Un véritable petit coup de cœur pour cette charmante boutique et l'accueil vraiment sympathique de Véronique.

LES BAINS DU COULOUBRET

Promenade Paul Salette
✆ 05 61 02 64 41
www.bains-couloubret.com
Basse saison : ouvert tous les jours de 14h à 19h30. Haute saison : tous les jours de 10h à 20h30. Boutique.

3 000 m² consacrés aux jeux d'eau et au bien-être. Colonnades d'un rouge pompéien et faïences multicolores raffinées forment le magnifique décor de ce centre, installé dans les anciens Thermes, au cœur d'Ax, dont la façade néo-classique a été conservée. Les Bains proposent sur 2 niveaux, en toute saison, la découverte des plaisirs de l'eau, bassins d'eau thermale chaude avec buses de massages, cols de cygne, vapeurs pour le sauna et hammam. A l'extérieur, deux bassins sont agrémentés de divers jeux d'eau : contre-courant, geysers, jets massants...

DOMAINE DU CHIOULA

col du Chioula - **IGNAUX** ✆ 05 61 64 20 00
www.chioula.fr
Haute saison : ouvert tous les jours. En hiver seulement. Nordic journée : 11,50 €. Raquettes : 8 €. Luge : 6 €.

C'est la deuxième station nordique des vallées d'Ax après le Plateau de Beille. Destiné aux fondus de ski de fond, randonneurs et marcheurs, le Domaine bénéficie de nombreux chemins forestiers au beau milieu de 5 000 ha de bois et d'espaces vierges. Au total 65 km de pistes tracées, damées, et balisées suivant le tracé naturel des sentiers jusqu'aux portes des villages ou au pied des vestiges du château cathare de Montaillou. Itinéraires pédestres et 15 km de pistes balisées pour raquettes. Restaurant au centre de l'accueil de la station avec terrasse panoramique.

PLATEAU DE BEILLE

ASCOU
✆ 05 34 09 35 35
www.beille.fr
Ouvert toute l'année. Tous les jours et les jours fériés.

Au-dessus des Cabannes, sur le plateau de Beille s'étend le premier domaine de ski de fond des Pyrénées, également premier stade de neige au niveau national. L'altitude garantit un des meilleurs enneigements. L'espace naturel y est préservé et dégage un véritable bol d'air pur et vivifiant. Une piste de 19 km, court en boucle d'entraînement au bout du plateau. La station s'adresse à tous les âges. 70 km de pistes de ski nordique : 1 verte, 4 bleues, 5 rouges, 2 noires. 40 km de pistes raquettes ; espace luge. Accès depuis Toulouse par A66 et tunnel de Foix.

STATION DE SKI ASCOU

ASCOU
✆ 05 61 64 28 86
www.ascou-ski.com
Ouvert toute la saison de ski. Ouvert tous les jours et les jours fériés.

Ascou reste la station « la station sympa à deux pas de Toulouse ». Spécialisée dans l'accueil des tout petits la station leur réserve son jardin des neiges et une aire de luge à l'écart. Mais les skieurs de bon niveau, parmi lesquels les adeptes du snow-board, devraient trouver aussi leur bonheur. Monoski, surf, patinette et raquettes sont autant de techniques pratiquées pour éprouver la neige. Sympa : navette à partir d'Ax-les-Thermes les week-ends et les vacances scolaires. Pistes ski alpin : 20 km de pistes, remontées mécaniques, canons à neige.

STATION DE SKI AX 3 DOMAINES

✆ 05 61 64 20 06
www.ax-ski.com
Ouvert pendant la saison de ski. Ouvert tous les jours et les jours fériés de 9h à 17h.

Du plateau de Bonascre au pic du Saquet s'étend le plus grand domaine skiable d'Ariège et le plus complet des Pyrénées, site admirable où la neige et le soleil sont mariés pour l'éternité au sein d'une nature sauvage. Les 3 Domaines réunissent les versants de Bonascre, du Saquet et des Campels et communiquent entre eux en un seul et vaste tapis de glisse. Grâce à la qualité de ses équipements pour handicapés Ax bénéficie du label Handisport. Une télécabine relie la ville à la station.

LE CASINO

Promenade Paul Salette
✆ 05 61 64 65 00
www.joa.fr/casinos/ax-les-thermes

Ouvert toute l'année. Du mercredi au dimanche de 19h à 22h30. Restauration. Wifi.

Le Casino d'Ax est une institution incontournable. La grande salle de jeux a été décorée par une artiste espagnole, et de superbes fresques monumentales couvrent les murs ocre et patinés. Les 50 machines à sous bruissantes sonnent de monnaies fraîches et clinquantes. Dans une salle plus confidentielle : roulettes, boules et black-jack gardent jalousement le secret du hasard. Au-dessous de la salle de jeux, le restaurant discret en mezzanine domine la situation et permet de faire une pause. L'été des cocktails sont servis sur la terrasse.

LES CABANNES

Ce chef-lieu de canton de la Haute Ariège fait partie du pays du Sabarthès et peut être le point de départ idéal de nombreuses balades et randonnées, à la découverte du patrimoine environnant et de la montagne, en hiver ou en été avec la perle du plateau de Beille, véritable paradis pour le ski de fond et les randonnées en raquettes. Son patrimoine naturel préservé a reçu la classification Natura 2000 tant pour les habitats des oiseaux que pour la protection des poissons migrateurs et la mise en place de frayères actives. Le village a la chance d'avoir un excellent restaurant mais également des professionnels du vélo, du cheval de la rando...

LE PETIT PLATEAU

rue de la gare
✆ 06 42 42 84 35
www.vtt-location-ariege.com

Ouvert tous les jours de 8h30 à 12h30. Après-midi sur réservation.

« Quand on partait de bon matin, quand on partait sur les chemins… à bicyclette ». En Ariège il y a Montand et descendant. Vous pourrez louer aux Cabannes ou sur le plateau de Beille des VTT enfants et adultes, à assistance électrique, pour des promenades en famille, seul ou avec un guide ! Le matériel est récent et performant. On peut également louer ou acheter un large panel d'accessoires pour agrémenter la rando. Florent réparera et en prendra le plus grand soin. Bon à savoir, pendant la saison de ski, vente de forfaits. Location luge, raquettes.

COMPLEXE DES OUSTALOUS €€

Nazebe
✆ 05 61 64 95 40
www.les-cabannes.com

Ouvert toute l'année. Gites de 80 € à 140 € la nuit en fonction de la taille du gîte et de la saison. Chèque Vacances.

Ce complexe d'accueil est situé aux pieds des montagnes en plein cœur de la haute Ariège. Que vous logiez en chambre ou en gîte, vous bénéficierez d'un confort spacieux et moderne tout en respectant l'environnement et la nature. Été comme hiver, l'aventure est au rendez vous : ski, chiens de traîneau, canyoning, cueillette de champignons, randonnées, pêches en altitude, balades ou tout simplement repos ! Vous savez, ne rien faire : être contemplatif et se ressourcer sans avoir besoin de toujours courir… Si c'est ce que vous cherchez, c'est ici qu'il faut aller.

GÎTES ET CHALETS DU QUIÉ €€

Place des Platanes ✆ 06 71 82 77 13
www.giteduquie.com

Ouvert toute l'année. Gîtes 3 chambres. Chalets 2 chambres. Chèque Vacances.

Ce domaine propose un hébergement dans les 7 gîtes et chalets qui constituent un petit complexe d'habitat au sein d'un espace naturel. Ces habitations s'appellent « Le Parsou », « La Taïchounièro », « L'escabot », « L'Assaladou », « Le Bousigas » ou « Le Regatcho » autant de mots authentiquement patois, avec, toutefois, toutes les commodités de la vie actuelle. Au cœur d'un environnement privilégié, été comme hiver, partez à la découverte des réserves naturelles que sont les Pyrénées ariégeoises depuis les chalets situés dans un verger calme et serein.

VILLAGE DE CHALETS-CAMPING €€

Le Pas de l'Ours - **ASTON** ✆ 05 61 64 90 33
www.lepasdelours.fr

Ouvert toute l'année. Chèque Vacances. Wifi. Location de draps. Animations. Piscine communale à 50m.

Au cœur du petit village montagnard d'Aston, à 600 m d'altitude et au pied de la station du plateau de Beille, ce centre d'hébergement mixte et de qualité compte des chalets grand confort pour six personnes et des bungalows pour quatre personnes. Les trente emplacements du camping 3 étoiles, équipés de deux blocs sanitaires, sont installés en bordure du torrent. Nombreuses activités de plein air, vtt, kayak, sorties en montagne, équipements sportifs, tennis, volley, pique-nique...

VILLAGE NORDIQUE ANGAKA €€

Plateau de Beille
✆ 05 61 01 75 60
www.angaka.com

Ouvert toute l'année. Nombreuses activités sur mesure, donc tarifs différents. Voir sur le site Internet.

À 1 800 m d'altitude, au plateau de Beille, c'est le Grand Nord. En hiver, au milieu des yourtes et des igloos, au contact de la nature et des animaux, vous pouvez faire une escale confortable. Possibilité de promenades en traîneaux, tractés par des chiens ou un cheval de Mérens ou de balades en raquettes encadrés par des professionnels. En été, ce sont des promenades en calèche tirée par le cheval de Mérens, avec bivouac sous un tipi, et des randonnées avec les chiens… Un endroit hors du temps pour des vacances originales et authentiques !

LA MAISON LACUBE - LE RESTAURANT DE L'ÉLEVEUR €€

3, place des platanes
✆ 05 34 09 09 09
https://lamaisonlacube.fr/

Ouvert tous les jours et les jours fériés. Réservation impérative. Menus de 17 € à 32 €. Menus sans gluten : 20 €.

Véritable institution ariégeoise, à la fois ferme, restaurant et boutique de produits fermiers, dont la vocation est de rapprocher agriculteurs et consommateurs, on retrouve ou découvre, à côté des viandes et produits servis au restaurant, une belle sélection des savoir-faire des amis fermiers et artisans locaux. La carte propose plats traditionnels mais aussi plus exotiques avec des burgers pour les ado, de pain du boulanger du village et de fromage fermier.

LES BISCUITS DU MOULIN

RN20
SINSAT
✆ 05 61 65 37 45
www.lesbiscuitsdumoulin.com

Ouvert du lundi au samedi de 10h à 12h30 et de 15h à 18h30. Gratuit.

Connaissez-vous les lantounets ? Non ? J'en étais sûr. Allez donc visiter cette biscuiterie pour qu'on vous conte l'histoire de la Lantounette qui fabriqua pour son mari possédé par un mauvais esprit (on ne rigole pas, mesdames) des biscuits savoureux en forme de fleurs. Mais avant d'être une biscuiterie, le lieu était un moulin bâti au XVIIe siècle et qui a cessé de fonctionner dans les années 1950. Un petit musée est visitable sur place. Un lieu pour s'alimenter de culture et de gourmandises avec une aire de pique-nique et un salon de thé.

LUZENAC

Luzenac est un petit village situé au cœur d'une vallée. Petit village quelconque ? Eh bien non ! Luzenac est très connue en Ariège, en France et dans le monde. Sa mine de talc est la plus grande carrière de talc d'Europe, rien que ça ! Le village accueille une immense usine chargée d'exploiter le précieux minerais blanc. Et bien sûr, il ne faut pas oublier son équipe de football (eh oui, on ne joue pas qu'au rugby) qui est renommée et qui a défrayé la chronique, il y a quelques années car faute de stade, l'équipe n'a pu accéder à la ligue 2. Fabien Barthez, le goal champion du monde de l'équipe de France en a été même un des co-dirigeant.

CARRIÈRE DE TALC DE TRIMOUNS ★★

✆ 05 61 64 68 05

Visites du lundi au vendredi hors jours fériés de mi-mai à mi-octobre. Tarifs : Adultes 6,60 € - Enfants : 4 €

Au-dessus du village de Luzenac, bourg où se situe l'usine d'exploitation, à 1 800 m d'altitude, se trouve la plus grande carrière de talc d'Europe. On peut visiter cette mine à ciel ouvert qui offre ses gisements blancs taillés en gradins, en car, avec un guide officiel. Dans cet immense cirque au paysage lunaire, des machines d'une taille titanesque œuvrent à extraire la roche la plus tendre et la plus douce qui soit, d'avril à novembre. Un voyage étonnant.

LE CHÂTEAU DE LORDAT

Rue du Château
LORDAT
✆ 05 61 64 60 60

Haute saison : tous les jours 10h à 12h30 et 14h à 18h30. Gratuit -7 ans. Adulte : 4,50 €. Enfant : 2,50 €. Animations.

Avec une vue inoubliable dominant la vallée, des tables d'orientation sur le site, ce château est le plus vieux du comté de Foix. L'accès est facile, comptez 10 minutes de petite marche, et la visite et libre. Tout au long de l'été, un programme d'animations est proposé avec par exemple une thématique sur le filage et le catharisme, une chasse aux trésors, des après-midi contes, observation des étoiles, conférence sur le catharisme et la vie des cathares au Moyen Âge mais également des spectacles médiévaux et de spectaculaires vols de rapaces.

LE CASTELLA €€

4, route du Castella
✆ 05 61 64 47 53
www.campingcastella.fr
Ouvert toute l'année. 150 emplacements. Exposition : ombragé. Relief : en terrasse. Equipé pour le caravaneige.

Le Castella est un camping en Ariège pas comme les autres. Ici l'accueil n'est pas un vain mot et les propriétaires ont à cœur de partager l'amour qu'ils portent à cette terre. Les emplacements disposés en terrasses font le charme de ce camping ombragé dominé par les ruines du château cathare de Lordat. Doté d'une piscine, le camping offre un panorama grandiose sur les sommets environnants. Séjours en famille ou entre amis, vous apprécierez bien-être, détente et plaisirs où se conjuguent sens de la fête et chaleur de l'accueil.

NIAUX

La réputation de Niaux et de ses grottes dépasse nos frontières par l'ampleur de ses salles et la variété de ses décors. Elle compte, avec Altamira et Lascaux, parmi les plus belles cavernes préhistoriques du monde. Cette cathédrale souterraine, située à près de 1 km de l'entrée de la grotte, fut fréquentée durant la période magdalénienne, 12 000 à 11 000 ans avant J.-C. Le Salon Noir révèle des peintures réalisées il y a environ 140 siècles. Sont représentés des chevaux, un cerf, des bouquetins et surtout des bisons dont certains portent sur le flanc des signes énigmatiques. La grotte et son Salon Noir restent l'un des sites incontournables de la Préhistoire.

HÔTEL LA PIERRE BLANCHE** €€

6, avenue de la Gare ✆ 05 61 03 26 30
www.lapierreblanche.fr
10 chambres. Chambre simple à partir de 49 € ; chambre double de 56 € à 64 €. Pension complète. Demi-pension. Wifi.

L'or blanc dans les Pyrénées c'est souvent la neige, à Luzenac et sa mondialement célèbre mine, l'or blanc c'est aussi de la douceur, la douceur d'une pierre, d'une pierre blanche, le talc. La pierre la plus douce du monde. Le bâtiment a la blancheur du talc et propose une quinzaine de chambres confortables. Dîners et petits déjeuners en salle ou sur la terrasse ensoleillée. Salon de lecture et détente à disposition. Agréable adresse au cœur d'un petit village de Haute Ariège.

LA PETITE AUBERGE DE NIAUX €€

41, route du Montcalm ✆ 05 61 05 79 79
www.lapetiteaubergedeniaux.com
Du mardi au samedi soir ; du mardi au dimanche midi. Menus 19,50 € à 32 €. Midi : 16 €. Terrasse. Animaux, Wifi.

Encerclés par les montagnes, Fabien Questroy et sa compagne sont au piano de cette excellente table. Les plats brillent par la qualité de leurs produits fabriqués par les meilleurs artisans ariégeois et leur décoration soignée. Vous dégusterez par exemple la truite d'Aston, l'agneau ariégeois, l'Azinat… La maison propose une mountjhetade (ou mounjetado en occitan), la version ariégeoise du cassoulet, copieuse et surement un des meilleurs cassoulets de la région. Une excellente adresse.

LA FERME AUX ANES

Route des Corniches - **UNAC** ✆ 05 61 64 44 22
www.la-ferme-aux-anes.com
Ouvert toute l'année. Contacter le club pour les horaires. Réservation obligatoire. CB non acceptée. Chèque Vacances.

Voici une vraie ferme avec des vaches, des cochons, des brebis, des lapins et des poules mais surtout une 40aine d'ânes pelucheux aux yeux tendres. Même les têtes de mules craqueront pour ces cadichons qui se révèlent d'excellents compagnons de route. Ils sont dociles et adaptés à la randonnée. C'est en compagnie de ces charmants bourricots que s'effectuera le circuit des églises romanes avec un arrêt au château de Lordat et ces aigles ou une incursion au cœur de la réserve d'Orlu ou encore une expédition « ânesque » de 2 ou 3 jours jusqu'au lac d'En Beys.

SPÉLÉO CANYON ARIÈGE - RODOLPHE STURM

Route de la Brexane
✆ 06 30 31 24 52
www.speleo-canyon-ariege.com
Ouvert du 1er juin au 30 septembre. Initiation, perfectionnement, formation : Speleo et canyoning.

De l'aventure en toute sécurité. Ces explorateurs et formateurs internationaux, vous accueilleront tout l'été pour vous faire partager leur passion de la spéléo et du canyoning dans les meilleures conditions possibles de plaisir, de convivialité et de sécurité. Tout est fourni et les équipements sont complets, chaussures, topoguide, manuel de canyon… Très bonne adresse pour vivre une expérience unique et inoubliable au cœur du parc des Pyrénées ariégeoises seul ou en petits groupes.

GROTTE DE NIAUX ★★★

D56 ✆ 05 61 05 10 10

www.sites-touristiques-ariege.fr

Voir calendrier d'ouverture sur le site Internet. Réservation obligatoire. Adulte : 14 €. Enfant : 10 €. Visite de 1h45.

Grotte ornée du paléolithique supérieur, celle de Niaux s'étend sur un peu plus de 2 km au cœur de l'Ariège. À l'heure actuelle, elle est l'une des dernières grottes ornées encore ouvertes au public : c'est donc un lieu incontournable et unique ! Par l'ampleur de ses salles et la variété de ses décors, la grotte de Niaux compte, avec Altamira et Lascaux, parmi les plus belles du monde. Ses galeries spacieuses, ses voûtes basses et ses lacs souterrains forment un spectacle des plus saisissants et impressionnants. Ce site naturel d'exception se distingue par son envergure vertigineuse avec son porche de 55 m de haut et 50 m de large, et par ses nombreuses représentations animales. On en compte une centaine ! Dans le salon Noir, de bouleversantes œuvres à même la paroi sont visibles : des peintures réalisées il y a environ cent quarante siècles et qui dégagent encore une si forte impression. Plus de 100 représentations aux traits noirs évoquent les grands mammifères de la faune magdalénienne. Dans une galerie inaccessible au public, fut trouvé plus récemment un dessin de belette, unique dans l'art paléolithique. Mais la grotte possède également toute une série de gravures sur argile, des traces de pieds nus et d'autres signes géométriques, tels des bâtonnets, des ponctuations et des signes claviformes.

La réservation à la grotte de Niaux pour une visite est indispensable afin d'éviter les dégradations des peintures, liées à une surfréquentation touristique. Un protocole des visites a d'ailleurs été élaboré : un maximum de onze visites par jour, dans une limitation à 25 personnes par groupe et un espacement de visites de 45 minutes. Tous les détails sont sur Internet. Ce protocole permet de mieux profiter du spectacle. Pendant la visite de presque deux heures, un guide vous accompagne dans le noir. Eh oui, ici point de lumière, mais chacun est équipé de lampes portatives. Vous démarrez la visite à pied pendant un parcours de 800 m (le reste de la grotte n'est pas ouvert au public pour des raisons de conservation) : ici, admirez les voûtes ancestrales ! Avant ou après avoir vécu cette expérience unique, partez faire une pause déjeuner au restaurant du parc de la Préhistoire. Le cadre, en pleine nature, au milieu des lacs et des cascades, offre un splendide panorama. Au menu, de délicieux plats typiques de l'Ariège avec des produits locaux et de saison. Une très belle aventure à la découverte de nos ancêtres, à faire en famille. Petits et grands seront émerveillés des beautés de ce site naturel et préhistorique.

ORLU

Ce village est célèbre pour sa « dent », dont le véritable nom est le pic de Brasseil. C'est une gigantesque paroi de granit, à la fois magique et vertigineuse dont l'altitude varie en fonction des endroits entre 1 100 m et 2 222 m (que des 2). Le pic offre de nombreuses possibilités d'escalade et la vallée et le point de départ de nombreuses randonnées. Au XIXe siècle et au début XXe, Orlu était un centre très important de forges à la catalane. A Orlu, tout est prêt pour les loisirs : piscine, boulodrome, tir à l'arc, tennis, pêche, ski... et par-dessus tout, la majestueuse, belle, profonde et mystérieuse montagne dont nul ne se lassera.

MAISON DES LOUPS ★

Les Forges d'Orlu ✆ 05 61 64 02 66

www.maisondesloups.com

Fermé de novembre à mars. Haute saison : ouvert tous les jours. Nourrissages à 12h, 15h et 17h30. Boutique. Animations.

Nouveaux propriétaires cette année pour ce parc animalier de 6 ha où évoluent en semi-captivité 25 loups venus de plusieurs régions du monde. Le nourrissage des loups, commenté sous forme de conférence, est un des moments forts de la visite. Le visiteur peut observer les meutes depuis des tours d'affût en bois, situées sur le sentier de découverte mais surtout depuis le tunnel de vision (avec supplément) qui permet de se retrouver au plus près des loups en toute sécurité ! Des panneaux explicatifs vous en apprendront beaucoup sur ces animaux mythiques.

RÉSERVE NATIONALE D'ORLU

✆ 05 61 64 21 70

Ouvert toute l'année. Tous les jours. Gratuit.

Aux confins des Pyrénées ariégeoises et catalanes, dans le massif du Roc Blanc-Carlit, la réserve couvre 4150 ha de hautes montagnes de 930 à 2765 mètres d'altitude. On peut y observer près de 800 isards, marmottes, aigles, hermines, faucons, aigle royal, grand tétras. On diversifie la faune en favorisant de nouvelles espèces (gypaète), et on préserve celles qui sont présentes (lagopède, grand tétras, desman, vautour, aigle royal). Dans un cadre superbe, de nombreuses randonnées sont possibles. Idée de balade : la vallée d'En Gaudu à 1h de marche du parking.

EDF - CENTRALE HYDRAULIQUE D'ORLU

Les Forges d'Orlu

Ouvert toute l'année. Gratuit. Réservation obligatoire au 05 61 03 06 06. Visite guidée.

L'énergie de l'Oriège fut utilisée dès le Moyen Âge. Son avatar moderne est la troisième centrale de l'Ariège par la taille, en fonction depuis 1958. Elle exploite les eaux du lac Naguilhes. Doté d'un parcours de visite à la fois technique et ludique, l'espace EDF d'Orlu reflète l'environnement dans lequel se déroule la production d'électricité en Ariège. Il plonge le visiteur au cœur du fonctionnement de l'usine hydroélectrique, avec une vue directe sur la salle des machines.

OBSERVATOIRE DE LA MONTAGNE

Les Forges d'Orlu

✆ 05 61 03 06 06

www.observatoire-montagne.com

Fermé du 1er avril au 30 octobre. Gratuit. Accueil enfants. Visite guidée. Boutique.

L'Observatoire abrite un espace muséographique et un parcours d'environ 1h30 pour découvrir un milieu unique. Dans le hall se trouve la maison de la réserve d'Orlu avec bornes interactives. L'Observatoire est ouvert toute l'année, mais la visite du musée et de la centrale hydroélectrique se fait seulement pendant les vacances scolaires. L'Observatoire et l'ONCFS proposent des randonnées (à pied et en raquettes) à l'affût des animaux dans leur habitat ou de leurs empreintes.

REFUGE D'EN BEYS €

Forges d'Orlu ✆ 05 61 64 24 24

www.refuge-enbeys.com

Dortoir 15,22 € la nuit. Demi-pension : 42 €. Nuit enfant moins de 12 ans : 12,50 €. Les 13-18 ans : 18 €.

On atteint ce refuge situé à 1 970 m d'altitude en 3h de marche. Il abrite 5 dortoirs séparés, 3 de 15 places et 2 de 12 places. Chaque couchage est équipé d'un matelas et de couvertures. L'approvisionnement de la plus grande partie des marchandises s'effectue par héliportage. Les aliments frais sont acheminés par les gardiens en sac à dos. L'embrasement des parois granitiques des Pics Rouges au coucher du soleil et l'observation des isards jouant dans les névés au petit matin sont les bonheurs du refuge d'En Beys. Des soirées à thème sont organisées en été.

TARASCON-SUR-ARIÈGE

Du confluent des deux rivières Ariège et Vicdessos jusqu'aux frontières de l'Espagne et l'Andorre s'étendent les vallées de Tarascon, Vicdessos et Auzat où des sommets de 3 000 mètres d'altitude culminent. Des centaines de grottes qui ont permis le développement des civilisations préhistoriques jalonnent cette région. Les grottes de Niaux, la Vache et Bedeilhac en sont encore les témoins aujourd'hui. La ville de Tarascon-sur-Ariège autrefois fortifiée, s'est développée depuis le Moyen Âge autour de ses marchés et foires, les ruelles escarpées abritent de pittoresques maisons tandis que les tours du Castella et Saint-Michel dominent.

GROTTE DE BEDEILHAC ★

BÉDEILHAC-ET-AYNAT

✆ 05 61 05 95 06

www.grotte-de-bedeilhac.org

Haute saison : ouvert tous les jours. Adulte : 9 €. Enfant (de 5 à 17 ans) : 5,50 €.

Les découvertes préhistoriques réalisées au début du XXe siècle ont permis d'exhumer d'innombrables trésors du paléolithique supérieur, du néolithique et des âges du bronze et du fer. Cette immense grotte fut à la fois sanctuaire, habitat et lieu de sépulture pour les hommes durant près de 15000 ans. En 1972, s'opère dans la grotte une grande première mondiale ! Un aviateur va atterrir et décoller plusieurs fois à l'entrée de la grotte. Outre les visites, les étés sont marqués par des animations : concerts de musique classique et expositions de peinture.

RÊVE ET MAGIE DU RAIL

Route Arignac

✆ 05 61 05 94 44

www.rma-revemagiedurail.com

Haute saison : tous les jours de 14h à 18h. Gratuit jusqu'à 5 ans. Adulte : 6 €. Enfant (de 5 à 15 ans) : 3,50 €.

Rail, Modélisme Ariégeois vous propose de découvrir sa maquette « Rêve et Magie du Rail ». C'est une réalisation exceptionnelle qui a été présentée un peu partout en France et à l'étranger. Employant les techniques les plus modernes du son, de la lumière et de l'animation, c'est un vrai spectacle son et lumière. Vous vivrez le temps d'un rêve : le jour, la nuit, l'orage... l'insolite parfois qui vous rappelleront une aventure humaine riche. Des centaines de personnages, la plupart peints à la main, représentent des scènes de la vie courante.

GROTTE DE LOMBRIVES ★★★

USSAT ✆ 06 49 44 45 00
www.grottedelombrives.com
Ouvert toute l'année. Horaires variables.
Adulte 12 €, enfant 8 €, pass famille 34€.
American Express, Chèque Vacances.

Ce site unique et classé au poids historique et géologique incomparable propose des randonnées guidées. Elle est aussi reconnue comme la plus vaste grotte d'Europe. Abri, sépulture pour l'Homme préhistorique, terre sacrée cathare, refuge protestants, cache de brigands, lieu mystique... Il a de tout temps fasciné l'Homme qui nous a laissé des traces, des milliers de signatures, dont celle d'un roi de France, des symboles énigmatiques et des légendes millénaires On découvrira notamment la signature du futur Roi Henri IV, les raisons de sa venue à Lombrives sont incroyables. On admirera le tombeau de la princesse Pyrène qui selon les Grecs de l'Antiquité, marque la genèse de la création des Pyrénées. Le réseau est immense, ce n'est pas une simple grotte naturelle, mais des grottes à parcourir au fil de nombreuses salles différentes et remarquables. A chaque nouveau virage c'est un émerveillement. Dans l'exceptionnelle galerie de la Carène, on peut s'engouffrer à l'intérieur d'une faille sismique, admirer son esthétique extraordinaire sur près de 80 mètres. La Cathédrale est une salle dont la hauteur sous plafond atteint plus de 80 mètres, l'acoustique y est exceptionnelle. Des concerts y sont donnés toute l'année. A noter, les très belles concrétions, parmi lesquelles le Mammouth ou la Sorcière. Située entre Foix et l'Andorre, la grotte propose de nombreuses activités : randonnées guidées ou spéléologiques, ateliers pour les enfants, apéros-concerts...

CAMPING DES GROTTES**** €€

Domaine de la Hille - **ALLIAT**
✆ 05 61 05 88 21
www.campingdesgrottes.com
Mobil-homes 5 personnes de 435 € à 940 €/ semaine ; chalets 6 pers de 515 € à 1 050 €/ semaine. Restauration. Animations.

Situé au cœur du parc naturel régional des Pyrénées ariégeoises, le camping bénéficie de sa situation privilégiée dans un cadre naturel qui mêle quiétude et convivialité. Sous la tente ou chalet de 2 ou 3 chambres. Il y en même un qui peut accueillir 10 personnes ! Ces chalets sont cosy et dotés de tous le confort (micro-ondes, réfrigérateur, cafetière, télévision, barbecue...). De nombreux services sont mis à votre disposition (épicerie, snack, bar, pizzeria, Wifi, laverie...). En été, espace aquatique avec piscine chauffée et couverte et des toboggans !

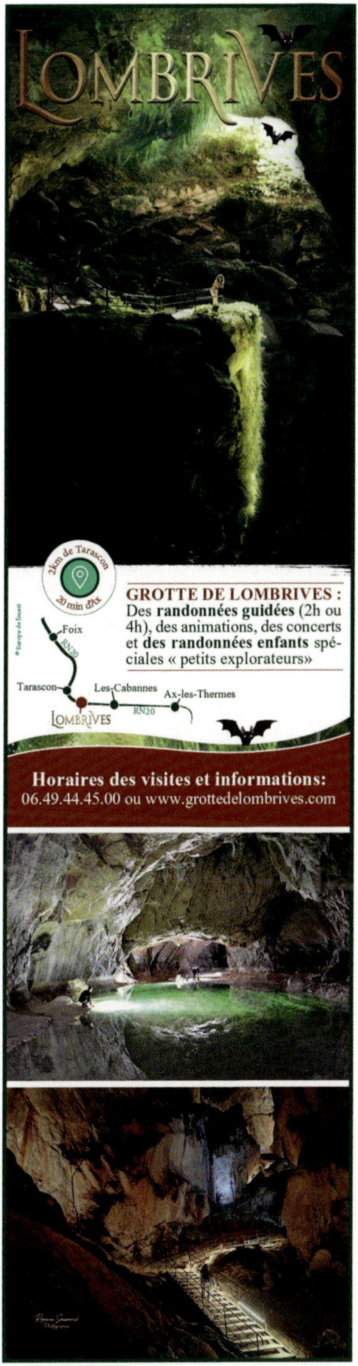

PARC DE LA PRÉHISTOIRE ★★

Route de Banat ✆ 05 61 05 10 10
www.sites-touristiques-ariege.fr
Ouvert de début avril à début novembre. Fermé lundi hors vacances. Adulte 11,50 €, enfant 8 €, pass famille 36 €.

Rendez-vous dans l'un des plus beaux sites de l'Ariège à la découverte de la vie quotidienne des Magdaléniens dans un environnement d'animaux géants, bisons, mammouths ou mégacéros, sorte de cerf de taille préhistorique. Comparez les défenses de mammouths à la corne de rhinocéros laineux, faites un bras de fer avec le bison, mesurez-vous à la vitesse d'un lion des cavernes. Des animations et des ateliers immersifs, ouverts à tous, sont organisés tous les jours, permettant de plonger en immersion dans la Préhistoire : l'atelier de fouilles archéologiques, l'atelier d'art pariétal : en conditions de lumière préhistorique testez vos aptitudes à la peinture préhistorique, ou encore essayez-vous à la chasse avec le maniement du propulseur. Dans un campement reconstitué qui évolue en fonction des saisons, vous assisterez à des démonstrations de taille du silex et d'allumage du feu à la méthode Cro-Magnon. De nombreuses autres activités vous attendent dont le labyrinthe des sons, le panorama de la chasse ou le sentier des traces. Côté animations, Ca bouge chez les préhistophiles, Chasse aux œufs de mammouth fin mars (les œufs sont bien sûr en chocolat) et, en juin, La Nuit de la Préhistoire et les Journées nationales de l'archéologie. Autour des lacs, un restaurant, une boutique, une aire de pique-nique sont également à votre disposition. Bien plus qu'un simple parc d'attractions, vous découvrez une (pré) histoire, un environnement à travers un musée interactif où culture et nature évoquent le mystère des origines.

LES FORGES D'ENFALITS €€

Chemin d'Enfalits
✆ 05 61 03 83 45
http://chambre-dhote-gite-ariege.com
Chambre double 85 € ; triple 105 € ; 4 personnes 125 €. Petit déjeuner inclus. Gite 4 personnes de 425 € à 725 €.

C'est sur le site des anciennes forges de Rabat-les-Trois-Seigneurs que Régine et Gérard vous accueillent. Le site est magnifique. Les chambres sont confortables et bien équipées et la suite familiale en compte deux. Un grand salon avec cheminée, billard et coin fléchettes vous permettra de souffler avant d'attaquer la prochaine randonnée en consultant les riches livres de la bibliothèque ou en vous adonnant à un jeu de société. L'espace détente, sauna et spa parachève ce lieu, où on se forge bonne forme et grand moral dans un somptueux paysage.

HÔTEL CONFORT** €€

3, quai Armand-Sylvestre
✆ 05 61 05 61 90
www.hotel-tarascon-sur-ariege.com
Ouvert toute l'année. 15 chambres. Parking inclus. Animaux acceptés. Wifi. Restauration. Tv satellite.

La convivialité de cet établissement est assurée par Sarah et Guillaume qui l'ont repris depuis novembre 2020. Ce charmant petit hôtel, très calme, en bordure de l'Ariège, dans un style familial, a été entièrement redécoré dans un style très contemporain avec une nouvelle identité HC09. La plupart des chambres donnent sur un patio repensé pour les soirées d'été, très agréable, avec un grand palmier trônant en son centre. Quelques chambres ont vue sur la rivière et sur les montagnes environnantes. Très belle carte de cocktails.

HÔTEL TERRANOSTRA €€

7, place Jean Jaurès
✆ 05 61 05 52 06
www.terranostra-ariege.com
Chambre double de 70 € à 105 €. Wifi. Parking gratuit à proximité.

Au centre de Tarascon, l'hôtel propose un grand choix de chambres décorées avec goût, spacieuses, confortables, insonorisées et climatisées et plusieurs studios meublés. La chambre double de luxe est un havre de paix avec spa, bureau, salle de bains (baignoire et douche), bouilloire, grand écran tv. Wifi gratuit dans tout l'hôtel. Un petit-déjeuner buffet continental et copieux vous sera proposé le matin. A noter une chambre totalement adaptée pour des personnes en situation de handicap. Le restaurant agréable est également un bar à vin réputé.

YELLOH ! VILLAGE LE PRÉ LOMBARD**** €€

✆ 05 61 05 61 94
www.prelombard.com
Ouvert d'avril à mi-octobre. 3,5 ha. 210 emplacements. Chèque Vacances. Club enfants. Sdb bébés. Animaux acceptés. Wifi.

Dans un environnement naturel et préservé, entre rivière et montagne, ce camping propose des emplacements spacieux et ombragés, 3 ha de verdure. Aux côtés des tentes, un quartier de mobile-homes, chalets et caravanes agencés tels de véritables chez soi de plein air. Côté animation terrains multisports, boules, club jeux pour enfants et ado, tournois sportifs, soirées animées, ambiance cabaret, karaoké. Cette année, venez glisser sur les toboggans géants dans l'aire aqualudique.

LES 3 BUFFETS €€

Route de Saurat
✆ 05 61 02 69 09
Ouvert du lundi au samedi. Formule du midi : 14,50 € (1/4 de vin compris). Chèque Restaurant. Terrasse.

Située à l'entrée de Tarascon, 3 buffets en version à volonté : entrées, plats chauds et desserts. Ici, on travaille en famille. Bernard Servat et son cousin sont en cuisine et l'accueil incombe à sa compagne qui, par la même occasion, encaisse le prix unique du repas. Vous n'aurez que l'embarras du choix. L'accent est mis sur la qualité. Les produits sont frais, les grillades savoureuses et les plats proposés succulents. Les entrées et les desserts sont faits maison et, foi de renard qui s'en lèche les babines, on sent la différence. Excellente adresse futée !

LE MANOIR D'AGNÈS*** €€€

2, rue Saint-Roch ✆ 05 61 02 32 81
www.manoiragnes.com
Chambre double de 120 € à 160 €. Petit déjeuner 12 € /personne. Supplément demi-pension 40 € par personne.

Quel beau bâtiment ! Un véritable manoir anglais au cœur de la Haute-Ariège. Disposant d'un parking privé, l'hôtel, 3 étoiles, est entouré d'un parc centenaire. Mais attention, si le cadre évoque les grandes années 1900, nous sommes tout de même au XXIe siècle et les chambres disposent de tout le confort et toutes les technologies modernes : ascenseur, wifi, climatisation, écran plat, etc. Le manoir propose également un restaurant. L'hôtel se dote désormais d'une superbe piscine, jacuzzi et espace bien-être.

HOSTELLERIE DE LA POSTE €€

16, avenue Victor-Pilhes
✆ 05 61 05 60 41
www.lhostellerieposte.com
Logis de France. Ouvert toute l'année midi et le soir. Menus de 18,80 € à 39 €. Menu enfant 12 €. Menu étape 14,50 €.

L'Hostellerie de la poste, situé au bord de la rivière est un ancien relais de poste au charme rustique, authentique. Vous vous régalerez dans la grande salle réchauffée par une imposante cheminée, s'il fait un peu frisquet.. ou vous pourrez opter pour la vaste terrasse couverte offrant une vue panoramique d'exception sur la vallée avec les montagnes comme fond d'écran ! Au menu, de quoi vous faire plaisir : foie gras poêlé au muscat, *azinat* spécialité locale à base de choux et de charcuterie de pays, agneau au four, cassoulet. Incontournable. Garage moto, vélo

LE VIEUX CARRÉ €€

Place Sainte-Quitterie
✆ 05 61 05 08 30
www.levieuxcarre.fr
Du jeudi au mardi 12h-14h et 19h-21h ; le mercredi de 12h-14h ; vendredi et samedi de 12h-14h 19h-21h30. Terrasse.

Ce restaurant familial propose un voyage subtil mélange entre tradition et culture pyrénéennes. Parmi les plats proposés, l'intéressante ardoise du jour et des spécialités à base de morue. Les truites sont bio et viennent des Pyrénées. Le service est efficace et toujours agréable. L'établissement travaille à base de produits frais et régionaux. Le restaurant étant situé à quelques mètres de l'Espace François Mitterrand, l'été, de la terrasse, vous profitez de tous les concerts et des animations qui se déroulent à l'extérieur. Un lieu «carrément» à recommander.

LE MOULIN DE L'ANGOUST €€

Le Village
GOURBIT
✆ 05 61 66 48 42
Ouvert tous les jours. Menus de 21 € à 28 €. Formule du midi : 14 €.

Les gourmets sont à nouveau choyés à Gourbit : le moulin a rouvert grâce à Cédric, un chef passionné par son métier, et Suzanne à ses côtés. Vous ne manquerez pas cet établissement, c'est une maison aux volets rouges à l'entrée du village. Cuisine traditionnelle, attentionnée, copieuse avec un goût prononcé pour une présentation et des produits de qualité dans une grande salle chaleureuses avec cheminée et insert cosy. Bien sûr, j'en vois au fond qui cherchent la langouste… L'Angoust, c'est la rivière ! Bon vent à ce restaurant charmant dans un village charmant.

LES SAVEURS DU MANOIR €€€

2, rue Saint-Roch ✆ 05 61 02 32 81
www.manoiragnes.com
Fermé dimanche soir et lundi non férié. Menus de 28 € à 58 €. Midi 24 €. Menu végétarien : 28 €.

On ne peut passer sans voir cette superbe bâtisse et son parc depuis la route d'Andorre. Aux commandes du restaurant : Jean Carzola, qui n'a vraiment pas à faire ses preuves tant sa cuisine est un bonheur pour les papilles. Renard l'a déjà croisé au hasard d'autres établissements réputés ; nous serons donc obligatoirement satisfaits. Il est un artiste dans sa façon de travailler le foie gras. Les plats conjuguent raffinement, surprise et originalité. Renard s'est délecté d'un foie à la façon du Chef et d'un succulent pigeon aux morilles. Service au top.

LES TRÉSORS DE PYRÈNE

6, avenue de la République
✆ 05 61 65 69 02
www.tresorsdepyrene.com
Ouvert du lundi au samedi.

Cette boutique nous émerveille par ses trésors. C'est le petit paradis de la gastronomie et de l'artisanat des Pyrénées. Une véritable caverne à prix doux où l'on trouve tout pour faire plaisir ou se faire plaisir. Les trésors sont salés, sucrés, fruités ou réalisations d'artisans locaux. Poteries, sabots, savons, peignes en corne, pierres naturelles à aiguiser, confitures, miel, vins, bières, apéritifs, foie gras, biscuits, bonbons, tout est fabriqué en Ariège ou dans les Pyrénées. On découvrira des bougies et des figurines fabriquées à partir du talc de Luzenac.

HYPOCRAS

1, Chemin de la Croix-de-Quié
✆ 05 61 05 60 38
www.hypocras.com
Téléphoner pour le magasin.

Connaissez-vous le point commun entre la famille Séguélas, Henri IV, Gaston Phoebus et le Roi Soleil ? Un précieux breuvage artisanal, composé d'épices délicates et orientales : une recette digne des alchimistes. Hypocras, comme Hippocrate. Cette boisson était utilisée comme un tonique voire un aphrodisiaque ! Aujourd'hui cette délicieuse boisson se déguste en apéritif ou se cuisine dans de nombreuses recettes. A découvrir bonbons à l'Hypocras, et la gelée, délicieuse avec le fromage. C'est doux, c'est bon, c'est parfumé, c'est original, c'est 100 % naturel...

DOMAINE THERMAL D'USSAT

9, rue des Thermes
ORNOLAC-USSAT-LES-BAINS
✆ 05 61 02 20 20
www.thermes-ussat.fr
Nombreuses prestations. Voir tarifs sur site web.

Les thermes sont entourés d'un vaste parc boisé sur les rives de l'Ariège. L'établissement est réputé pour les vertus antispasmodiques et sédatives de ses eaux, idéales pour le traitement des maladies psychosomatiques liées au stress ainsi que certaines maladies neurologiques. Insomnies, anxiété, états dépressifs, spasmophilie, dystonies thyroïdiennes, troubles de la ménopause sont également soignés grâce à l'action de ses eaux sur le système nerveux, ce qui a permis de développer, des séjours courts spécialement axés sur la détente et l'anti-stress.

VICDESSOS

Le pays d'Auzat et de Vicdessos qui s'étend le long du Vicdessos jusqu'au Montcalm, « Toit de l'Ariège » (3 077 m), offre un patrimoine naturel et historique des plus riches. La détente s'annonce en douceur au fil de randonnées pédestres suivant le cours des sentiers, des lacs, des torrents et des rivières, car l'eau y est partout. Pêchez au fouet sur le Vicdessos, en aval d'Auzat, soit avec la « grise à corps jaune », soit avec la « nymphe », toutes deux très efficaces dans ces eaux. L'histoire n'est pas en reste avec les châteaux cachés mais pas oubliés de Montreal de Sos ou de Miglos qui montre l'occupation des lieux depuis le Moyen Âge.

LA VIA FERRATA

Rue du Centre
✆ 06 81 01 16 49
www.lesviaferrataduvicdessos.com
Ouvert toute l'année. Haute saison : tous les jours. Sur réservation le reste de l'année.

C'est la plus importante via ferrata des Pyrénées avec plus de 700 m de dénivelé et plus de 1 300 m d'itinéraire. Des falaises aménagées, assurées par un câble, échelles métalliques, passerelles et ponts permettent de vivre une expérience inoubliable. 2 parcours, l'un aménagé pour une pratique familiale, l'autre réservé à une pratique plus sportive. Cette activité à mi-chemin entre la randonnée et l'escalade procure des sensations extrêmes tout en donnant la possibilité de profiter des superbes points de vue sur la vallée et les sommets.

LA BEXANELLE*** €€

✆ 05 61 64 82 22
www.labexanelle.com
Piscine extérieure, Ouvert toute l'année. Terrain de 6 ha. Chèque Vacances. Jeux pour enfants. Animaux acceptés. Wifi.

Situé à Vicdessos, à 710 m d'altitude, le camping vous donne rendez-vous dans un cadre de verdure enchanteur, au cœur des Pyrénées ariégeoises. Une vaste gamme de chalets tout confort ainsi que d'originaux bungalows toilés vous promettent un séjour des plus merveilleux. Vous serez situés à proximité immédiate d'une rivière. De nombreuses activités vous y attendent sur place ou aux alentours : tennis, piscine, baignade, canyoning, pêche, randonnées, balades en raquettes, équitation et ski de fond ou alpin en hiver... Au coeur de la nature et de la montagne.

PAYS DE FOIX

Le pays de Foix abrite la capitale de l'Ariège dominée par son château comtal du Xe siècle au pied duquel s'étend la ville médiévale, devenue aujourd'hui la préfecture du département. C'est un excellent camp de base pour rayonner quasiment vers tous les lieux à découvrir du département, la ville étant idéalement située au centre de ce dernier. Musée préhistorique, musée des temps anciens, musée médiéval… Le riche patrimoine historique de l'Ariège semble centralisé dans ce secteur. Côté culture, la ville dispose d'une scène nationale et d'un cinéma et de nombreux concerts et festivals se produisent au rythme des saisons. Il ne faut absolument pas rater l'embrasement de la ville en décembre, tout Foix tout flamme, ou le spectacle historique du mois d'août, véritable reconstitution à travers le temps. Foix est une petite ville enclavée et cernée de montagnes qui ne demande qu'à être découverte et appréciée.

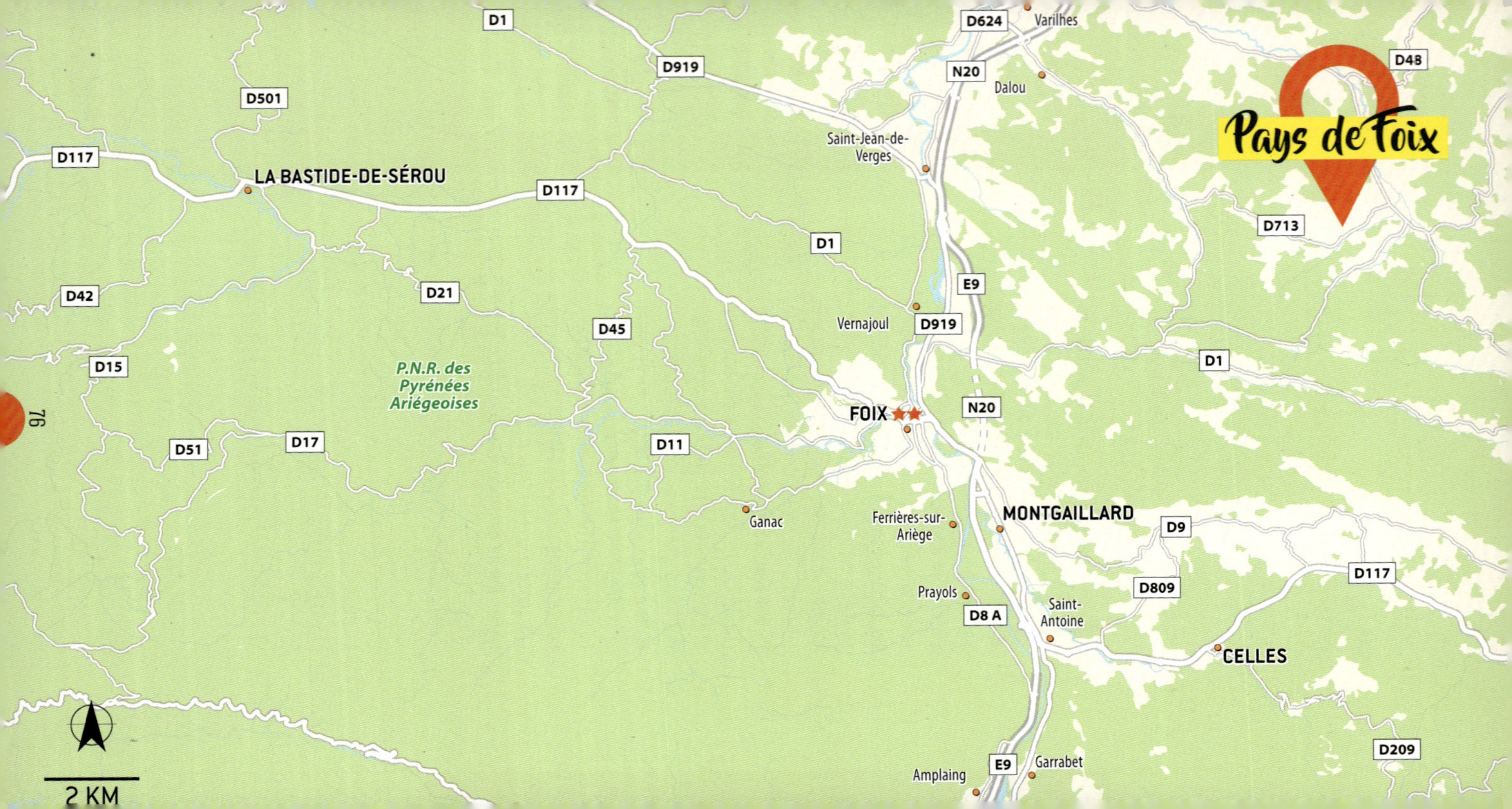
Pays de Foix
D1
D919
D624
Varilhes
N20
Dalou
D48
D501
Saint-Jean-de-Verges
D117
LA BASTIDE-DE-SÉROU
D117
D713
D1
E9
D42
D21
D45
Vernajoul
D919
D1
D15
P.N.R. des Pyrénées Ariégeoises
FOIX
N20
D51
D17
D11
MONTGAILLARD
Ganac
Ferrières-sur-Ariège
D9
D117
D809
Prayols
D8 A
Saint-Antoine
CELLES
D209
E9
Garrabet
Amplaing
2 KM

PAGES

●● PAYS DE FOIX

© MEHDI33300 - STOCK.ADOBE.COM

Promenade dans les rues de Foix.

FOIX ★★

Les premières traces de présence humaine dans cette ville remonteraient à la Préhistoire, et plus particulièrement dans les grottes du roc de Foix. Bien des siècles plus tard, c'est autour de l'abbaye Saint-Volusien connue en 849 et du château élevé en l'an mille que la cité s'est développée, mêlant intimement son histoire à celle de cette majestueuse sentinelle qui domine la ville. Le premier seigneur à porter le titre de comte de Foix fut Bernard Roger, fils du comte de Carcassonne. Mais c'est au XIVe siècle que le destin de la ville fut marqué par un Gaston Phoebus, dont la chevelure blonde ou le soleil, lui valut le surnom de Fébus en occitan.

ÉGLISE SAINT-VOLUSIEN ★

Ouvert toute l'année. Tous les jours et les jours fériés. Gratuit.

Des travaux ont été entrepris pour supprimer les crépis et refaire le dallage ce qui a permis de retrouver la crypte de l'église primitive. Volusien, évêque de Tours, exilé par les Wisigoths en Ariège, est devenu le saint patron de Foix. Fondée au IXe, l'abbaye acquiert un très vaste domaine de la vallée de l'Ariège jusqu'à Ax. Détruite en 1580, une église gothique est édifiée au XVIIe. De l'époque médiévale, elle garde sa crypte, la base du mur sud de la nef et un beau portail. À l'intérieur, les belles stalles du XVIIe proviennent de St-Sernin à Toulouse.

CONSEIL DÉPARTEMENTAL DE L'ARIÈGE

5, rue du Cap de la Ville ✆ 05 61 02 09 09
www.ariege.fr
Ouvert du lundi au vendredi.

Le Conseil Général de l'Ariège travaille à répondre aux besoins des habitants du département, mais il est également un élément indispensable à destination des touristes et à l'aménagement de l'accueil de ces derniers. Il propose le catalogue des productions du terroir locale : tout ce qui est récolté, élevé et transformé en Ariège. Il gère aussi l'actualité des manifestations culturelles, les bibliothèques, l'actualité du patrimoine du département et surtout du SESTA (le Service d'Exploitation des Sites Touristiques de l'Ariège).

OFFICE DE TOURISME FOIX-ARIÈGE-PYRÉNÉES

29, rue Delcassé
✆ 05 61 65 12 12
www.foix-tourisme.com
Ouvert du lundi au samedi de 10h à 12h et de 14h à 18h.

Ce Pays, riche en histoire, vous fera découvrir des époques allant de la résistance cathare du château de Foix à celle des guérilleros espagnols durant la Seconde Guerre mondiale. Foix est la destination par excellence dans le département. L'équipe de l'office de tourisme est accueillante et toujours disponible pour indiquer les bons plans du moment, les choses à voir, les secrets à découvrir, où manger, où dormir... Tout ça en complément, bien sûr, du guide de votre Renard favori.

CHÂTEAU DE FOIX ★★

Rue du Rocher ✆ 05 34 09 83 83
www.grands-sites-ariege.fr
Basse saison : ouvert tous les jours. Haute saison : tous les jours. Gratuit jusqu'à 5 ans. Visite guidée. Boutique.

A ne pas manquer ! Grand musée interactif permettant une immersion totale dans le temps et l'histoire en associant patrimoine et nouvelles technologies. Ce château semble plus accroché aux nuages que posé sur la terre ferme, au confluent de l'Arget et de l'Ariège. Cette situation lui a valu bien des jalousies et surtout des sièges redoutables. Les trois tours qui se découpent avec autorité dans le ciel fuxéen appartiennent à des époques différentes. Ce château constitue un symbole de l'ancienne puissance des comtes de Foix et un monument qui défie les siècles.

RIVIÈRE SOUTERRAINE DE LABOUICHE

Avenue Labouiche - **BAULOU**
✆ 05 61 65 04 11
www.labouiche.com
Ouvert du 1er avril au 11 novembre. Horaires selon la saison. Adulte : 12,80 €. Enfant : 10,80 €

Une excursion insolite et très spectaculaire sur 1,5 km, en barque de 12 personnes à 60 m sous terre sur la plus longue rivière souterraine navigable d'Europe ! Cette aventure dévoile des paysages souterrains de toute beauté et vous conduit de salles en galeries, de concrétions en gours. La visite guidée et commentée dure 75 minutes en deux portions séparées par une petite marche. Un point restauration est disponible de juin à fin août. Boutique et aire de pique-nique sur le site.

ZOOM

NÒU ARIÈGE PYRÉNÉES DU 9 EN 09

DES HOMMES, DES VALEURS ET DES TERRITOIRES

Cette marque initiée et créée par la chambre d'agriculture a su rassembler de nombreux partenaires autour d'un concept orignal et nòu-veau qui a pour objectif de fédérer les producteurs et artisans ariégeois pour être en osmose avec les montagnes, les plaines et les coteaux qui nous entourent et qui font vivre ce département. L'Ariège est riche dans la variété de tout ce qu'elle produit. La qualité et le travail de ces producteurs doit être mise en avant en coopérant ainsi à la promotion de leurs territoires. Le premier point est que Nòu Ariège Pyrénées n'est pas qu'une simple et banale marque commerciale mais plutôt un label qualité qui aidera à la commercialisation de cette marque grâce notamment à une mise en réseau d'outils et de services permettant un développement des secteurs concernés. La transparence et la traçabilité sont de rigueur quant à l'élaboration des produits ou denrées pour les producteurs qui adhèrent à cette charte qualité et qui doivent forcément en respecter les valeurs et les règles. Ces producteurs ou artisans pourront être labellisés : « Produit chez Nòu Ariège Pyrénées » ou « Fabriqué chez Nòu Ariège Pyrénées ». Le deuxième point important dans cette démarche est de valoriser l'image des produits et des savoir-faire ariégeois à l'extérieur du département. Nòu en occitan veut dire neuf ; entendons par là le chiffre du département mais également le sens de la nouveauté. Cela ce prononce « nao » et on pourrait entendre le now anglais donnant ainsi un dynamisme d'actualité et d'internationalisation de la distribution des produits du département. Les productions ariégeoises doivent être nouvelles et partout. Les Halles Fermières ariégeoises ou drive fermier permettent d'acheter les produits labellisés. Voilà donc une nouvelle marque bien de chez nòu, pour vous et pour nous tous, Ariégeois et consommateurs en quête de qualité et de transparence.

© NOU ARIÈGE

© NOU ARIÈGE

© NOU ARIÈGE

Le château de Foix.
© YVON52-FOTOLIA

LE LÉO DE FOIX €

16, rue Nöel-Peyrevidal
✆ 05 61 65 09 04
www.leodefoix.fr

Ouvert toute l'année. Chèque Vacances. Wifi. Restauration (menu 14,90€).

Seule grande structure d'hébergement, l'Auberge est située en centre-ville. C'est un espace d'hébergement familial dans le pur style des Auberges de Jeunesse. La structure accueille groupes, familles, individuels et propose outre l'hôtellerie et la restauration, des salles de réunions. De nombreuses associations permettent diverses activités : kayak, capoeira, yoga, piano, guitare, ateliers de théâtre, langues. La liste est immense, l'ennui est banni. On se sent vraiment en famille tant l'accueil est convivial et chaleureux. Délicieux menu à midi uniquement.

L'ARCHE DES CHAPELIERS €€

25, rue des Chapeliers
✆ 05 61 01 44 94
www.chambres-foix.com

Chambre double 87 € ; suite 95 €. Basse saison : chambre simple 78 €. Petit déjeuner inclus. Lit supplémentaire : 35 €.

Dans le centre historique de Foix, Sonia, une passionnée d'histoire locale et régionale, vous invite à franchir le porche de cette superbe maison de 1762. Situé au pied du château, le bâtiment offre deux très belles chambres, spacieuses et lumineuses, bien équipées, accessibles par un bel escalier. Les petits déjeuners élaborés à partir de produits locaux, d'artisans et du marché se prennent sur une terrasse. Voilà l'endroit idéal pour se poser en Ariège et rayonner à la découverte des richesses et du patrimoine du département.

AUBERGE LES MYRTILLES €€

Col des Marrous
✆ 05 61 65 16 46
www.auberge-les-myrtilles.com

Logis. Fermé de novembre à mars. Restauration (menu du à 26 €). Bain bouillonnant, sauna, piscine.

Doté de 8 chambres tout confort et d'un gîte perdu au milieu des sapins en haut du Col des Marrous. Cette auberge forestière peut s'enorgueillir de son superbe panorama sur les Pyrénées. La cuisine navigue entre les spécialités ariégeoises et savoyardes. Toute l'année, comble de la détente, les résidents peuvent bénéficier de l'accès à la piscine couverte chauffée avec sauna et bain bouillonnant. La décoration intérieure mêle modernité et antiquités aux boiseries de l'Auberge. Caroline vous installera en terrasse face aux Pyrénées.

HÔTEL PYRÈNE*** €€

rue Serge Denis ✆ 05 61 65 48 66
www.hotel-pyrene-foix.fr

Ouvert toute l'année. Accueil jusqu'à 22. Haute saison : chambre double 84 € à 86 €. Petit déjeuner : 8,90 €. Wifi.

Fabienne Rouzaud est à la tête de l'établissement connu de tous les fuxéens et a réalisé de conséquentes rénovations au niveau de la déco et du mobilier. Jardin, piscine et court de tennis offrent à la clientèle un espace détente. La clientèle professionnelle n'est pas oubliée par l'adjonction de bureaux dans les chambres. Au cœur de l'Ariège, pays de l'authentique et de la douceur de vivre, à la sortie de Foix, la médiévale (1 km), en retrait de la nationale 20, au rond-point de Roquefixade, ce 3 étoiles brille par son rapport qualité-prix, une étape de qualité.

CAMPING DU LAC MERCUS*** €€

1, promenade du Camping - **MERCUS-GARRABET**
✆ 05 61 05 90 61
www.campingdulacmercus.com

Nombreuses formules sur le site web. Chèque Vacances. Wifi.

Ce camping 3* vous propose locations et emplacements sur 5 ha de nature en bordure d'un grand lac. Vous y serez à proximité des commerces et des services de la ville, accessibles via une navette au départ du camping. La voie verte Foix-St girons est également à proximité. Idéale pour les randonneurs mais aussi les sorties à vélo en famille. Situation idéale pour découvrir la richesse et la diversité de la région. De Foix et son célèbre château à Niaux et sa non moins fameuse grotte. Il y en a pour tous les goûts. Profitez du snack-bar et de la nouvelle piscine.

BIENVENUE A LA FERME CHAMBRE D'AGRICULTURE ARIÈGE €€

32 avenue Gén de Gaulle ✆ 05 61 02 14 45
www.ariege.chambre-agriculture.fr
Ouvert toute l'année.

Idéal pour qui veut découvrir les fermes dans toute leur splendeur. Du producteur de fruits ou légumes, à la table d'hôte où vous découvrirez les saveurs de son territoire avec les produits du jardin, pour dormir, camper ou être accueilli chez l'habitant amoureux de son terroir, il y a forcément un établissement qui correspondra à vos envies, désirs et attentes. Des producteurs ariégeois proposent leurs produits sur le site www.hallesfermieres09.fr que l'on récupère à Foix chaque jeudi.

LES GITES DE RUFFIÉ €€

Domaine de Ruffié ✆ 06 88 45 21 65
www.gite-ruffie-ariege.com
Piscine. Fermés d´octobre à mars. De 330 € à 670 € la semaine selon saison. Selon hébergement et période. Wifi.

Superbes gîtes de charme à quelques kilomètres du centre de Foix, dans une grande bâtisse au milieu d'un grand parc arboré. La maison a été entièrement rénovée et les gîtes sont aménagés avec goût. Celui de l'étage possède une belle charpente apparente et accueille 7 personnes. Celui du rez-de-chaussée est plus intimiste, pour 4. Les amoureux du bien-être adoreront l'écolodge, idéal pour 2, tout en bois avec terrasse. Un mix entre yourte sympa et chalet cosy. Nouveauté : le cottage, en bois aussi, avec grande pièce de vie et chambre. Simple et confortable.

CAMPING NATURISTE MILLEFLEURS*** €€

Le Tuillier ✆ 05 61 60 77 56
www.camping-millefleurs.com
Ouvert d'avril à octobre. Caravanes jusqu´à 2 personnes de 280 € à 330 € la semaine. Animaux acceptés. Wifi. Sauna.

Dans un cadre montagneux et loin des zones touristiques, à quelques coudées de Foix, ce refuge naturiste géré par Pascaline et Gaétan, a l'efficacité de vous mettre rapidement en mode «off». Sur le terrain, il y a suffisamment d'espace, en dehors des places créées, pour installer une tente ou une caravane, pour se promener en tenue d'Adam et Eve, lire un livre dans un hamac et profiter du calme et de la nature. Un sauna chauffé par un poêle à bois est mis à disposition.

HÔTEL EYCHENNE €€

11, rue Peyrevidal
✆ 05 61 65 00 04
www.hotel-eychenne.com
Ouvert toute l'année. Chambre simple 45 € ; chambre double 55 € ; chambre triple 65 €. Wifi gratuit.

Situé au pied du château féodal au cœur de la cité médiévale dans un cadre rustique et convivial, cet hôtel au charme d'antan est idéalement placé. Au centre de Foix pour découvrir les paysages de montagnes, les châteaux et les grottes qui rayonnent autour et profiter des sites touristiques de la ville. Les chambres sont spacieuses, claires et calmes. Jouxtant l'hôtel, le bar de style authentique et rustique est l'endroit idéal pour les rendez-vous d'affaires qu'entre amis. En été, terrasse très sympa dans la rue piétonnière.

DOMAINE D'ARIGNAC €€

30, route de Foix
ARIGNAC
✆ 06 33 81 49 62
www.domaine-arignac.fr
Accueil vélo. Ouvert toute l'année. Pour 50 personnes. Séminaires. Réceptions et mariages. Wifi.

Emmanuel et Christelle ont fait de leur domaine l'endroit idéal pour l'accueil de grands groupes en vacances ou en séminaires dans le Parc Naturel Régional des Pyrénées Ariégeoises. Tout est prévu, tout est très pro. L'accueil se fait dans un grand gîte de groupe ou dans 4 chalets individuels qui allient confort moderne, décor soigné et cosy avec une vue magnifique sur les montagnes. Ici on aime le sport, les cyclistes et les pêcheurs auront tout pour réparer, se reposer, recevoir d'excellents conseils sur la région. Cuisine pro, détente dans la baignoire balnéo.

HÔTEL LONS €€

6, place Georges-Dutilh
✆ 05 34 09 28 00
www.hotel-lons-foix.com
Chambre double de 76 € à 95 € ; suite de 106 € à 136 €. Petit déjeuner buffet : 11,80 €. Animaux acceptés. Wifi.

Cet établissement est un monument dans le paysage ariégeois, un lieu de rencontres pour décideurs, hommes d'affaires, chefs d'entreprises, leaders d'opinion et bien sûr groupes d'amis, voyages organisés… Situé au bord de l'Ariège, cet ancien relais de poste est tenu depuis plus de 40 ans par la famille Lons. Une partie des chambres a vue sur la rivière et l'autre sur la belle et calme place Duthil. Bons petits déjeuners et pour les déjeuners ou diners, il existe une collaboration gastronomique avec le restaurant le XIXe situé à quelques mètres.

L'OUSTAL DE TREVILLE €€

23, rue des Chapeliers
✆ 06 20 04 45 23
www.oustal-de-treville.com
Gîtes de France (4 épis). 600 € la semaine. Animaux acceptés. Wifi.

Tréville, voilà un nom qui évoque Dumas, d'Artagnan et ses 3 compères. Un lien avec cette superbe demeure ? Oui et non… Oui, le capitaine des mousquetaires de Louis XIII a bien été gouverneur de Foix et non, il n'a pas habité ici, dans cet hôtel particulier monumental aux fondations médiévales. La façade est classée et l'escalier est splendide. Ces superbes gîtes pour 5 et pour 4 personnes se situent au pied du château et possèdent une entrée séparée et des jardins privatifs, barbecue, sauna, salle de gym. Idéalement placé au cœur du centre historique.

BRIT HÔTEL €€

✆ 05 61 05 36 10
www.brithotel.fr
Accueil jusqu'à 20 (été jusqu'à 21h). Parking inclus. Animaux acceptés. Wifi.

Au cœur de l'Ariège, les 46 chambres de l'hôtel sont l'étape rêvée avant l'ascension des Pyrénées. Aurelia et Kerry Bertauxt et leur équipe chaleureuse vous attendent dans cet hôtel situé à quelques encablures du centre-ville de Foix. Des chambres très confortables, au décor sobre et lumineux avec possibilité d'un troisième lit. Le buffet du petit déjeuner est à volonté. Parking sécurisé et fermé. Petite anecdote, si le hasard vous conduit à Foix au début de l'automne vous pourriez assister au brame du cerf depuis votre chambre. A noter, borne électrique voiture.

LE CLOS CATHALA €€€

lieu dit Cathala ✆ 05 61 68 12 15
www.closcathala.com
Suite de 100 € à 250 €. Petit déjeuner inclus. Parking. Séminaires. Réceptions et mariages. Wifi gratuit.

Au XVIIe siècle, un Capitoul toulousain (sorte d'élu municipal de l'époque) fit bâtir ce magnifique domaine au cœur de la forêt le gratifiant d'une vue époustouflante sur les montagnes et sur un panorama à 360 degrés. Jean-Claude Pereira et Géraldine Portoles en sont maintenant les heureux propriétaires et nous proposent une maison d'hôtes, familiale composée de gîtes et de cinq chambres d'hôtes haut de gamme dans un confort et une décoration soignés. Accueil et service au top dans un endroit chic et cosy. Plaisir du palais dans un palais de verdure. On adore !

LE HAMEAU DU COMTE DE FOIX €€

8, rue de la Rivière - **MERCUS-GARRABET**
✆ 07 85 88 33 72
www.lehameauducomtedefoix.fr
Gites de France. Ouvert toute l'année. À partir de 520 € la semaine.

En pleine nature, 11 chalets vous accueillent entre Foix et Tarascon sur Ariège pour des vacances sportives, mais aussi relaxantes, calmes et confortables loin du tumulte des villes et de l'agitation de notre vie citadine. Les chalets sont de type T2 ou T3 pour 2 à 4 personnes ou 4 à 6 vacanciers. Ils sont de style pyrénéen en bois et pierre ave leur belle terrasse et ont tous le confort qu'on puisse espérer : lit 160, four, réfrigérateur-congélateur, micro-ondes, lave-vaisselle.

PAYS DE FOIX

BLACK PIZZ' €€

6, rue Noël Peyrevidal
✆ 05 61 05 95 11
Ouvert du mercredi au dimanche de 12h à 14h et de 18h à 21h. Pizza de 8 € à 13,50 €.

Il est facile de traduire le nom de cette pizzeria à emporter mais qui propose une toute petite salle de restaurant : la pizza noire ! Pourquoi noire ? Simplement parce que le pizzaiolo fabrique une pâte dans laquelle il rajoute une pincée de charbon végétal qui est réputé pour ses propriétés digestives hors du commun. Bien sûr, on peut commander une pizza avec une pâte plus conventionnelle. Les pizzas sont délicieuses, généreuses en fromage. L'accueil est sympa et décontracté. On trouvera les pizzas classiques et une originale «duo», 2 recettes sur la même pizza.

LE CHAT CHAPEAUTÉ €

24, rue des Chapeliers
✆ 06 49 68 73 24
Ouvert du lundi au vendredi le midi. Service continu. Menus de 11 € à 16 €. Terrasse. Vente à emporter.

Il était une fois à Foix, un chat botté qui a choisi de troquer ses bottes contre un chapeau. Marie avait déjà fait ses preuves dans le paysage gastronomique fuxéen et nous régale maintenant rue des Chapeliers dans son petit restaurant. Marie aime les épices, les graines, les produits bio, frais et bien sûr de saison. Sa cuisine est créative, toute en goûts. Les pâtisseries sont à la hauteur du reste de l'établissement et on peut ainsi se détendre et se régaler pour un thé ou un café dans l'après-midi. Pour les plus pressés, il est également possible d'emporter.

MIAM'ZELLE FOOD €

Marché le vendredi
www.miamzellefood.life
Ouvert le vendredi. Marché de Foix. Vente à emporter.

Après nous avoir régalé à La Cantine, Laetitia Bicheyre est de retour. Mais elle ne régalera pas uniquement les Fuxéens car la voilà désormais au volant de son estafette rose de 1977 sillonnant les marchés d'Occitanie. La liste des délices orignaux et savoureux et longue. Le burger Pyrène est à découvrir. Une richesse de goûts et de textures originales et créatives. Imaginez avant de goûter : pain maison, steak, chèvre frais, ketchup de myrtilles, lard fumé, mesclun, gelée au thym. Les produits sont frais, locaux, de saison et issus de circuits courts.

ENSO DE MARICHOTT - LA TABLE PAYSANNE €

10, carrefour de Ségalas - **DURBAN-SUR-ARIZE**
✆ 05 60 05 98 53 - www.ariegefoiegras.com
Ouvert tous les jours sauf lundi et vendredi midi. Vin au verre. Carte de 11 à 18 euros. Menu le week end. Terrasse.

Cette Table Paysanne menée de main de maître par José et Jean-Luc est bien plus qu'un snack fermier. Le gourmet, dans un esprit guinguette, pourra tout à la fois se rafraîchir avec le jus de pommes de la ferme ou la limonade de Fontestorbes et se délecter des produits isssus de l'agriculture raisonnée. Renard recommande de se régaler avec les spécialités proposées par le chef. Ne pas manquer non plus les spectacles à l'affiche, très souvent en occitan, valorisant l'humour du terroir.

LE 36 €

5, place du 8 mai 45
Ouvert du mardi au samedi de 8h à 18h. Menus de 8,50 € à 15 €. Formule du midi : 11,50 € (plat+dessert). Terrasse.

36... quai des orfèvres ? Maigret ajuste sa pipe et franchit l'une des deux portes du nouvel établissement fuxéen d'Isabelle Marty et plonge au cœur de cette tartinerie, biblipolar, librairie ou l'on soignera les nourritures terrestres et spirituelles pour les déjeuners ou pour le goûter grâce aux pâtisseries de Sophie. Concept simple : soupe, tartine ou omelette accompagnée d'une salade. Tout est maison, produits de qualité. Au centre du restaurant, on verra le sous-sol et une machine à écrire. Pour le fantôme de Simenon ? Adresse futée et originale.

LE PASSE TEMPS €

21, rue des marchands
✆ 05 34 09 34 27
www.passetempscafe.fr
Du mardi au samedi. Plat du jour : 10 € (entrée+plat ou Plat+dessert : 13€. Complet : 16 €). Vin au verre. Terrasse.

Dans la rue des marchands, il est un endroit où il est bon de passer le temps. Terrasse agréable en léger retrait de la rue, vous êtes dans le lieu où le café est roi. Il y en a pour tous les goûts et les conseils et recommandations de Barista sont précieux. Ce coffee shop/bar/restaurant a rapidement eu du succès dans la cité comtale et on comprend pourquoi. A midi, la cuisine est goûteuse, originale, créative et élaborée à partir de produits frais et souvent locaux. Certains soirs de week-end, apéro concert. Fort de son succès, la réservation est indispensable.

PEPPO'S PIZZA €

19, rue Bayle
✆ 05 61 01 89 93
www.peppos-pizza.fr
Ouvert mardi soir ; du mercredi au dimanche le midi et le soir. Pizzas de 3 € à 11 €. Terrasse. Vente à emporter.

Deux frères napolitains, Diego et Luca De Peppo, au commande de cette pizzeria aux goûts exceptionnels en face de l'entrée du jardin public. Accueil chaleureux aux accent chantants de l'Italie. Les deux « fratelli » proposent de vraies pizzas artisanales à la mode napolitaine. Tout est authentique ! Les ingrédients arrivent directement du sud de l'Italie, la pâte est fabriquée à la main avec des techniques traditionnelles et elle cuira dans un véritable four à bois napolitain. Les pizzas sont faites avec une base à la tomate ou une à la crème. *Forza napoli !*

LA PIZZ €

16 ter, avenue du Général-Leclerc
✆ 05 61 64 98 07
www.lapizz-foix.com
Ouvert toute l'année. Du lundi au samedi midi ; du mardi au dimanche le soir. Distributeur. Chèque Restaurant. Terrasse.

À l'entrée de Foix, le restaurant vous accueille à midi ou le soir. Si vous préférez une soirée pizza devant la télé, un match ou un jeu vidéo, pas de problème, La Pizz est encore là, mais chez vous et sans supplément. Les pizzas sont copieuses, délicieuses et originales. Les glaces sont de chez Häagen-Dazs et vous pourrez bénéficier de la carte de fidélité si vous venez au restaurant. Envie de changement ? Et pourquoi pas un burger ? Les non fuxéens pourront se régaler dans les distributeurs automatiques de Foix, la bastide de Sérou et Rieucros.

LE 19ÈME €€

2, rue Théophile-Delcassé
✆ 05 61 65 12 10
Ouvert du lundi au samedi le midi. Menu enfant : 9,50 €. Plat du jour : 9 €. Chèque Restaurant. Wifi.

© LE 19 EME

Immenses salles, couleur taupe tendance et bar tout en couleurs. Les nombreuses tables favorisent une convivialité de proximité avec les autres convives. Laure sait s'entourer d'un personnel compétent et souriant qui participe à la convivialité de l'endroit, les gens viennent surtout au XIXe siècle pour la cuisine faite maison. Nous sommes dans une maison qui, depuis plus de 25 ans, est attentive à transformer le moment passé ici en un moment de détente et de plaisir. La terrasse ombragée vous permet de voir couler l'Ariège et profiter de la vue sur le Pech.

LES 1001 NUITS €€

4, rue des Salenques ✆ 06 89 88 29 91
www.mille-et-une-nuits.eatbu.com
Ouvert toute l'année. Du jeudi au mardi le midi ; du jeudi au mardi le soir. Menus de 13 € à 25 €. Menu enfant : 10 €.

D'autres contes comptent désormais parmi les comtes de Foix. Qui n'a jamais entendu parler des 1001 nuits ? Des tapis persans ornent les murs. Ce restaurant ne vous racontera pas d'histoires tant sa propriétaire Mahtab est passionnée et passionnante. Elle est iranienne, mariée à un Ariégeois et raconte avec délices l'Iran, sa culture et la cuisine de son pays. Les plats sont savoureux et le buffet d'entrées est un moyen intelligent de partir à la découverte de plusieurs spécialités douces ou épicées aux parfums d'Orient. Les produits utilisés sont frais et bio.

LES 4 SAISONS €€

11, rue de Lafaurie
✆ 05 61 02 71 58
Ouvert du lundi au samedi le midi ; le lundi, le vendredi et le samedi le soir. Chèque Restaurant.

L'établissement propose des crêpes, galettes et surtout des cuissons sur pierre. On pose sur la table une pierre, rectangulaire préalablement chauffée et sur laquelle on pose des aliments prédécoupés et finement émincés. La cuisson est donc personnalisée et, surtout, sans aucune matière grasse. Les viandes sont accompagnées de quatre délicieuses sauces. Si vous préférez des galettes de sarrasin, vous découvrirez quelques originalités telles la galette au jambon serrano ou la galette ariégeoise : aiguillettes de canard, formage de Bethmale, pomme de terre.

AUBERGE LES MYRTILLES €€

Col des Marrous - **LE BOSC** ✆ 05 61 65 16 46
www.auberge-les-myrtilles.com
Été : ouvert du mardi au samedi soir ; du mardi au dimanche midi. Réservation recommandée. Menu à 26 €. Terrasse. Vue.

Toujours le même coup de cœur pour ce chalet montagnard tenu par Grégoire et Caroline Monnot. Cette auberge forestière, à 1000 m d'altitude, peut s'enorgueillir de son superbe panorama sur les Pyrénées. La salle du restaurant offre un nappage beige, des bougies, la chaleur du bois blond pour une tonalité majeure de raffinement. La cuisine navigue entre les spécialités ariégeoises et savoyardes : cassoulet, confit, azinat, tartiflettes, fondues, croustades, tarte aux myrtilles... La décoration intérieure mêle modernité et antiquités aux boiseries de l'Auberge.

AUX BUFFETS FUXÉENS €€

Galerie marchande Intermarché
✆ 05 34 09 80 00
www.auxbuffetsfuxeens.fr
Ouvert du lundi au samedi le midi. Menus de 13,90 € à 19,90 €. Menu enfant : 6,90 €. Terrasse.

L'établissement fait partie de l'Intermarché de Foix, directement accessible depuis la galerie marchande. L'ambiance est plutôt celle d'une brasserie traditionnelle, présentation sous forme de buffets pour les entrées et les desserts. Il y en a pour tous les goûts et tous les appétits, de la simple formule buffets d'entrées et de desserts à des menus pour les appétits ariégeois avec grillades ou poisson. Le rapport qualité-prix est excellent. Les produits utilisés proviennent des producteurs et des fournisseurs choisis pour leur qualité et leur proximité.

BAR AUBERGE MIRANDA €€

36, rue Labistour
✆ 05 61 65 07 40
Fermé le soir sauf réservation. Ouvert du lundi au samedi le midi. Formule du midi : 15,90 €. Terrasse.

Vous allez aimer voyager dans le temps chez Philippe Montié. Bâtisse du XVIIe avec ses colombages. Les plafonds de bois dominent un comptoir massif reposant sur de véritables fûts ; aux murs d'anciennes photos et des peintures représentant les blasons des cités ariégeoises. Vous pourrez vous désaltérer en salle ou sur l'une des 2 terrasses et découvrir une cuisine de terroir simple et authentique : des salades composées, plats du jour. Nous vous invitions à découvrir la carte des bières belges. Une adresse incontournable l'authenticité et les parfums d'antan.

CAFÉ DU COMMERCE €€

9, place Saint-Volusien
✆ 05 61 65 02 56
Brasserie à midi. 17 € (3 plats. 15€ 2 plats). Terrasse.

Ce bar à vin restaurant est situé place Saint Volusien. La terrasse donne une belle vue sur la cathédrale et sur cette place très animée. La façade, verte et bois à l'ancienne, rappelle les bars de villages. Les tables sont en hauteur et les chaises colorées oranges et vertes. C'est un lieu convivial et festif où l'on aime le rugby et les copains. Soirées à thème (Saint-Patrick et fête de la Musique, par exemple) ou les rencontres entre amis en semaine. Cuisine délicieuse et familiale. Tous les plats sont maison, les frites sont faites à la graisse de canard.

LE BISTRONOME €€

19, rue des marchands
✆ 05 61 64 00 64
www.le-bistronome.fr
Ouvert du mardi au samedi midi ; vendredi et samedi midi et soir. Formule midi : 14,90 €. Chèque Restaurant. Terrasse.

Voilà un lieu de grande bistronomie. Dans le coeur du centre historique vous découvrirez une cuisine faite maison, originale, élaborée avec talent à base de produits frais par Jean-Christophe qui a l'expérience d'une cuisine étoilée. La présentation des assiettes est soignée et originale. L'accueil sympa à souhait. La salle, malgré sa petite taille, peut accueillir une vingtaine de couverts et surtout, en été, vous profiterez de l'agréable terrasse en retrait de la rue. Il n'y a aucune nuisance. Spécialités risotto de seiches, papeton d'aubergines...

LE CLOS CATHALA €€

lieu dit Cathala
✆ 05 61 68 12 15
www.closcathala.com
Ouvert toute l'année. Du mardi au dimanche le midi ; du mardi au samedi le soir. Menus de 30 € à 50 €. Jardin. Terrasse.

Aux commandes de la table d'hôtes, Géraldine Portoles, qui n'est pas une inconnue de nos guides car elle nous a régalés aux Remparts de Mirepoix, faisant de cet établissement un lieu incontournable de la gastronomie ariégeoise. Les salles sont accueillantes, le jardin relaxant, et la cuisine est à la hauteur de nos attentes, en produits frais, locaux ou du jardin ; la carte changeant tous les jours selon l'inspiration et dans l'esprit d'une table d'hôtes. On peut dormir sur place dans de douillettes chambres. Une excellente adresse devenue une grande adresse.

DON CAMILLO €€

108, chemin Rambail

✆ 09 74 19 08 09

Ouvert tous les jours de 12h à 13h30 et de 19h à 21h30. Réservation recommandée. Formule du midi : 11 €. Terrasse.

Fort de son succès à Pamiers, la famille Palmerio a ouvert un restaurant dans la cité fuxéenne, dans la zone Peysales (à côté du Lidl) plus exactement, très pratique pour se garer. Bâtiment moderne avec 2 grandes salles immenses à la déco design et végétale et aux chaises chamarrées. La multitude de lustres colorés permet de garder une ambiance cosy. Pas de carte, on flashe un QR code pour afficher la carte. Accueil très pro à l'entrée. Cuisine ouverte et superbe four à pizzas. La qualité est au rendez-vous et le service est irréprochable. Buona fortuna !

LE GUARANA €€

3, rue de la Faurie

✆ 06 05 89 12 99

Ouvert du mardi au samedi. Menus de 18 € à 20 €. Menu enfant : 10 €. Terrasse.

La guarana est le nom d'une plante brésilienne, connue pour son pouvoir énergétique. Cette énergie dynamisante est ressentie une fois la porte du restaurant, franchie notamment grâce à l'accueil de Giuliana. La carte propose des spécialités italo-brésiliennes. En cuisine Reda. Le couple a vécu quelque temps en Espagne, en Italie, au Brésil, au Maroc, le résultat est une cuisine délicieuse et recherchée. En été la terrasse dans la rue piétonne permet de profiter de l'ambiance du centre historique. Est-ce nécessaire de préciser que la réservation est conseillée ?

ET POURQUOI PAS ? €€

25-27, rue de la Faurie

✆ 05 81 29 68 51

Ouvert du vendredi au lundi de 12h à 14h et de 19h à 21h ; le dimanche de 12h à 14h et de 19h à 20h30.

Cet établissement propose une cuisine originale et créative. La décoration est moderne, lumineuse et chaleureuse. Les menus du jours sont variés et associent des parfums quelques fois exotiques sans oublier les classiques régionaux tel le magret de canard et ses frites maison. La carte propose également un menu surprise où le chef vous concoctera quelques spécialités selon ses produits et sa créativité. Les assiettes sont copieuses et présentées avec goût. En été terrasse dans la rue piétonne. À noter, un des rares restaurants ouvert le dimanche et le lundi.

LE JEU DE L'OIE €€

17, rue Lafaurie

✆ 05 61 02 69 39

https://lejeudeloie09.eatbu.com/

Ouvert du mardi au samedi. Plat du jour : 10 €. Entrée+Plat ou Plat+Dessert : 14 €. Complet 18€. Chaises bébé. Terrasse.

Nouvelle partie au jeu de l'oie. Nathalie et Eric en sont les nouveaux propriétaires, arrivés de la capitale et professionnels de la restauration. La carte est simple par choix et les produits sont dans la majorité des cas de producteurs locaux. Foie gras, entrecôte, burger délicieux, frites maison pomme de terre et patate douce... Plats végétariens proposés. L'ambiance est simple et conviviale. L'accueil est tout en sourire. La cuisine est gouteuse, copieuse, un régal. Terrasse dans la rue piétonne en été. Bon vent dans cette nouvelle aventure ariégeoise.

AU GRILLADOU €€

7, rue de la Faurie

✆ 05 61 64 00 74

www.restaurant-foix-augrilladou.fr

Haute saison : ouvert tous les jours le midi et le soir. Menus de 15 € à 30 €. Chèque Vacances, Chèque Restaurant.

Au cœur du vieux Foix, dans une rue piétonne, une cuisine du sud, et tant à l'intérieur qu'en terrasse l'environnement coloré, chaud et parfumé nous le rappelle. Le chef vous proposera des plats simples, élaborés sur place avec des produits frais, locaux. Vous vous délecterez des salades, qu'elles soient campagnarde, montagnarde ou chèvretine à moins que vous ne préfériez manger des pâtes fraiches maison, la gamme déclinée est impressionnante ou bien commander une de ses célèbres et délicieuses pizzas qui vous feront voyager. Une valeur sûre.

L'ATLAS €€

14, place Pyrène

✆ 05 61 65 04 04

Ouvert le lundi et du jeudi au samedi le soir ; du jeudi au lundi le midi. Accueil des groupes. Terrasse.

L'Atlas rencontre les Pyrénées sur la place Pyrène. La cuisine est savoureuse et copieuse, les épices sont dosées avec justesse. L'accueil souriant d'Atika, toujours de bonne humeur, est également un véritable délice. La salle est lumineuse mais intimiste le soir, au décor bordeaux chatoyant, sans surcharge et pierres apparentes avec une nouvelle fresque métallique et moderne ; dès les beaux jours on déjeunera sur la terrasse qui donne sur la place. Les pâtisseries sont maison et sont à accompagner d'un gouleyant thé à la menthe. Rapport qualité prix excellent.

LA MAISON DU LAC €€

Route d'Amplaing
MERCUS-GARRABET
✆ 05 81 29 54 17
Ouvert vendredi au dimanche 18h à 21h. Réservation recommandée. Terrasse. Animations. Grand parking. Animaux acceptés.

« Nous sommes deux sœurs jumelles… » : voilà une nouvelle affaire de famille à la base nautique de Mercus. A sa tête, les deux sœurs Mélanie et Marion qui ont créé la société Mélarion, du nom que leur donné leur frère car il n'arrivait pas à les reconnaître. Le restaurant propose une immense terrasse avec vue panoramique sur la base et le lac. Les produits sont on ne peut plus locaux puisque certains viennent directement du village. La délicieuse planche de charcuterie est alimentée par « Isabelle et Victor ». Le service est agréable et professionnel.

ÔLALAMA ! €€

25, rue des Marchands
✆ 05 81 49 06 67
Ouvert du mardi au samedi le midi de 12h à 14h ; du jeudi au samedi le soir de 19h à 21h30. Terrasse.

Un lama et des couleurs. Vous ne trouverez pas de lama dans l'établissement mais beaucoup de couleurs. Chaises rouges, jaunes, vertes… La salle est très petite mais très cosy et le service se fait sur des vinyles 33 tours. Les verres sont multicolores. La cuisine est typiquement argentine concoctée par le cuisinier argentin Santiago Bonduri. Vous vous régalerez d'empanadas ou d'une escalope milanaise version argentine. L'escalope est ariégeoise mais vous pourrez déguster l'entrecôte issue d'un bœuf argentin. Certains soirs, concerts pour une ambiance sympa.

CHEZ MARCEL €€

7, rue du sénateur Paul Laffont
✆ 05 61 65 03 61
Ouvert du lundi au vendredi. Menu unique à 17 €. Plat du jour : 8,50 €. Terrasse. Wifi.

Ambiance bistrot d'avant, la fumée des cigarettes de l'époque en moins mais toujours ces bruits de conversations, de tintements de verres ou de fourchettes. Malgré un décor moderne, on sent planer dans ces lieux une atmosphère directement tirée des années cinquante. L'accueil du patron, Marcel Subra, toujours souriant et sympathique, accentue ce côté traditionnel. La cuisine est bien entendu maison, simple, familiale, délicieuse, avec un maximum de produits locaux ou régionaux. Pour les nostalgiques des bistrots, lieux de rencontres d'un quartier.

SAINT-GAYANÉ €€

43, cours Gabriel Fauré
✆ 09 50 82 22 53
Ouvert tous les jours de 10h à 23h. Formule du midi : 13,50 €.

Gayané est le prénom d'une martyre romaine réfugiée en Arménie. C'est surtout celui de la propriétaire de ce restaurant Russe et Arménien. En cuisine sa maman concocte chaque jours plats et pâtisseries et nous fait voyager à travers différentes spécialités telles la Dolma au chou, le Kebab arménien (unique dans la région) viande cuite au tundir, le barbecue arménien typique en creux fait maison, servi avec du pain arménien maison lui aussi.

Côté russe, vous vous régalerez de raviolis ou de la ballotine de poulet moscovite. Bon plan : service tard le soir.

NO NAME €€

1, avenue Lakanal
✆ 09 83 88 55 83
Ouvert du lundi au samedi le midi ; du mardi au samedi le soir. Chèque Restaurant. Terrasse.

Le bâtiment en pierre de taille du début du XIXe siècle est célèbre à Foix, il se dresse fièrement en haut des allées de Vilotte. Bar restaurant en journée avec une belle terrasse protégée de la rue et discrète, exposée plein sud, pour déjeuner au soleil mais également un lieu de fête le soir. La salle est spacieuse sur 800 m^2 et très lumineuse, idéale pour les groupes ou séminaires et pour des soirées endiablées ! Musique, DJ, soirées.. Un des rares lieux qui bougent pour les soirées fuxéennes où l'on peut manger tard et se régaler d'un hamburger ariégeois.

LE SHAMS €€

4, avenue du Général-de-Gaulle
✆ 05 61 03 18 87
Ouvert du lundi au samedi 11h à 14h30 et 18h à 23h ; dimanche 18h à 23h. Midi : 13,50 €. Vin au verre. Terrasse. Wifi.

C'est un restaurant sans prétention mais sacrément bon et à l'accueil sympathique. La salle est assez grande dans les tons rouges, un narguilé trône sur une étagère. Outre les pizzas, les grillades, les mezzes, les salades, bruschettas, et les poissons frais grillés au feu de bois, vous pourrez goûter à quelques spécialités égyptiennes puisque le patron de cet établissement est natif de ce beau pays. Il s'active devant le magnifique et imposant four à bois dans lequel cuisent pizzas aux épices et parfum d'Orient et pains fumants. Les desserts sont faits maison.

LA TASCA €€

16 bis, avenue du Général-Leclerc
✆ 05 61 01 82 47

Ouvert du mardi au dimanche le midi ; du mardi au samedi soir. Vente à emporter. Vente de produits portugais.

Le décor est sobre, l'ambiance est décontractée et la clientèle composée d'habitués. Maria Maciel et Filipe Fernandes sont en cuisine et à l'accueil. Ce restaurant, qui est aussi traiteur, vous propose des spécialités goûteuses et colorées comme la salade de poulpe, la cataplana aux fruits de mer ou au porc et palourdes, sans oublier, bien sûr, la mondialement connue *bacalhau*, la morue ! Préparée « à la mode de chez nous », un véritable délice à déguster avec l'un des sympathiques vins portugais. Adresse futée à découvrir. *Obrigada a Tasca !*

LE VERTIGO €€

21, rue Peyrevidal
✆ 05 61 64 95 36

Ouvert du mardi au vendredi midi et soir et le samedi soir. Réservation recommandée. Chèque Restaurant. Terrasse.

Piloté par Ramon Montandon, le Vertigo est une référence culinaire du centre-ville de Foix. La cuisine est traditionnelle et ariégeoise. Vous découvrirez du foie gras, l'assiette ariégeoise (charcuteries de chez Rouch, fromages et verre de vin), du bœuf, de l'agneau, des compositions terre ou mer, des trios de viandes… les ingrédients sont de grande qualité. Le chef travaille des produits locaux et frais. Les vins sont exposés sur les murs. En été, agréable terrasse. Terriblement bon et efficace. L'accueil et le service sont à la hauteur de l'ensemble.

LE SIAM €€

34, cours Irénée Cros ✆ 05 61 05 27 38

Ouvert du mardi au samedi. Menu unique à 21,20 €. Formule du midi : 14,80 €. Chèque Restaurant. Terrasse.

Nous vous invitons à franchir la porte de ce restaurant au décor sobre et à l'accueil très agréable. Nouveauté cette année une superbe terrasse colorée avec coin bar et espace réservé pour les groupes. La qualité est au top dans ce palais de la cuisine thaïlandaise, vietnamienne et chinoise. Tout est cuisiné sur place, à base de produits frais et de qualité par la Chef Isabelle (poissons frais, légumes locaux…) Les plats sont adaptés aux goûts européens mais si vous le souhaitez Isabelle cuisinera épicé comme en Thaïlande. Cocktails exotiques, thé Thaï…

LE MÉDIÉVAL €€€

42, rue des Chapeliers
✆ 05 34 09 01 72
www.restaurantlemedieval.com

Ouvert du mardi au dimanche le midi. Réservation recommandée. Menus de 26 € à 46 €.

Au cœur de la vieille ville. La salle du rdc est claire, aux meubles modernes et poutres apparentes sur un plafond blanc. Le Chef Eric Lemoine officie en maître dans sa cuisine et Marie-Paule vous accueille en salle, alliant sourire et professionnalisme hors pair. Nous sommes ici dans un excellent restaurant qui propose une cuisine créative teintée d'une subtile influence japonaise. La carte est mise à jour au gré des saisons. Les assiettes jouissent d'une présentation soignée et, vous n'en douterez pas, tout est délicieux. Desserts raffinés.

LE PHOEBUS €€€

3, cours Irénée-Cros
✆ 05 61 65 10 42
www.ariege.com/le-phoebus

Ouvert du mardi au samedi soir ; du mardi au vendredi et le dimanche midi. Menus de 29 € à 59 €. Formule midi : 19 €.

Véritable institution le paysage gastronomique ariégeois. L'établissement est dirigé par le chef Didier Lamotte toujours souriant. Ce restaurant est cité dans de nombreux guides.Tout n'est que raffinements et délices. Le nom des menus donne le ton : priorité au plaisir, goût de l'harmonie, l'essentiel… Surprises, passion, imagination, confiance, accueil sont les vertus de ce grand restaurant. Le service est toujours irréprochable, et l'agréable salle offre la plus belle vue sur le château de Foix. Grand chef, grande table, grands moments de pur plaisir.

L'EPICERIE D'ICI

Le Soule - **BAULOU** ✆ 06 68 87 18 63
https://driverural.fr/
Ouvert le lundi et le mardi de 15h à 19h ; du mercredi au dimanche de 10h à 19h.

Une roulotte en haut d'un champ sur la route Saint Girons-Foix ? Qu'es aquo ? C'est l'antre de Christelle Record, une éleveuse de veaux sous la mère, toujours engagée dans la promotion des circuits-courts et fervente défenseuse du consommer mieux et local. Elle a beaucoup œuvré pendant les confinements et la voilà aux commandes de cette roulotte/épicerie. 89 producteurs pour prouver que l'Ariège propose beaucoup de choses différentes de qualité en alimentation, boissons, mais également des produits cosmétiques, d'hygiène et d'entretien. Arrêtez-vous en passant !

CHARCUTERIE ROUCH

Place Saint-Volusien ✆ 05 61 65 04 62
www.charcuterie-rouch.fr
Ouvert du mardi au samedi de 7h30 à 12h30 et de 15h30 à 19h30.

En Ariège, il y a des institutions comme le château de Foix, la mounjetade, la chasse et... la charcuterie Rouch en boutique et sur les marchés. Depuis 1870, la maison élabore dans les règles de l'art une charcuterie fraîche, sèche ou cuite confectionnée avec des cochons reçus entiers et élevés dans le Sud-Ouest. La boucherie, elle, est exclusivement ariégeoise. Les charcuteries traditionnelles et spécialités ariégeoises de la maison Rouch sont élaborées dans un laboratoire à proximité de Foix. Jambon du pays ariégeois, saucisson sous la cendre, pâtés, cassoulet..

BOULANGERIE HÉBRARD

18, rue de la Faurie
✆ 05 61 65 10 52
Ouvert du lundi au samedi de 8h à 19h.

Foix compte beaucoup de boulangeries, mais celle-ci brille par son passé, son originalité et la qualité de son pain. Cette boulangerie existe depuis plus d'un siècle et se caractérise par la devanture en bois telle une échoppe du Moyen Age. La boutique est petite, elle sent bon le pain, les croissants, la farine... Thierry Massat, le boulanger qui depuis 20 ans est aux commandes, œuvre devant son four à bois de 1901. Et ce qui en sort n'est que délice et douceurs : pains au levain et viennoiseries cuites au bois et la ravaille (pain mal foutu), un pain de tradition.

BRASSERIE DE LA FOURCHE

6, rue du Rival ✆ 05 61 05 91 81
Ouvert du lundi au mercredi 11h30-0h ; jeudi 11h30-1h ; vendredi de 9h à 1h30 ; samedi 11h30-1h30. Terrasse.

Le premier BrewPub vient d'ouvrir à Foix, résultat de la rencontre de Nicolas le cuisinier et Yannick le brasseur. Le bar, microbrasserie artisanale, a planté son décor néo-industriel dans un ancien atelier de ferronnerie et serrurerie. C'est une réussite, ça ne désemplit pas. Nous sommes au cœur du consommer local, les bières sont brassées sur place et les tapas et burgers sont concoctés avec des produits locaux. Pourquoi la fourche ? En occitan ça se dit *foueich*, qui a donné... Foix. Bon vent et bonnes bulles à cette adresse qui deviendra vite incontournable.

PÂTISSERIE MAZAS

16, allées de Villote ✆ 05 61 65 53 84

Ouvert tous les jours et les jours fériés à partir de 7h et jusqu´à 19h30. Tous les jours vente de pains.

Cette maison familiale a été inaugurée le 1er mai 1972. Il y a 50 ans, pour la fête du travail qui est toujours d'actualité car l'entreprise compte une vingtaine d'employés et de nombreux apprentis qui bénéficient d'un savoir faire et d'une transmission digne de l'âge d'or des compagnons. Tout est à base d'ingrédients naturels et de qualité supérieure. Outre les délicieux chocolats maison, vous vous régalerez des croustades, forêts noires, bavarois, éclairs.. Seul fabricant de chocolats à Foix, l'artiste réalise des sculptures en chocolat, véritables œuvres d'art.

NO NAME

1, avenue Lakanal
✆ 09 83 88 55 83

Ouvert toute l'année. Tous les jours. Chèque Restaurant. Terrasse. Restauration. Animations. Concerts.

Pari gagné pour les gérants de l'établissement. Ils ont réussi à faire de leur restaurant-bar-dancefloor LE lieu où il faut être à Foix le soir. Les nombreuses soirées à thème animées amènent une clientèle jeune et branchée dans les 200 m² de la salle du haut et du sous-sol aménagé pour faire la fête. Bon à savoir, le lieu peut être privatisé et accueillir une soixantaine de personnes assises ou une centaine debout. Parfait pour des anniversaires, fêtes privées, clubs sportifs, etc. Animations, concerts live, ambiance vraiment sympa.

CALEE NEZ VOUS

6, rue Bayle
✆ 09 54 23 14 84

Basse saison : ouvert du mardi au samedi de 10h à 19h.

Voilà une boutique qui sent bon et dont le nom résume le concept ! Cocooning, relaxation et parfums suaves... On en perçoit les effluves directement dans la rue. Lætitia a décidé de flatter notre sens olfactif en ouvrant la première savonnerie de la ville. Les huiles essentielles côtoient les savons traditionnels, artisanaux, au lait de chèvre, au lait d'ânesse, à l'huile de noisette, les bougies parfumées ou des bouquets de fleurs... de savon. Pour se faire plaisir, ou pour offrir, ou simplement sentir bon pour se sentir bien, c'est passage obligé dans la boutique !

CAVES SAINT-VOLUSIEN

12, rue du 19-Mars-1962
✆ 05 34 09 85 23
www.grandeshalles-saintvolusien.com
Ouvert du lundi au samedi de 9h à 12h30 et de 14h30 à 19h.

Depuis 1997, cette incontournable cave fait des heureux dans la région ! La famille Dejean est aux commandes. Les vins de France sont évidemment représentés, mais les visiteurs les plus curieux pourront découvrir des vins du monde aux saveurs différentes, aux arômes surprenants. Même chose pour les spiritueux, bien représentés, qui proviennent de France et de Navarre, mais aussi des quatre coins du monde. Des idées cadeaux sont également proposées. A découvrir les fruits et légumes de qualité et au gré des saisons ainsi que les produits du terroir.

DECATHLON

Zone Industrielle Foix-Nord
✆ 05 61 02 06 30 - www.decathlon.fr
Ouvert du lundi au samedi de 9h à 19h30. Sans interruption.

Ce magasin de 4 000 m² propose des équipements et accessoires pour quasi tous les sports, spécialisé dans les sports de nature et de plein air tels le ski, l'alpinisme, la randonnée, l'escalade, la course à pied, la pêche et beaucoup d'autres ! Le magasin offre une large gamme de produits permettant de satisfaire le débutant comme le confirmé. Vous serez conseillé par des pratiquants, véritables spécialistes dans leur catégorie, qui sauront répondre à chacun de vos besoins. Été comme hiver, le magasin est au rythme des saisons et organise des événements sportifs.

COUTELLERIE BOISSET

SERRES-SUR-ARGET
✆ 05 61 64 73 18
Ouvert du mardi au dimanche de 14h à 18h. Gratuit. Boutique.

Nous avions rencontré Éric, il y a longtemps, et c'est désormais Virginie Boisset, son épouse, qui a repris la coutellerie transformant l'acier en une lame fine, tranchante, solide et indestructible grâce à la savante alchimie de la rencontre des 4 éléments. Elle travaille avec des machines centenaires et réalise de véritables œuvres d'art. La partie affûtage se fait à plat ventre, le corps basculant vers l'immense meule permettant d'avoir un maximum de force dans les bras. Pour ne pas avoir froid en hiver un chien vient se coucher sur les jambes du coutellier.

LE GRAND SKÁLI

2, rue Pyrène
✆ 05 61 96 18 56
Ouvert du mardi au samedi de 10h à 12h et de 14h à 18h30.

Un viking sur les terres de Gaston Fébus. 500 ans séparent ces guerriers venus du nord de notre Comte favori. Rien n'indique historiquement que les Vikings aient poussé jusqu'en Ariège mais rien n'indique le contraire. On sait qu'en 848 ils ont pillé Toulouse. Un viking ; Ragnar Alason Rebhi a ouvert son Skali (la maison du chef) dans la cité comtale et propose des articles, reproductions, objets en lien avec la culture Viking mais pas que. Son accueil est vraiment sympa, il est intarissable sur sa passion. Pour les fans de Ragnar Lodbrok et de Björn Cotes de fer.

COUTELLERIE SAVIGNAC

15, rue des Marchands
✆ 05 61 02 90 70
www.couteau-savignac.com
Ouvert du mardi au samedi de 10h à 12h et de 14h30 à 19h. Livraison possible (vente en ligne).

La maison Savignac remonte à la deuxième moitié du XVIIIe. Les ancêtres de la famille étaient maîtres couteliers et fabriquaient des capucins, couteaux traditionnels, simples et très diffusés à l'époque. De nos jours, le capucin a évolué et est devenu un modèle exclusif, nommé « l'ariégeois ». Toute la production est locale. Les manches peuvent être en ivoire ou bois de cerf ou en os de mammouth stabilisé. Tous ces modèles sont prisés des collectionneurs. Découvrez la boutique ou commandez en ligne sur le site Internet. En face, le magasin dédié aux idées cadeau.

LES GRANDES HALLES SAINT VOLUSIEN

12, rue du 19-Mars-1962
✆ 05 34 09 85 23
www.grandeshalles-saintvolusien.com
Ouvert du lundi au samedi de 8h30 à 12h30 et de 14h30 à 19h30.

A l'orée de Foix, face au Camping du lac, vous découvrirez deux fois 400 m² dédiés au bien manger et au bien boire, avec un grand choix de produits frais de terroir et de qualité le choix : fruits et légumes, jus de fruits, confitures, gâteaux, foies gras. S'ajoutent des thés et des chocolats et côté cave, des vins d'Ariège et d'ailleurs du grand cru en bouteille au bon vin au détail, alcools et sur place un sommelier, grand connaisseur de whiskies écossais et japonais !

HAPPY LIFE

7, rue des Marchands
✆ 05 61 65 69 82
www.boutiquehappylife.com
Ouvert du mardi au samedi de 9h30 à 19h. Livraison possible (vente en ligne).

Voici un happy shop tenu par deux charmantes happy women. Helena et Vanessa connaissent la déco sur le bout des ongles et sauront vous conseiller à merveille parmi la multitude d'objets, de meubles, de coussins, d'accessoires disponibles dans ce happy world qui vient de s'agrandir. Boutique en ligne, réseaux sociaux, elles sont partout, toujours actives pour les particuliers mais également pour les professionnels. Elle ont déjà coaché et décoré des gîtes ou des restaurants en Ariège et ailleurs. Une adresse top futée comme on les aime.

LIBRAIRIE-PAPETERIE SURRE

40, rue Delcassé
✆ 05 61 05 05 80
www.surre.fr
Fermé le dimanche.

La seule « grande » librairie de Foix et même de l'Ariège. Au rez-de-chaussée, rayon papeterie et tout ce que cela comporte. Au premier étage, librairie avec coin pour enfants, scolaires, régionalisme, tourisme, art, photo, etc. Livres de poche, livres d'art, le dernier ouvrage sur les Cathares ou l'ancien recueil de poésies d'un poète ariégeois peu connu, c'est chez Surre que vous les trouverez. Sans oublier, évidemment, toutes les éditions du Petit Futé !

OCTANI

41bis, avenue de Lérida
✆ 06 16 70 31 43
www.octani.fr
Ouvert du lundi au vendredi.

Octani se veut être « l'apéritif d'Occitanie ». Ce doux breuvage concocté avec du vin, du miel d'Ariège et des arômes naturels (secrets) a été créé par Patrick Casty, fuxéen bien connu dans le milieu de la nuit et de la restauration. Les bouteilles sont visibles grâce à leur croix occitane dans toutes les bonnes épiceries, commerces de village et certaines grandes surfaces. Bien sûr à consommer avec modération en apéro pur et frais mais aussi en digestif. On peut l'associer à d'autres boissons occitanes : blanquette de Limoux, Quézac, limonade de Fontestorbes

SAVIGNAC MAISON

14, rue des Marchands
✆ 05 61 02 90 70
Ouvert du mardi au jeudi et le samedi de 10h à 19h ; le vendredi de 9h à 19h.

Tout le monde connait la coutellerie Savignac… et bien, c'est en face ! Le bâtiment a un charme fou, à la fois moderne, rétro et médiéval. La vitrine est magistrale et l'intérieur est dominée par une belle verrière dans le pur esprit des années folles. Il faut descendre pour plonger dans une cave voutée médiévale qui nous rappelle les racines moyenâgeuse de Foix. Tout est décoré avec goût, à la hauteur des objets proposés et dédiés aux arts de la table. Qualité rime avec originalité. Il y a un choix incroyable d'articles et accessoires pour la maison et la déco.

BASE NAUTIQUE TÉLÉSKI

Route d'Amplaing - **MERCUS-GARRABET**
✆ 05 61 05 80 50
www.basenautiquemercus.fr
Fermé d´octobre à mai. Ouvert tous les jours. Accès à la plage gratuit. Tarifs différents en fonction des activités.

L'Ariège est habituée aux téléskis ! Celui-ci ne vous amènera ni en haut de la Tute de l'Ours ni au pic de Cadène mais vous procurera des sensations fortes, tout aussi agréables sur la rivière du même nom. Vous serez tracté sur 800 m à la vitesse d'un hors-bord par l'un des plus anciens téléskis de France. Tout est sécurisé, surveillé, un bateau viendra même vous récupérer en cas de galère. Pédalos et paddles sont également disponibles. Le site propose une plage de sable donnant sur une presqu'île, des terrains de volley, un espace pique-nique et barbecue.

L'ESTIVE - SCÈNE NATIONALE DE FOIX ET DE L'ARIÈGE

20, avenue Général-de-Gaulle
✆ 05 61 05 05 55
www.lestive.com
Ouvert toute l'année. Tous les jours. Restauration.

Scène nationale, la salle de spectacle d'une capacité de 650 places diffuse chaque saison, théâtre, danse, concerts… et, en tant que cinéma d'arts, projette des films récents et de répertoire tout au long de l'année. Régulièrement, des expositions de plasticiens et de photographes trouvent place dans la salle d'exposition de l'établissement, ainsi que des rencontres littéraires. Un café littéraire accueille régulièrement des auteurs qui viennent débattre de leur dernier ouvrage.

ORIGIN TERROIR

Route d'Espagne
✆ 05 61 65 96 68
Ouvert du lundi au samedi de 9h à 12h30 et de 14h à 19h.

Depuis 9 ans, Christine et Sylvie gèrent cette boutique située sur la route d'Espagne. Elles en ont fait le temple des produits régionaux et proposent de beaux rayons d'épicerie fine, cave à vins, bières, viandes et charcuteries, fromages, légumes frais, jus de fruits, pains et pâtisseries, douceurs, lait de producteurs locaux produits bio, conserves, bocaux de plats préparés… La liste est très longue… Les produits sont sélectionnés pour leur qualité et sont originaires de l'Ariège ou du Sud-Ouest. La boutique est sympa, l'accueil aussi, bref, on y va !

LIPSTICK

1, rue du 19 Mars
✆ 06 42 81 77 59
Ouvert toute l'année. Le jeudi de 18h à 23h ; le vendredi et le samedi de 18h à 1h30. Restauration.

Paillettes, cabaret, music hall… « Ça c'est Paris » - ? Et non, c'est Foix ! Aline et Tessa, artistes passionnées et spécialistes de l'organisation d'événements ont eu l'idée folle et géniale d'ouvrir un endroit dédié aux spectacles et pouvant accueillir jusqu'à 200 personnes. Un véritable cabaret est né dans la cité comtale. Soirées à thèmes, karaoké, apéro tapas, after work, spectacles pour les enfants autour de L'homme araignée ou les princesses de Disney… Les costumes sont toujours magnifiques, les artistes talentueux. Un véritable lieu d'émerveillements.

CELLES

A 2 km du village, au milieu des bois, se trouve une chapelle qui pourrait rivaliser avec le site prestigieux de Lourdes et drainer des millions de touristes car la Vierge y est apparue, à Jean Courdil, un jeune adolescent, le 28 mai 1686. Ce jour-là, il aperçut une colombe qui se transforma ensuite en une fillette de six ou sept ans, qui lui demanda de ne pas avoir peur puisqu'elle était la Sainte Vierge. Des processions et des pèlerinages eurent lieu en ce site désormais célèbre et l'on attribua à la source miraculeuse de nombreuses guérisons inexplicables. Une association a été créée afin de tenter de redonner à ce sanctuaire son lustre d'antan.

MONTGAILHARD

De nombreux villages en France portent le même nom que ce village avec souvent la même écriture. Depuis 2021 et un décret du Premier ministre, Montgaillard l'ariégeoise est devenue Montgailhard avec un H. Le petit village de 1 500 habitants est en proche banlieue de Foix. Il est visuellement célèbre par le « pain de sucre » qui le domine. Ce lieu abritait le château de Montgrenier qui fut assiégé par Simon de Montfort en 1217 et rasé en 1638. Montgailhard est célèbre pour sa forge à la catalane construite pendant la Révolution française est admirablement réhabilitée au sein du parc bucolique et historique les Forges de Pyrène, village inoublié.

FORGES DE PYRÈNE - VILLAGE INOUBLIÉ ★

route de Paris ✆ 05 34 09 30 60
www.forges-de-pyrene.com/
Du 10 juillet au 31 octobre. Ouvert du mardi au samedi de 10h à 18h. Adulte 6,20 €, enfant 6,80 €, pass famille 32 €.

Cette collection de 56 métiers et plus de 4 000 outils est la plus grande collection des métiers d'autrefois. Les Forges de Pyrène sont comme un livre d'histoire. Le musée vous invite à entrer dans le secret des vieux métiers regroupés autour de plusieurs thèmes : les métiers ambulants, ceux de l'agriculture et de l'élevage, de la vie domestique, de l'habitat, de l'habillement. Les granges animées vous invitent à découvrir les différents ateliers vivants autour de la place du village : le forgeron, l'école 1900, le four à pain, la forge à martinet… Vous découvrirez la dernière forge à martinet en activité, classée monument historique, qui a gardé son aspect d'antan ainsi que son ambiance sombre et mystérieuse. Vieille de 450 ans, avec une existence attestée dès le Moyen Age, la Forge de Montgailhard est à l'origine de la fabrication de barres de fer. A ne pas manquer, la démonstration du fonctionnement de la forge à martinet. Vous partagerez aussi un moment d'émotion à l'espace Ages de la vie où Baptistou raconte sa vie d'Ariégeois à son arrière-petite-fille. Un voyage dans le temps inoubliable... dans un village inoublié. Ici, tout est conçu pour un bon accueil : un grand parking et un chenil gratuit, une aire de pique-nique au bord d'un plan d'eau, un espace de jeux pour les enfants, un auditorium pour vos évènements et même une galerie d'art. Dernières nouveautés : sentier découverte à parcourir en famille et le musée du fer entièrement rénové.

PONT DU DIABLE

MONTOULIEU
Ouvert toute l'année. Tous les jours et les jours fériés. Gratuit.

Entre Montgaillard et Tarascon-sur-Ariège. Le pont du Diable, ou pont Saint-Antoine, est un pont fortifié à deux arcades, qui aurait été construit au XIIIe siècle. Comme il se doit, une légende s'y rapporte : l'architecte ayant pactisé avec le diable ne pouvait finir la construction du pont qu'en échange de la première âme qui le traverserait. Mais plus malin que le Malin, il fit traverser... un chat ! Le diable dépité, tomba dans la rivière. C'est une belle légende que tous racontent ici sur ce pont célèbre... Mais on ne vous dira pas la vérité.

LES 3 BUFFETS €€

9, route de Varilhes
SAINT-JEAN-DE-VERGES
✆ 05 61 01 48 57
Ouvert toute l'année. Tous les jours le midi. 14,50 € du lundi au samedi. 16,50 € les dimanches et jours fériés.

Ce restaurant est basé sur le même concept que le restaurant éponyme de Tarascon qui fut en son temps le premier du genre en Ariège. Trois buffets en version illimitée : un buffet d'entrées, un buffet de plats chauds et un buffet de desserts. La famille Servat est aux commandes, ce qui reste un gage de qualité. Le prix unique du repas se règle à l'entrée de l'établissement. La cuisine et les plats proposés sont faits à partir de produits frais et les desserts et les entrées sont 100 % maison. La terrasse est très agréable pour un déjeuner ensoleillé.

LA BARGUILLERE €€

18, lieu dit Le Pont - **SAINT-PIERRE-DE-RIVIÈRE**
✆ 05 61 65 14 02
www.barguillere.fr
Ouvert du mardi au samedi le soir. Réservation impérative. Vin au verre. Accueil des groupes. Terrasse. Wifi.

Belle adresse dans la vallée de la Barguillère. On est tout de suite happé par chaleur du lieu dont on ressent l'âme. On se croirait chez une amie tellement Anne est accueillante, douce et souriante. L'établissement est un bar, un hôtel et un restaurant. La carte des vins donne la part belle aux vins régionaux avec quelques infidélités du côté de l'Italie notamment. L'auberge est un lieu d'échanges culturels et de rencontres d'expositions photos, soirée thématique, concerts. Adresse authentique, naturelle, véritable lieux de vie et d'animations de la vallée.

ROSE ET CACAO

38, route Nationale - **MONTGAILHARD**
✆ 05 61 66 78 56 - www.rose-et-cacao.com
Ouvert du lundi au samedi de 9h30 à 12h30 et de 15h à 19h.

Stephan est un artisan chocolatier et fabrique des tablettes de chocolat à base de fèves de cacao crues, bio et équitables : la criollo. Il utilise également du sucre de fleur de coco, a un faible taux glycémique. Le chocolat produit varie de 97 % à 65 %. Les noms des productions brillent par leur originalité : Alchimie, Authentique, Terre d'orient, Olé, Cru et nu, Bel Amant. Fidèle aux valeurs de l'artisan, les emballages sont à base de cartons recyclés. La boutique est conviviale. On trouve les chocolats dans les épiceries fines du secteur ou en ligne.

FORGES DE PYRENE
LE VILLAGE INOUBLIÉ
ANIMATIONS
AUTHENTICITÉ
DÉCOUVERTE
FORMATIONS &
LLETTERIE EN LIGNE
: 05 34 09 30 60
o@forges-de-pyrene.com
vw.forges-de-pyrene.com
L'AGGLO Foix-Varilhes
Un site de l'agglo Foix-Varilhes
FOIX
ARIÈGE CÔTÉ COUR,
PYRÉNÉES CÔTÉ JARDIN

O BISTROT PYRENE €€

641, avenue de Paris
05 61 04 96 61
https://bistrotpyrene.com/
Ouvert du dimanche au jeudi le midi.
Menus de 18 € à 36 €. Formule du midi : 18 € (entrée+Plat+Dessert). Vin au verre.

Christian Guilhot a eu l'excellente idée de descendre du plateau de Beille pour venir nous régaler dans le restaurant du musée des Forges dans un établissement entièrement rénové en style bistrot, jusqu'à la terrasse qui donne sur la rivière. A noter, une petite salle privative pour les réunions professionnelles. La cuisine est traditionnelle, variée, délicieuse, élaborée à partir de produits locaux et privilégiant les circuits courts. On trouvera ici tous les bons fournisseurs ariégeois. Excellent accueil, sourire et sens de l'humour. Adresse bistrotement futée !

LE POELON €€

14, avenue de Paris
05 61 03 54 24
www.restaurant-lepoelon.fr
Ouvert du lundi au samedi le midi de 12h à 14h.
Formule du midi : 17 €.

Repris depuis quelques années par Sébastien et Anelise Soler, ce restaurant est bien connu des Fuxéens depuis des générations. Le jeune chef est à la hauteur des lieux et concocte de savoureux plats à base de produits locaux et de saison. Pas de carte mais un menu 3 plats ou un choix d'ardoises, entrées, plats et desserts qui changent chaque jour et varient au gré des saisons et de l'envie du Chef. Grande et agréable terrasse pour profiter des beaux jours. Le restaurant propose également l'organisation d'évènements, fêtes de famille, amis...

GAEC DE LA COUME

SAINT-MARTIN-DE-CARALP
06 48 62 46 60
www.gaecdelacoumes.fr
Ouvert le mardi et le vendredi de 17h à 19h ; le dimanche de 10h à 12h. Dimanche, dépôt de pain.

C'est le village de l'écrivaine Isabelle Sandy. Cette boutique ouverte 2 fois par semaine propose des viandes et des produits exclusivement ariégeois élevés dans la vallée de la Barguillère. Aux commandes de cette GAEC, la famille de Marius Fournier, originaire de Saint-Martin. En plus de la race gasconne, des porcs élevés en plein air, on trouvera du miel, du fromage, des jus de pomme et des produits locaux. L'équipe familiale représente d'ailleurs l'Ariège au salon de l'agriculture à Paris. Nous sommes fiers de nos éleveurs. Bonne route à Marius et son équipe.

LES JARDINS DE NANIE

Hameau de Rabaute
PÉREILLE
06 85 74 06 27
lesjardinsdenanie.com
Ouvert le jeudi de 14h à 19h. Et sur les marchés de la région.

Roses rouges, roses jaunes, abricot-menthe, échalotes et oignons, cynorhodons ou mirabelles, fraises, rhubarbe et framboises... Naomie Morez-Pons met de la magie dans ses pots de confitures élaborés au pied de Montségur. De subtiles associations composent ses chutneys et confits. Passionnée de fruits, plus particulièrement en pâtes, mais aussi en confits, gelés ou compote, Naomie cultive, cueille, assemble et concocte de façon artisanale de fabuleux mélanges : pesto d'orties, gelée de Chardonnay ou de vin rouge aux épices...

LA BASTIDE-DE-SÉROU

Située entre le massif de l'Arize et le Plantaurel, cette bastide fut fondée en 1254 par le comte Roger IV de Foix. Parmi les vestiges et monuments, on ne peut éviter la halle et ses trois mesures à grains en pierre, l'église du XVe siècle qui abrite deux superbes sculptures en bois dont l'exemple rare d'une Vierge allaitant, les ruines du château démoli au XVIIe siècle et la tour de Loup. Mais La Bastide-de-Sérou c'est aujourd'hui une ville très dynamique où il fait aussi bon d'y vivre que d'y venir en touriste. Ses atouts sont nombreux : pêche, baignade, vtt, parapente, golf, et dégustations de fromages de montagne, miels et confitures.

ÉCOMUSÉE

Vidallac - **ALZEN**
05 61 02 74 51
www.ecomuseealzen.fr
Basse saison : le week-end de 10h à 18h. Haute saison : tous les jours de 10h à 18h. Adulte : 5 €. Enfant : 2,50 €

Cet écomusée accueille grands et petits pour découvrir une ferme vivante, un jardin avec des variétés locales et des légumes d'autrefois, un four à pain, une habitation typiquement ariégeoise qui témoigne du quotidien des paysans du siècle dernier, une boutique, une table paysanne à base de produits bio et fermiers. A la boutique vous pourrez acheter des créations artisanales locales et pyrénéennes… Enfin, selon les saisons, diverses expositions et animations thématiques vous parleront des outils agricoles, du jardinage, des champignons, de la faune…

FERME DES REPTILES ★

Brouzenac
✆ 05 61 65 82 13
www.lafermedesreptiles.fr/

Fermé en janvier. Haute saison ouvert tous les jours de 10h à 19h. Adulte : 9,50 €. Enfant de 3 à 11 ans : 7 €.

Plus de 200 reptiles vous attendent dans ce lieu original et unique en Ariège. A la sortie de La Bastide-de-Sérou, en direction de Saint-Girons, vers Allières, Pierre pratique dans cette ferme, ouverte depuis 1995, l'élevage et l'exposition de reptiles. Du boa nain au caïman en passant par la tortue hargneuse, vous y découvrirez plus de 70 espèces de tous les continents. La particularité du lieu est de proposer des visites guidées, pendant lesquelles vous comprendrez mieux le mode de vie des reptiles, vous assisterez aux diverses manipulations et démonstrations comme les repas des couleuvres aquatiques. Les plus courageux pourront même mettre un boa ou un python autour de leur cou. Un parc de 600 m² présente librement des tortues géantes d'Aldabra, des tortues d'Afrique et des tortues méditerranéennes et asiatiques. Des bassins accueillent les tortues aquatiques et notamment la cistude d'Europe. Un parcours extérieur est dédié aux lézards : iguanes, tégus, varans. Dans la salle, les dernières améliorations du lieu concernent l'accueil de la tortue feuille Mata-Mata, le vivarium des caïmans et les vivariums des venimeux dont le fascinant mamba vert. Accueil des jeunes en tant que soigneurs du jour avec l'équipe d'entretien. Ils participent aux soins et nourrissage de l'exposition, des salles d'élevage et de la nurserie. Ils manipulent avec un soigneur divers reptiles. La journée s'achève avec attestation de stage et remise des photos de la journée. Il faut venir avec un pique-nique pour le repas avec les soigneurs.

LES TERRASSES DU GOLF €€

✆ 05 61 65 84 82
www.restaurantlesterrassesdugolf.com

Ouvert toute l'année. Haute saison : tous les jours de 9h à 19h (17h basse saison). Formule du midi : 19,90 €. Terrasse.

Marisol Pires tient désormais le restaurant du golf avec en cuisine Jean-Christophe Grousset (rencontré au bistronome de Foix). Ouvert à tout public avec une vue exceptionnelle qui domine le golf et la vallée depuis sa grande terrasse plein sud. On croise donc ici golfeurs chevronnés, ariégeois gourmets et gourmands et touristes qui veulent profiter de cette table élaborée à partir de produits frais et locaux. Une cuisine gastronomique dans une ambiance de bistrot, voilà l'expérience que propose le restaurant Les Terrasses du Golf, dans un cadre agréable.

CAMPING L'ARIZE €€

Route de Nescus ✆ 05 61 65 81 51
www.camping-arize.com

Fermé de novembre à avril. Exposition : mi-ombragé. Chèque Vacances. Aire pour camping-cars. Wifi.

Camping 4 étoiles, en pleine nature, en bordure de l'Arize. Le dépaysement et le calme sont assurés. Des soirées festives, des clubs animés pour les enfants pour de vraies vacances. Pour vous divertir et vous détendre ping-pong, pétanque, volley, basket, aire de jeux, barbecue, plancha, animations, petits concerts, plats à emporter et même pain frais le matin sont à votre disposition. La piscine vient d'être refaite et elle est désormais chauffée. Tarifs spécifiques pour les golfeurs qui pratiqueront à quelques minutes du camping. Egalement chalets, mobil-homes.

CHEZ VICTOR €

333, rue Clovis Dedieu - **CASTELNAU-DURBAN**
✆ 05 61 96 34 02

Ouvert tous les jours en saison. Menus de 11,50 € à 27 €. Formule : 11,50 € (soupe+plat du jour+desssert). Chaises bébé.

Ah voilà une adresse comme on les aime. Au cœur du village, le temps s'arrête quand on franchit la porte. Le stationnement est facile grâce au parking communal situé en face. La devanture rouge semble sortie d'un autre temps. L'accueil est souriant, calme, gentil. Après s'être installé dans une salle classique et authentique, on peut porter son choix sur un des nombreux menus dont les prix laissent pantois. Leur point commun est de démarrer par une délicieuse soupe. La cuisine est variée, locale, de qualité. Ne demandez pas si tout est maison... c'est inutile.

LES BREUVAGES DE PYRENE

Le Village - **MONTÉGUT-PLANTAUREL**
✆ 06 77 18 73 53
Ouvert du lundi au samedi.

On vous prévient, il faudra consommer le Sambuc avec modération, c'est la loi. Mais qu'est ce que c'est le Sambuc ? C'est un apéritif bio, fabriqué en faisant macérer des fleurs de sureau (ces gros arbustes fleuris qui font d'étranges baies noires qu'il ne faut pas manger) et il n'y a pas d'ajout d'alcool. Il peut également être consommé en dessert comme un vin doux. La saveur de ce breuvage est douce, légèrement sucrée avec des arômes fruités comme le litchi. La gamme se décline en Framboisine (donc à la framboise) et en Figazil (à la figue du Mas d'Azil).

LA FERME DES PAULIS

Les Paulis
ALZEN
✆ 05 61 64 55 14
Ouvert tous les jours de 9h à 19h. Balade à la ferme en été. Goûter à la ferme tous les jours de mai à octobre.

La ferme est située au pied du sentier menant à la chapelle d'Alzan. Ici Christiant Gabet « fait venir » les canards qui gambadent dans les prés et sont nourris au grain. Le gavage se fait de manière ici traditionnelle, au maïs blanc. Les conserves sont faites également sur place. Il y aussi des abeilles et vous pourrez acheter un délicieux miel de montagne. Tout se visite, on peut goûter, déguster, se détendre avec des gens chaleureux et qui défendent un certain savoir-faire et une tradition que nous nous devons de préserver.

JEAN-MICHEL GUICHARD

Faubourg Sainte-Croix
✆ 05 61 65 81 75
www.guichard-sellier.fr
Ouvert du mardi au vendredi de 9h30 à 12h et de 14h30 à 18h. Lundi et samedi matin sur rendez-vous.

Cet artisan sellier harnacheur fabrique, avec toute son équipe, des selles de randonnée et des harnais d'attelage. Tout est fait à la main, avec un souci de qualité et de manière traditionnelle, le cuir sent bon, il est beau et c'est un réel plaisir de le toucher. Vous pourrez découvrir un magasin où sont exposés la plupart des produits et bien sur, les acheter sur place. Il a conçu une gamme complète de selles de randonnée avec leurs accessoires, passionnés par les différentes cultures équestre à travers le monde il n'hésite pas à s'inspirer de ses découvertes.

EARL EQUIZONES

Accès par la D117, entre Foix et Saint-Girons.
✆ 05 61 64 62 11
www.equizones.com
Ouvert toute l'année. Tous les jours. Balade 2h. Rando à la journée. Poney club Cours d'équitation. Dressage.

C'est dans un superbe site que l'on trouve Equizones. Cette école d'équitation propose des stages et cours personnalisés et revendique une équitation de la légèreté, sous la houlette de Sandra, gérante, titulaire du BEES 1, de l'ATE et du BAFA. Si l'obstacle et le dressage sont deux disciplines-phares, le centre fait la part belle à la rando de 2 heures, demi-journée, ou journée, ça serait dommage de s'en priver, dans le Parc Naturel Régional des Pyrénées Ariégeoises. L'école propose de nombreuses prestations. Voir tarifs sur site web.

ÉCOGOLF ARIÈGE PYRÉNÉES

Unjat
✆ 05 61 64 56 78
www.ecogolf-ariege.fr
Ouvert toute l'année tous les jours de 9h à 17h. Restauration. Boutique.

Premier écogolf de France, c'est un lieu écoresponsable, déployé sur 6ha dans un splendide cadre naturel. Il dispose d'un parcours de 18 trous, d'un *Pitch and Putt*, et d'un circuit de 14 ateliers aménagé sur le *practice*, équipé de 30 tapis dont 10 postes couverts. Vous pouvez donc *swinguer* sur 3 parcours pour tous publics. Une zone sur herbe, un *putting green* et un *green* d'approche complètent l'équipement. Tous les niveaux sont enseignés, dans une ambiance familiale et intergénérationnelle. Avant ou après l'effort, le bar-restaurant Les Terrasses de l'Écogolf.

LAC DE MONDÉLY

Ouvert toute l'année.

Plan d'eau artificiel dont la vocation est de constituer des réserves utilisables pour le soutien des étiages de la Lèze. En toute saison, au cours de votre balade, vous croiserez d'importantes traces et indices de populations animales qui peuplent les bois alentour. La forêt est composée d'arbres naturels ou artificiels, riches en champignons. Vous pourrez aussi observer de nombreuses populations d'oiseaux migrateurs sans oublier les espèces sédentaires. La faune piscicole du lac est quant à elle composée de truites, goujons et vairons.

PAYS DE MIREPOIX LAVELANET

Pays d'art et d'histoire bâti par la nature mais essentiellement par les Hommes. Ils y ont vécu, ils y ont travaillé, ils l'ont protégé, et s'y sont battus pour défendre leurs croyances et leur liberté que ce soit lors de la croisade contre les cathares jusqu'aux guerres de Religion du XVIe siècle. Ce pays est riche de son passé industriel comme le textile qui a brillé du Moyen Âge jusqu'au milieu du XXe siècle, de son patrimoine architectural et la forte présence de l'art roman, l'église de Vals en est un exemple, et la construction d'une multitude de Bastides. Mirepoix et ses couverts sont un écrin dont le joyau est sa place centrale. Les châteaux dits cathares, de Montségur ou de Roquefixade sont construits aux sommets de lieux improbables, montrant ainsi la force et la capacité de l'Homme à résister. De nos jours, le pays d'Olmes jouit d'une station de ski, d'une nature préservée propice aux randonnées à la découverte de son passé.

Pays de Mirepoix
Lavelanet
D325
D6
D306
D306
D625
D106
D76
D50
D6
VALS
AUDE
D119
D106
MIREPOIX
Rieucros
D119
D626
La Bastide-de-
Bousignac
D1
D13
D7
D48
CAMON
D12
D13
D625
D107
Aigues-
Vives
D10
Léran
Lac de
Montbel
D928
D1
LAROQUE-D'OLMES
D16
D28 A
La Bastide-sur-
l'Hers
Le Peyrat
D620
Dreuilhe
Sainte-Colombe-
sur-l'Hers
D10
LAVELANET
D16
Saint-Jean-
d'Aigues-Vives
L'aiguillon
D117
D509
D210
BÉLESTA
Montferrier
D209
D9
Fougax-et-
Barrineuf
D16
MONTSÉGUR
Réserve Biologique
Intégrale des Gorges
de la Frau
AUDE
2 KM

PAGES

●● PAYS DE MIREPOIX LAVELANET

© JULIEN - STOCK.ADOBE.COM

Château de Montségur.

BÉLESTA

Située à quelques kilomètres de ce charmant petit village traversé par l'Hers-Vif, la fontaine intermittente de Fontestorbes est, paraît-il, l'une des plus spectaculaires au monde. Elle serait connue depuis l'Antiquité et même Pline l'Ancien la citait déjà dans ses écrits. Curiosité de la nature, le mystère de son intermittence demeure. Bélesta possède également la plus belle forêt de l'Ariège avec des essences particulièrement anciennes. Le nom officiel des habitants de Béléaste est : les Bélestariens mais depuis toujours (c'est-à-dire longtemps) on les a toujours appelés les Cabos en référence à un petit poisson qui vit dans les eaux de la rivière.

FONTAINE INTERMITTENTE DE FONTESTORBES ★

Avenue Fontestorbes

Ouvert toute l'année. Pas d'intermittence. Gratuit.

Bel endroit en été pour associer fraîcheur et lieu insolite ; fraîcheur car situé au bord de l'eau et face à une forêt, insolite car pendant 4 mois les eaux bouillonnantes de cette rivière large de 5 mètres, jaillissent de cette grotte pendant 20 minutes puis le débit baisse lentement et 40 minutes plus tard, le torrent tumultueux est devenu un mince filet d'eau. Un aménagement pique-nique ou snack a été habilement dissimulé dans le bois afin de ne pas dénaturer la beauté des lieux.

LA LIMONADE DE FONTESTORBES

23, route de Fontestorbes

✆ 07 88 17 81 14

http://limonade-de-fontestorbes.com/

Ouvert tous les jours en juillet et août, sur rendez vous le reste de l'année. Visite et dégustation.

© LIANEM - STOCK.ADOBE.COM

Cette limonade est élaborée à partir de l'eau de la fontaine de Fontestorbes. Achetée à la famille fondatrice et relancée avec efficacité par Laurent Michau, elle connaît aujourd'hui une seconde jeunesse. L'eau de Fontestorbes est additionnée de sirop de sucre, d'essence naturelle de citron et de gaz carbonique. On aime ses bouteilles vintage en verre consignées, bouchon de porcelaine et belle étiquette. Ne manquez pas de visiter la fabrique et de savourer ce vrai goût de limonade !

CAMPING LES BUIS** €€

Quartier de la Poésie

FOUGAX-ET-BARRINEUF

✆ 05 34 14 60 69

www.camping.ariege-lesbuis.com

Ouvert toute l'année. Gardé 24h/24. CB non acceptée. Animaux acceptés.

Fougax-et-Barrineuf, situé à 500 mètres d'altitude environ, est un endroit privilégié, au cœur d'une nature de rêve où forêts, rivières, bois, lacs et montagnes invitent à un séjour riche en sensations. C'est là que que Corine et Pascal ont décidé d'aménager un camping à dimension humaine, en pleine nature, afin de vous recevoir. Séjour romantique garanti dans un bungalow rustique, ou en tente inuit pour dormir à la belle étoile abrité d'un baldaquin. Restaurant ainsi que toutes les commodités et aires d'activités du petit village à proximité.

PRÉ DU BONHEUR €€

route de Bélesta - **FOUGAX-ET-BARRINEUF**

✆ 06 85 76 07 03

www.predubonheur.com

Toute l'année du jeudi au dimanche midi soir. Réservation recommandée. Accueil des groupes. Jardin. Terrasse. Parking.

Ce lieu est à la fois une aire de loisir, un restaurant avec terrasse et un minigolf. Les enfants peuvent gambader en toute sécurité dans cet écrin de verdure et autour du plan d'eau. Le minigolf est également verdoyant et très agréable et un parcours découverte et détente vous fera découvrir les arbres du parc. La cuisine est régionale, les produits et les vins sont locaux, les glaces au lait de brebis. Certains soirs, soirée repas concert avec superbe ambiance. À noter que les camping-cars trouveront des places ombragées et une borne électrique.

CAMON

Des restes de fortifications viennent attester l'antiquité de ce bourg et les bâtiments de l'ancienne abbaye remontant au Xe siècle sont encore bien conservés. Sur une hauteur voisine, domine la tour de Montaragou qui date du XIIe, subsistent encore les vestiges des anciens remparts. Camon fait partie de l'assiociation des plus beaux villages de France et se singularise par ses 100 rosiers et plus de 80 cabanes en pierres sèches. La lègende raconte que c'est Charlemagne qui en ordonna la construction. Village composé de trois enceintes, il sera surnommé la petite Carcassonne.

ABBAYE-CHATEAU DE CAMON €€€

3 place Philippe de Levis ✆ 05 61 60 31 23
www.chateaudecamon.com

Fermé du 31 octobre au 1er avril. Chambre de 150€ à 200€. Dîner tous les jours sauf le mercredi 52€. Animaux acceptés.

Hotel de luxe dans un lieu prestigieux, associant confort, service et tradition. L'abbaye existait déjà au Xe siècle à l'époque du petit-fils de Charlemagne. L'extérieur est assez massif et sévère comme tous palais fortifiés du XVIe siècle, l'intérieur, par contre, est purement magnifique et les restaurations ont été faites avec talent et goût. Les chambres sont imposantes, richement décorées. Le restaurant propose une cuisine à base de produits de saison et locaux (fermé le mercredi). L'endroit se prête idéalement pour l'organisation est l'accueil des mariages.

CABANES DE CAMON

3, Place Philippe de Lévis
✆ 05 61 68 83 76

Ouvert toute l'année. Visites guidées en juillet-août. Tous les jours et les jours fériés. Gratuit.

Héritage de la tradition viticole, les cabanes servaient autrefois d'abri et remise aux paysans vignerons. On retrouve réparties sur de nombreuses terrasses environ 120 cabanes, témoins de cette activité disparue. Un sentier thématique permet de découvrir ce petit patrimoine rural tout en appréciant un magnifique panorama. En été, il est possible de se faire accompagner par un guide de l'office de tourisme de Camon qui commentera votre découverte. Le dénivelé ne dépassant pas 150 m, la promenade est accessible à tous, y compris les enfants !

LAVELANET

La ville, au cœur de l'antique pays d'Olmes, est le fief du textile malgré les assauts répétés de la crise économique qui ont frappé cette région de plein fouet. La tradition du textile marque de longue date le pays d'Olmes puisqu'elle remonte au tout début de notre ère. Parmi les monuments intéressants figure l'église de l'Assomption, un vaste vaisseau gothique à quatre travées avec un chœur octogonal. Mady de la Giraudière, peintre naïf de grand talent et native de Lavelanet, a représenté les différentes stations du chemin de croix. L'église de Saint-Sernin de Bensa, dans le quartier du même nom était une possession de Saint-Sernin de Toulouse.

LA PIBOLA*** €€

Le Cazalet ✆ 05 61 68 12 14
www.lapibola.com

Fermé de novembre à avril. Accueil 24h/24. Terrain de 2,5 ha. 60 emplacements. Chèque Vacances. Jeux enfants. Piscine

Entre Mirepoix et le lac de Montbel, sur une colline arborée, Nadine Lucas et Patrick Fauchard vous accueilleront dans leur petit camping familial où se retrouvent petits et grands dans un grand bain de nature. Calme et convivialité y règnent sereinement. Chaque dimanche soir d'été a lieu le le pot d'accueil au cours duquel sont présentées les différentes activités que vous pourrez pratiquer lors de votre séjour. Tout un programme de détente, d'activités de plein air, d'enrichissantes et surprenantes découvertes. Piscine de plein air et chauffée, large terrasse.

MUSÉE DU TEXTILE ET DU PEIGNE EN CORNE ★

6, rue Jean-canal ✆ 05 61 03 01 34
www.museedutextileariege.fr

Ouvert tous les jours sauf le lundi. Pour les groupes ouvert toute l'année sur réservation uniquement.

Filature, tissage, tricotage, apprêts, teinture, peigne en corne, tels sont les différents départements de ce musée installé dans une ancienne manufacture de draps. Ce Musée du Textile et du Peigne en corne nous conte l'histoire de ces deux activités traditionnelles en Pays d'Olmes. Le visiteur découvrira la reconstitution d'une filature de montagne du début du XIXe siècle, d'anciennes machines ainsi que le travail du jais, du peigne en corne et des documents sur la mémoire ouvrière.

SOURCE DE FONCIRGUE

LA BASTIDE-SUR-L'HERS

Ouvert toute l'année. Tous les jours et les jours fériés. Gratuit.

Foncirgue est une source qui a connu son heure de gloire grâce aux thermes réputés pour la qualité de ses eaux. Aujourd'hui, tombée en désuétude, les gens du coin continuent pourtant d'y venir et de boire cette eau. Connue dès l'Antiquité, elle eut son heure de gloire à la Belle Epoque de Carcassonne à Toulouse. On dit que Jean de La Fontaine y est venu prendre les eaux. Et de ce passé thermal il ne reste que deux kiosques en bois construits dans les années 1920 ; l'un d'eux abrite une fontaine ornée de tritons où l'on peut capter l'eau.

LE PRÉ CATHARE €

Rue Jacquard

✆ 05 61 01 55 54

www.leprecathare.fr

Piscine extérieure ; tennis. Réception lundi au samedi 8h à 20h. Terrain 2ha. Animaux acceptés. Aire pour camping-cars.

A deux pas de Montségur, ce camping est doté d'installations pour handicapés. Bibliothèque, piscine, boulodrome, ping-pong et animations sont organisées pour vous permettre de passer de vraies vacances en vous laissant guider.. Point chaud pour se restaurer sur place ou pour emporter. Venez vous ressourcer en Pays d'Olmes au cœur du Pays Cathare ; ici tout est nature, authentique et convivial. Vous découvrirez à pied, à vélo, ou tout simplement en voiture les exceptionnelles richesses naturelles, historiques de ce terroir préservé.

CAMPING DOMAINE DE LA SERRE*** €€

D625 - **AIGUES-VIVES**

✆ 05 61 03 06 16

www.camping-la-serre.com

Fermé du 1er novembre au 14 mars. Terrain de 70 ha. 60 emplacements. Sous conditions.

Coup de cœur pour ce lieu enchanteur animé par Françoise et Robert Bireben parmi les pionniers en matière d'écotourisme et d'environnement. Vous êtes ici au calme et au sein d'une nature préservée, refuge d'une trentaine d'espèces d'orchidées. Emplacement très vastes, chalets et mobile homes. Les aménagements sont faits avec goût, murs en pierre et bois dominent. Terrains de jeux, belle piscine... Un écomusée jouxte le camping avec expositions sur la flore. Sentier pédagogique.

LES 3 BONHEURS €€

20, place Albert Gabarrou

✆ 05 61 01 75 70

Ouvert du lundi au samedi le midi et le soir. Menus de 12 € à 40 €. Accueil des groupes. Terrasse.

Seul le panneau jaune sur la façade informe de la présence d'un restaurant asiatique. A midi le buffet à volonté propose des spécialités asiatiques qui côtoient les charcuteries ariégeoises et autres crudités et il en est de même pour les plats principaux. Le porc sauce thaïe sera en concurrence avec un délicieux civet de sanglier ou un cassoulet. Tout est bon, fait avec talent. Mais qui sont ces fameux 3 bonheurs ? Ce sont les 3 sages chinois : Fuk (haute dignité sociale et abondance), Luk (prospérité et bonheur) et Sau (longévité et santé).

À TABLE €€

63, avenue Léon-Blum

✆ 05 61 64 61 73

Fermé du 15 au 31 août et du 15 au 31 décembre. Ouvert le lundi et du jeudi au samedi le soir ; du lundi au samedi midi.

Si la cuisine reste traditionnelle, elle offre un bel équilibre de viandes et de poissons et toujours dans la qualité. Patrick, tonique et attentionné en salle et en cuisine Corinne, prévenante et efficace. Les nombreux plats au choix changent très souvent et toutes les préparations et tous les desserts sont faits maison. La cuisine est élaborée sur une base de produits frais et locaux. Le plaisir de la gastronomie est renforcé par la déco dans des teintes jaune-oranger, ainsi que de vraies nappes et de vraies serviettes dans une grande salle aux deux arches.

LE THEATRE €€

3 rue Jean Jaurès

✆ 05 34 09 08 45

www.brasserie-letheatre.fr

Ouvert du mardi au samedi le midi de 12h à 14h et le soir de 19h à 21h. Terrasse.

On aime l'atmosphère de cet établissement, le respect du souvenir des temps passés, le bar qui garde tout son charme d'antan et un carrelage qui nous replonge dans les bistrots de notre enfance. Le restaurant propose une cuisine traditionnelle dans une atmosphère cosy avec une carte qui favorise les produits frais et bien sûr locaux. Tout est fait maison, élaboré sur place. Une salle à l'étage dans une ambiance black and white et des fauteuils colorés. Soirée à thèmes. Le service est à la hauteur du rapport qualité-prix. Adresse futée !

LE VOYAGE CULINAIRE €€

52 bis, avenue du Général de Gaulle
✆ 05 81 29 63 60

Ouvert du lundi au samedi le soir ; du mardi au vendredi et le dimanche le midi. Menus de 11 € à 27 €.

Tel le nain d'Amélie Poulain, Globolo, le taille-crayon, et son globe terrestre ont fait le tour du monde. Pour preuve toutes les photos affichées au mur, prises lors de ce grand voyage par les anciens propriétaires du restaurant. Isabelle Augusto a lancé son concept, changé le nom mais a conservé la mascotte, omniprésente dans la décoration et l'esprit du restaurant. Chaque plat invite au voyage vers son pays d'origine. La carte est fraîche et simple, les produits sont locaux et les légumes sont du jardin. On dégustera tapas, grillades.. sur la terrasse ombragée.

LA MAISON €€€

04, avenue du 8 Mai 1945
LA BASTIDE-SUR-L'HERS
✆ 06 37 40 01 83

Ouvert du jeudi au samedi de 12h à 22h ; le dimanche de 12h à 16h. Réservation recommandée. Terrasse. Parking.

Nous sommes ici dans une affaire familiale qui a une longue expérience dans la restauration et qui a exercé avec talent en Ariège. L'accueil est charmant et souriant. Le buffet à volonté du week-end est impressionnant d'originalité et de découvertes. Coquillages frais, poissons, des foies gras, soupe, un vaste choix de charcuteries ariégeoises, des coquillages gratinés, tout ça à volonté, que ce soit dans la formule du midi ou dans les menus. C'est beau, c'est bon, c'est raffiné. Tous les ingrédients pour nous pousser à quitter la maison pour aller à La Maison.

FERME DE GREOULOU

Hameau de Gréoulou
✆ 05 61 01 80 98
www.fermedegreoulou.com

Ouvert tous les jours.

Ce couple d'agriculteurs-éleveurs transforme sa production sur place et exploite 16 ha dans un domaine de 70 ha de forêts et de landes. A la clé d'excellents produits de la ferme à base de canards, poulets, pintades, lapins, porcs et agneaux. Le foie gras reste le produit phare. S'ajoutent magret fumé, cassoulet, saucisson 100 % canard, rillettes de canard aux raisins et à l'armagnac, pintade sauce chasseur, coq au vin, confit de lapin. Pour garder leur saveur d'origine, les conserves sont mises en bocaux de verre, sans colorant ni conservateur.

LE GRAND BISON

70 bis, avenue du Maréchal-Joffre
✆ 09 73 23 37 93
www.legrandbison.fr

Ouvert le lundi et le vendredi de 9h à 18h ; le mardi et le jeudi de 9h à 17h.

Cette brasserie en Ariège évoque le bison peint dans la grotte de Niaux. Marie Guera, la brasseuse des lieux, fait ainsi référence à l'émotion provoquée par ce bison dans son enfance. La bière proposée est artisanale, élaborée avec des matières premières issues de l'agriculture biologique (malt, houblon et sucre) et se décline en Pimprenelle, Perce-neige, CroMignone, Tribale, Fontilla, Flambeuse ou encore Raaahaa ! On trouve les bières en vente directe à la brasserie et dans de nombreux établissements locaux. Cette brasserie est devenue une référence ariégeoise !

BASE DE LOISIRS LE KART'ARE

La Plano - **AIGUES-VIVES** ✆ 05 61 01 31 89
https://karting-ariege.fr

Ouvert toute l'année. Du mercredi au lundi de 14h à 19h. Ouvert le mardi pendant les vacances scolaires.

Entre Lavelanet et Mirepoix, c'est le seul circuit de kart d'Ariège. C'est le premier club de karting en Midi-Pyrénées et le 7e de France pour le nombre de licenciés et l'organisation de courses. Le circuit est homologué par la Fédération Française de Sport Automobile. Il est doté de l'éclairage pour les nocturnes, d'une tour de contrôle, d'une salle de presse, d'une salle de chronométrage, d'une boutique, d'un bar, d'un restaurant, d'un camping et même d'un terrain de paintball !

LES MONTS D'OLMES - STATION DE SKI

1, place Henri-Durant ✆ 05 61 03 89 06
www.montsdolmes.com

Ouvert toute l'année. Tarifs des remontées mécaniques à consulter sur le site Internet car variant selon la saison.

Les monts d'Olmes disposent d'un enneigement conséquent agrémenté d'une batterie de canons à neige. Les pistes sont courtes, mais intéressantes techniquement et très agréables. Idéale pour le ski ou le surf grâce à des aménagements qui raviront les surfeurs. Recharge des forfaits en ligne. Accueil très sympa et patient des caissières. Une station que l'on aime pour son côté familial. En été, descente tyrolienne en VTT, arapaho. Eté comme hiver, découvrez un cadre naturel grandiose.

LAROQUE-D'OLMES

Laroque d'Olmes, qu'on appelle plus généralement « Laroque », a brillé dans le temps par ses usines de textiles qui tournaient nuit et jour. On se souvient encore des eaux colorées de la rivière locale, le Touyre, par les encres directement rejetées. Dans ces temps là, on ne se souciait pas du tout de l'environnement, tout ça a bien changé. La rivière est propre, les truites heureuses et la ville a gardé un charme « industriel ». L'église est à visiter. Depuis Mirepoix, la route vous mènera vers Lavelanet, la station de ski des Mont d'Ormes et le château de Montségur. L'ancienne voie ferrée est également une étape de la voie verte en Pyrénées cathares.

PARC DE JEUX GONFLABLES

Le village
MONTBEL
✆ 06 08 77 28 76

Ouvert tous les jours de 9h à 21h. Enfant (de 4 à 14 ans) : 5 €. Location canoë Kayak. Accueil enfants. Restauration.

Au bord du lac de Montbel, il y a la plage. Au bord de cette plage, à 20 mètres exactement, les enfants découvriront un endroit de rêve pour s'amuser, s'éclater (sans jeu de mots), rebondir, s'amuser... du Happy Splash (toboggan, obstacles divers et pistolets à eau) au toboggan à bosses en passant par la girafe, les bulles de savon, le parcours enchanté... Ils pourront entrer et sortir librement pour se baigner et se rafraîchir dans le lac. Pendant ce temps les parents pourront farnienter au soleil et profiter des crêpes (bretonnes), de poulets rôtis, etc.

FOUNT DE COUSTENO €€

✆ 06 71 47 10 14
www.cousteno.fr

Piscine extérieure, jardin, équitation, sports nautiques. 660 € la semaine. Wifi.

Bilbon et Frodon Saquet ont-ils déménagé de la Comté pour s'installer en Ariège ? On dirait bien quand on découvre ce village de hobbits à Limbrassac. Je vous rassure, les maisons sont à taille humaine et pas à l'échelle de nos amis aux pieds poilus. Le propriétaire des lieux, tel Gandalf, a fait apparaître ce village extrêmement original en pleine nature dans le calme et la beauté de cette contrée. Les habitations sont lumineuses, confortables et spacieuses pour 4 personnes avec terrasse et petit jardin, telles les maisons imaginées par Tolkien. Original !

HÔTEL CASTEL D'OLMES €€

Route de Lavelanet
✆ 05 61 01 04 58
www.hotel-castel-dolmes.fr

Ouvert toute l'année. Accueil 24h/24. Piscine extérieure. Demi-pension. Restauration. Chambre simple de 50 € à 55 €.

Sur la route de Laroque à Lavelanet, à 15 minutes de Montségur, au cœur de la verdure et d'un parc arboré, ce charmant petit hôtel de 16 chambres simples et coquettes, vous accueillera tout sourire. En été, l'agréable piscine dissipera la chaleur accumulée par les longues balades et découvertes du Pays d'Olmes. Si vous n'avez pas fait assez d'exercice, l'hôtel propose une salle de remise en forme. Il dispose également d'une vaste salle de réception pour tous mariages, banquets, séminaires pouvant accueillir 120 personnes ou en bord de piscine.

HÔTEL CASTEL D'OLMES €€

Route de Lavelanet
✆ 05 61 01 04 58
www.hotel-castel-dolmes.fr

Ouvert toute l'année. Tous les jours. Menus de 18,90 € à 24,90 €. Accueil des groupes. Jardin. Terrasse.

Sur la route de Laroque à Lavelanet, le Castel d'Olmes mérite qu'on s'y arrête pour le déjeuner, par exemple. Cet hôtel-restaurant existe depuis plus de cinquante ans et a été repris par Caroline et Vincent Chacon. Cuisine traditionnelle à bas de produits frais, frites maison. À l'extérieur, à l'ombre des palmiers, un grand parking pratique pour se garer. La salle est lumineuse avec des fenêtres en arc de cercle qui donne sur une terrasse d'été. Il organise des cocktails dînatoires sur place pour entreprises ou particuliers. Piscine, 13 chambres.

LA MAISON DE LA MONTAGNE

centre village - **MONTFERRIER**
✆ 05 61 01 05 87

Ouvert du mardi au dimanche de 7h à 19h. Ouvert le dimanche.

Une affaire de famille et en famille. La montagne a désormais une nouvelle maison au centre de Montferrier. Ce véritable commerce de proximité tenu par Didier et Annick se situe dans le bâtiment qui abritait l'office de tourisme. Vous y trouverez des produits artisanaux et locaux, de qualité et responsables. Le lieu fait également office de dépôt de pain, journaux, colis... et c'est également un bar. Elle accueille quelques expositions. Une belle initiative pour faire revivre les villages qui ont tendance à s'endormir doucement. Bon vent à cette maison.

PYRENIO

zone Artisanale
TABRE
✆ 06 29 53 46 54
www.pyrenio.com
Ouvert du lundi au vendredi.

Cette jeune SCOP (société coopérative de production) est un véritable boucher en ligne. Fabrice Calvène, dont c'est la formation, et 3 associées (Sandrine, Karine et Rosa) ont relevé le défi de travailler en circuit vraiment très court. La viande est découpée, préparée, emballée et expédiée sur place, en colis spécialement prévus pour le froid. Vous pouvez vous régaler le jour même de votre livraison. Karine vous aidera à composer votre colis de viandes et de produits locaux : veau, bœuf, agneau, porc sous toutes les formes possibles, miel, moutarde, vin...

BASE NAUTIQUE DU LAC DE MONTBEL

MONTBEL
Ouvert toute l'année. Tous les jours et les jours fériés. Restauration. Plage aménagée, camping avec piscine.

Ce village vaut le détour pour son plan d'eau de 600 ha, 60 millions de m^3 destinés à l'irrigation agricole. C'est le plus grand bassin d'étiage du Sud-Ouest. Un peu plus de 70 ha sont réservés à l'activité touristique. Depuis 1984, le lac a connu une rapide colonisation par les oiseaux. 195 espèces nichent sur ses bords. Site propice aux loisirs : promenades, vtt, pique-nique, voile, location de canoë. Plage de sable qui s'étend au bord de l'eau pour la plus grande joie des estivants.

PISCICULTURE DE MONTFERRIER

24, avenue du Saint Barthélémy - **MONTFERRIER**
✆ 06 58 46 50 10
www.pisciculturedemontferrier.fr
Fermé de septembre à juin. Haute saison : ouvert du mardi au dimanche et les jours fériés à partir de 10h30.

La fario est la truite sauvage des lacs de montagne, celle qui se reproduit en remontant les rivières. C'est la vraie comme on l'aime, un peu de thym, un filet d'huile d'olive tout simplement grillée. Voici une pisciculture artisanale bio au bord du Touyre. Dans un souci de respect de la nature, les bassins d'élevages sont à proximité de la rivière où grandissent truites et saumons de fontaines. Vous pourrez pécher et déguster sur place grâce aux barbecues mis à disposition.

MIREPOIX

Le nom de la cité est lié à la famille des Lévis depuis le XIIIe siècle. En 1209, Guy de Lévis, lieutenant du chef croisé Simon de Montfort, reçut le fief de Mirepoix auquel le nom de la famille fut désormais associé. En 1289, la ville fut emportée par une inondation et reconstruite sur la rive gauche de l'Hers selon un plan en damier. Depuis cette année, la bastide médiévale fait partie des Grands Sites de Midi-Pyrénées et classée «Site Patrimonial Remarquable». Ne manquez pas la cathédrale à nef unique, 2e plus large d'Europe, les couverts médiévaux les mieux conservés du sud de la France et la maison des consuls et ses sculptures uniques.

© PHOVOIR

Façades au cœur de Mirepoix.

CHÂTEAU DE LAGARDE

LAGARDE
✆ 06 82 34 41 28
www.chateaudelagarde.com
Fermé d'octobre à février. Haute saison : ouvert tous les jours. Gratuit jusqu'à 10 ans. Visite guidée.

Lagarde est célèbre par son château que Simon de Montfort donna aux Lévis en 1215. Complètement transformé en 1637. Au XVIIIe siècle, c'était une somptueuse demeure. Il fut détruit à l'époque de la Révolution. 120 ans après avoir été classé Monuments historiques, le château a fait l'objet d'un chantier de restauration. On l'appelle « le Versailles des Pyrénées ». Il se raconte au coin du feu que le roi Louis XVI aurait reproché au duc de ne pas être assidu à la Cour. Ce dernier aurait répondu : « On voit bien que Sa Majesté ne connaît pas Lagarde. »

ÉGLISE DE MANSES

MANSES

Ouvert toute l'année. Tous les jours et les jours fériés. Gratuit.

L'église Saint-Jean-Baptiste-de-Manses, à l'origine prieuré de l'abbaye de Montolieu, possède un vitrail monumental, daté de la fin du XIXe siècle. Il est placé à la croisé du transept, ce qui le rend unique en France, probablement en Europe et peut être au monde. Il s'agit d'une taille de rosace de cathédrale mais en position horizontale, alors que tous les vitraux de cette taille sont généralement verticaux. Oeuvre de Ferdinand Hucher, fils du maître verrier Eugène Hucher, de la Fabrique du Carmel du Mans, il retrace sept scènes de la vie de Jean-Baptiste.

PARC AUX BAMBOUS

Broques

LAPENNE

✆ 05 61 60 52 11

www.parcauxbambous.com

Ouvert d'avril à novembre. Horaires variables. Adulte 7,80 €, enfant 3,80 €.

Dans ce parc de 4 hectares, ce végétal extraordinaire est à découvrir le long d'un parcours empreint de divertissement et de spiritualité. La visite démarre dans un bois centenaire, où l'on frôle les bambous ombrageant les allées. Plus loin, on s'émerveille devant un large bambou parapluie. Par la suite, l'allée des troncs laisse la part belle aux graminées et aux bambous nains. Dans le jardin aux fleurs, d'abondantes variétés rivalisent de couleur et de parfum. Laissez-vous surprendre par la diversité des formes et des couleurs de cette plante ancestrale.

LA FERME AUX BISONS

Coufetery

LAPENNE

✆ 05 61 67 60 74

www.lafermeauxbisons.com

Haute saison ouvert tous les jours de 10h à 18h. Adulte : 14 €. Enfant de moins de 12 ans : 10 €.

Sur ce domaine de 70 ha vivent des bisons, des daims, des yacks, des cerfs et autres espèces animales. Au cours d'une visite d'environ 1h15, sur 5 km de piste à bord d'une remorque tirée par un tracteur, vous observez cette faune au naturel. Sur place : salle d'exposition, salle pédagogique, aire de pique-nique, buvette, boutique et ferme-auberge. Également vente des pâtés, rillettes, daubes, civets, saucissons de la ferme. Accueil adorable de Aida Aleix et de son père Marc au volant du tracteur/remorque bâché par temps de pluie et de soleil. Une visite insolite !

OFFICE DE TOURISME PAYS DES PYRÉNÉES CATHARES

Place Maréchal-Leclerc ✆ 05 61 68 83 76

www.tourisme-mirepoix.com

Haute saison : tous les jours de 9h30 à 12h30 et de 13h30 à 18h. Dimanche de 10h à 13h et de 15h à 18h.

Voilà un office de tourisme qui remplit toutes ses missions avec un professionnalisme que nous nous devions de souligner. La première que l'on attend de ce type d'établissement est l'accueil des touristes, répondre aux demandes d'informations, conseiller un hébergement, un restaurant, une activité de loisir, etc. La deuxième est le lien entre l'office et les professionnels de la branche touristique de la région. Dans les deux cas les missions sont accomplies et réussies !

MIREPOIX ET LES 40 POTIERS

✆ 05 61 67 21 41

www.tourisme-mirepoix.com

Début août, plus de 40 potiers, artisans, venant de toute la France, vous présentent leurs productions et leurs réalisations : poterie culinaire, sculptures, pièces uniques, bijoux en faïence, grès, terre vernissée, porcelaine, œuvres d'art… Couleurs, formes, techniques et textures sont à l'honneur. Vous déambulerez au milieu des artistes et des artisans sur la superbe place des Couverts. Animations pour le public, tour à la corde, four… Ateliers pour enfants.

PAYS D'ART ET D'HISTOIRE

Office de tourisme

Ouvert toute l'année.

Laissez-vous conter le pays des Pyrénées cathares par des guides conférenciers et des animateurs de l'architecture et du patrimoine. Émilie et Sébastien, guides conférenciés, vous accompagne dans Mirepoix pour des visites guidées à la découverte de son riche patrimoine afin de comprendre la ville. Organisées toute l'année sur réservation pour les groupes et en saison pour les individuels à l'office de tourisme. Tous les mercredis soir des mois de juillet et août, laissez-vous tenter par une visite guidée aux flambeaux de la bastide de Mirepoix.

© MAISON DES CONSULS

© MAISON DES CONSULS

© MAISON DES CONSULS

LA MAISON DES CONSULS**** €€€

6, place des Couverts
✆ 05 61 68 81 81
www.maisondesconsuls.com

Ouvert toute l'année. 7 chambres (+ 2 suites). De 95 € à 175 € selon chambre et saison.

Hôtel 4 étoiles, dans une demeure historique située sur la place de Mirepoix. Certaines chambres, équipées de meubles anciens, donnent sur les Couverts avec vue exceptionnelle sur la cathédrale. Elles sont superbes tout en confort et matériaux nobles, mêlant l'authentique aux monde moderne. Salles de bains spacieuses et modernes, elles sont toutes différentes et chacune fait référence à un Mirapicien illustre. Somptueux ! Possibilité planches de charcuterie et fromages de pays.

© MAISON DES CONSULS

© MAISON DES CONSULS

AIRSTREAM & RETRO €€

Bel Repayre - **MANSES** ✆ 05 61 68 11 99
www.airstreameurope.com

Fermé du 1er juillet au 18 septembre. Réservation recommandée. Caravanes de 480 € à 660 € la semaine.

La machine à remonter le temps existe ! Nous l'avons découverte dans ce camping vintage ; où vous logerez dans des caravanes des années 40 à 70 : les célèbres et véritables airstreams. Vous connaissez forcément ces caravanes américaines, arrondies et toutes en métal. Le rêve hollywoodien est à votre portée. Le camping propose un General Store pour vos courses, le bar Apollo Lounge et sa musique sur vinyles, aménagé dans une airstream ; et le Coline's Dinner pour se restaurer (produits locaux, souvent bio, et frites maison), dans une airstream de 1947. Let's rock.

CAMPING-RESTAURANT LA RÉGATE*** €€

Avenue de Montjean - **LÉRAN** ✆ 05 61 03 09 17
www.campinglaregate.com

4 lodges neufs. 11 cabanes sur pilotis. Emplacement + véhicule + 2 personnes (avec 10 A) de 19 € à 25 €. Restauration, épicerie.

Climat audois, pins maritimes, plage de sable… C'est le lac de Montbe sur lequel on aperçoit pédalos, voiliers, planches à voile et dans lequel on peut nager et pêcher la carpe. Le camping bénéficie d'un panorama exceptionnel sur le lac et les montagnes. Il propose de nombreux services et prestations de qualité dignes de ses 3 étoiles. Le restaurant brasserie vous régalera de plats à emporter ou à consommer sur place. Un lieu idyllique repris cette année par Bruno et Roxane.

LE COMMERCE** €€

8, rue Evêché
✆ 05 61 68 20 99
www.le-commerce.fr

Logis. Chambre double de 62,50 € à 76,50 €. Parking inclus. Animaux acceptés. Wifi gratuit.

Adresse incontournable à Mirepoix, connue depuis la nuit des temps, l'hôtel compte trente-deux chambres différentes avec pour dénominateur commun le confort de rigueur attendu. Idéalement situé au cœur de la cité, à quelque pas de la cathédrale. Quand la saison le permet, les petits déjeuners se prennent volontiers sur la terrasse ombragée où trônent de somptueux arbres qui vous protégeront du chaud soleil ariégeois. L'hôtel propose des chambres agréables façon pension de famille au centre de la cité. L'accueil est toujours agréable.

DOMAINE DE MARLAS €€

RIEUCROS
✆ 06 76 89 19 84
www.domainedemarlas.com

5 chambres. Chambre double de 85 € à 90 €. Petit déjeuner inclus. Parking inclus. Animaux acceptés (10 € par nuit).

Ce beau domaine situé dans une bâtisse du début du XIXe siècle propose 5 chambres d'hôtes et 1 gîte de charme pouvant accueillir 9 personnes. Fanny, Jérôme, leurs enfants et leurs animaux (chevaux, ânes, chèvres, chien et chat) vous réserveront leur meilleur accueil pour des vacances de rêve. Les chambres sont très spacieuses et possèdent leur propre salle de bain et toilettes. Une suite familiale de 67 m² peut accueillir 5 personnes. Le domaine s'étend sur 13 hectares jusqu'aux rives de l'Hers et la voie verte longe le Domaine. Adresse très futée !

LES GITES DE MIREPOIX - LE PRESBYTÈRE €€

9, cours du Docteur-Chabaud
✆ 06 21 01 17 95

Ouvert toute l'année. Tarifs variables selon saison et hébergement. CB non acceptée.

Situé à Mirepoix au cœur de la cité médiévale en pays Cathare, l'ancien presbytère du village joliment rénové dispose de jardins à l'ancienne, terrasses et autres coins de détente. Vous avez un accès direct aux randonnées, visites culturelles, restaurants gourmands, ateliers d'artisans, rivières, piscine du village, etc. Plusieurs hébergements vous sont proposés : suites de luxe, gites équipés, chambres, cottages, dortoir pour les randonneurs du Chemin de Saint-Jacques-de-Compostelle.

TERRES DE BARRÉJAT €€

Barrejat
✆ 06 73 68 53 45
www.terresdebarrejat.com

Chambre double de 48 € à 69 €. Gite à 1 150 €/semaine. Animaux acceptés. Restauration (table d'hôtes 25 €).

Dans leur ancienne ferme, Nadine et Stéphane vous accueillent en gîtes et chambres d'hôtes de charme. Aménagées avec soin, les chambres d'hôtes sont claires, spacieuses et possèdent toutes salle d'eau et wc privatifs. Le gîte est totalement équipé et l'ensemble peut ainsi accueillir une grande famille. Un petit déjeuner gourmand vous sera servi dans la salle à manger ou sous les arbres. Vous pourrez y déguster confitures et tartes maison, fruits, pains frais et viennoiseries. Le jardin et la piscine vous offriront des moments de répit…

HÔTEL RELAIS MIRA PEIS €€€

8, rue Maréchal Clauzel ✆ 05 61 60 19 19
www.relaismirapeis.com

Ouvert toute l'année. Chambre de 175 € à 200 € ; suite de 225 € à 250 €. Petit déjeuner inclus. Animaux acceptés. Wifi.

Le Relais est un ancien hôtel particulier, vieux de 300 ans entièrement rénové avec goût par les nouveaux gérants Julia Bernard et Eric Laurent, tous deux professionnels de l'hôtellerie. La cour intérieure dégage une impression de luxe et de voyage dans le temps. Les portes sont en noyer massif, de style Louis XIV, et le superbe escalier conduit aux 5 chambres et aux 3 suites. Elles sont toutes spacieuses et disposent de tout le confort que l'on peut attendre de cette gamme d'hôtel.

LE CHAPELIER FOU - THE MAD HATTER €

34, place Maréchal-Leclerc
✆ 05 61 69 38 86

Ouvert toute l'année. Haute saison : le lundi de 7h30 à 22h ; le mardi et du jeudi au dimanche de 9h à 22h. Terrasse.

« Hello darling. Dou iöu wante tou ite un angliche brique feuste ? »... Difficile de retranscrire notre accent français si charmant... Le fox devient aussi fou que le chapelier d'*Alice au pays des Merveilles*. Ce salon de thé, petit restaurant situé sous les couverts, à côté de la halle, propose un snack traditionnel anglais. Petits déjeuners (breakfast), bagels, hamburgers... C'est pas cher, c'est un peu dépaysant, loin de la culture occitane et franchement très sympa. See you soon !

HOTEL RESTAURANT LES MINOTIERS €€

Avenue Maréchal-Foch ✆ 05 61 69 37 36
www.lesminotiers.com

Ouvert tous les jours le soir ; du dimanche au vendredi le midi. Menus de 18 € à 48 €. Terrasse.

Le chef vous propose une cuisine préparée avec des produits frais et régionaux, aux accents du terroir. Tous les jours, arrivage de poissons frais. Une petite boutique vous permet d'acheter des produits régionaux. Cet établissement Logis classé Hotel Cosy 3 étoiles a résolument choisi le registre de l'élégance pour l'accueil et la décoration et celui de la qualité originale pour l'assiette. Une adresse sûre et incontournable à Mirepoix où le Renard n'a jamais été déçu.

SAVEURS DES COUVERTS €

20, place du Maréchal Leclerc
✆ 05 61 68 13 65

Ouvert toute l'année. Haute saison : de 6h à 20h. Menus de 11 € à 15 €. Enfant : 8 €. Plat du jour : 9,50 €. Terrasse.

Concept original pour cet établissement situé sous les couverts de Mirepoix. C'est avant tout une boulangerie-pâtisserie de qualité, un salon de thé (avec un grand choix de variétés de thés, thés verts et infusions) accueillant, et aussi un restaurant. On peut également prendre des petits déjeuners ou des brunchs croisant ainsi les clients venants acheter leur pain, leurs croissants ou leurs chocolatines. On trouve également du cassoulet, du confit de canard et des lentilles maison (assiettes copieuses). Adresse parfaite pour une collation ou repas à toute heure.

LE CASTI €€

48, place Maréchal Leclerc
✆ 05 34 03 32 06

Ouvert tous les jours de 12h à 22h. Chèque Vacances, Chèque Restaurant. Accueil des groupes. Terrasse. Wifi.

Après 70 ans de règne sur la place des Couverts, le café Castignolles, lieu incontournable de Mirepoix, a laissé ses couverts, justement, à une nouvelle équipe. Castigolles est devenu Casti. Tout a été rénové, refait, mis aux normes afin que ce lieu traditionnel soit encore là dans 70 ans. La cuisine est ouverte sur une décoration très moderne, mais attention, la tradition demeure : bar en étain, colombages et pierres apparentes évoquent le passé de l'établissement. A midi cuisine traditionnelle et le soir plats à partager comme tartare au couteau, fromages...

HÔTEL RELAIS MIRA PEIS €€€

8, Rue Maréchal Clauzel ✆ 05 61 60 19 19
www.relaismirapeis.com

Ouvert le dimanche et le lundi à midi ; du jeudi au samedi à midi et le soir. Tapas et cocktails le week-end. Terrasse.

Le Relais est un hôtel particulier vieux de plus de 300 ans situé dans la bastide médiévale de Mirepoix, qui vient d'être rénové avec goût par les nouveaux gérants Julia Bernard et Eric Laurent, tous deux professionnels de l'hôtellerie. La superbe cour intérieure dégage une impression de majesté. La carte est simple et chaque plat est un véritable feu d'artifice de découvertes et de saveurs cachées. Les copieuses assiettes sont un ravissement pour l'œil. Tout n'est qu'élégance et raffinement.

L'IMPÉRIAL €€

9, cours Colonel-Petitpied
✆ 05 61 60 26 25
http://resto.mirepoix.free.fr

Ouvert du mercredi au lundi midi et soir. Menus de 15 € à 23 €. Chèque Restaurant. Terrasse. Vente à emporter.

L'établissement est là depuis longtemps et l'accueil toujours souriant et agréable. Situé sur le boulevard extérieur avec un vrai décor asiatique aux couleurs rouge et safran, bercé par une musique discrète, nous vous invitons à découvrir ce restaurant spécialisé dans la cuisine chinoise, thaïe et vietnamienne. La carte est impressionnante par le nombre de plats proposés. L'établissement propose également la vente à emporter. Les plats sont délicieux et le service est rapide. Aux beaux jours, la terrasse sur le boulevard est très agréable.

LE GRAIN DE SEL €€

17, rue de Vigarozy
✆ 05 61 68 30 71

Ouvert du jeudi au lundi le midi. Menus de 20 € à 32 €. Terrasse.

Une excellente adresse à Mirepoix tenue par une chef réputée. Vous vous régalerez d'une cuisine régionale, familiale et traditionnelle à base de produits frais, dont le boudin aux pommes venant de Raissac. Petit clin d'œil dans les toilettes, le miroir qui est un ancien joug. A l'entrée on vous rappellera qu'ici «on cuisine». Et pas seulement, on épluche, on cisèle, on émince, on poche, on fleure, on déglace... Nous sommes ici au cœur d'une affaire de famille. La maman de Sylviane, Noëlle, est au service et participent également sa fille Eugénie, et Lionel.

L'AUTRE JARDIN €€

28, cours du Colonel-Petitpied
✆ 05 34 02 15 37
www.lautre-jardin-mirepoix.net

Ouvert du dimanche au mardi et le vendredi le midi et le soir ; le samedi soir.

Voilà une adresse qui a su faire son chemin dans le paysage gastronomique de Mirepoix. Emmanuelle et Sébastien ont choisi de quitter leur vie citadine pour se lancer dans la grande aventure de la restauration et ont créé un endroit accueillant, chaud, au décor moderne fait de tables hautes et de chaises perchées. La cuisine ravit nos papilles de plats élaborés à partir de produits frais et de saison. La carte se renouvelle sans cesse au gré des arrivages. A l'extérieur, un grand jardin isole du brouhaha de la place des Couverts pour profiter du calme estival.

HÔTEL-RESTAURANT LE COMMERCE €€

8, rue de l'Evêché ✆ 05 61 68 10 29
www.le-commerce.fr

Logis. Haute saison : ouvert tous les jours. Réservation recommandée. Menus de 19 € à 37 €. Menu enfant : 8 €.

Les traditions sont respectées dans cet établissement où la fibre de la restauration et de l'hôtellerie remonte à plusieurs générations. C'est Frédéric qui est en cuisine et Laurent en salle. Les recettes se sont transmises de génération en génération. La dernière lignée est restée fidèle aux fondamentaux comme l'omelette aux cèpes, le canard, le cassoulet, le foie gras, les gésiers et nombre de plats intemporels de la cuisine ariégeoise. L'hôtel compte 36 chambres confortables.

LA MÉTAIRIE - LE CLOS SAINT-MARTIN €€

Lieu dit Languit - **ARVIGNA** ✆ 05 61 60 45 70
www.restaurantlametairie.fr

Ouvert du vendredi au mardi le midi ; le vendredi et le samedi le soir. Menus de 32 € à 57 €. Formule du midi : 17 €

Nouvelle adresse pour cet incontournable restaurant, à la déco très soignée, situé dans un charmant corps de ferme s'ouvrant sur un superbe parc aux arbres centenaires. Mélanie Zervos a fait ses armes dans des établissements prestigieux, aux côtés de chefs tels que Gilles Goujon et Nicolas Coutant. Elle propose donc de garnir votre assiette avec une cuisine raffinée et originale qui met en avant les producteurs locaux et la recherche des saveurs et du beau. Une table exceptionnelle !

LE PETIT BOUCHON €€

50, place du Maréchal Leclerc
✆ 05 34 02 15 18
Animaux acceptés. Été : tous les jours midi et soir. Chèque Vacances, Chèque Restaurant. Terrasse. Animations. Wifi.

Laurent Cieutat est passé des oiseaux au bouchon, de Mazères à Mirepoix. Il a bien fait. L'ambiance est décontractée, conviviale, détendue. L'accueil est souriant, sympathique et très professionnel. On est tout de suite à l'aise. La cuisine est composée de produits locaux et de charcuteries ariégeoises bien entendu et frites maison ! Il y en a pour tous les goûts. Cuisine inventive, salades copieuses et même pour les aficionados des hamburgers. Une adresse sympa sous les couverts qui vient de s'agrandir en épicerie fine, bistro chic.

LE PRÉLUDE €€

25, place du Maréchal-Leclerc
✆ 05 61 68 11 26
https://leprelude09.business.site/
Ouvert du mercredi au lundi le midi ; du mercredi au dimanche le soir. Réservation recommandée. Terrasse. Animations.

On entend le chant mélodieux des plats qui défilent dans la grande salle et sur la terrasse dès le soleil revenu. On sent dans les menus et la cuisine une influence espagnole venant de l'autre côté des Pyrénées. Gambas, plancha, tapas, charcuterie ibérique… Les produits sont frais et la cuisine est délicieuse mais surtout créative... Aucune fausse note, tout est délicieux, les plats du jour sont soignés sans bémol, l'accueil de Laurence et Marie, charmant. Soirées concerts, ambiance musicale. Bon vent à ce Prélude en majeur.

LE SAINT MAURICE €€

11, place Maréchal-Leclerc
✆ 05 61 68 25 81
Ouvert tous les jours et les jours fériés. Chèque Vacances, Chèque Restaurant. Terrasse. Wifi.

Sympathique brasserie située sous les couverts de Mirepoix tenue par David et Jessica. Elle dispose d'une superbe terrasse qui est chauffée en hiver. La cuisine est régionale, sérieuse et de qualité. On y trouve les plats traditionnels d'une cité touristique mais sans le coup de bambou réservé trop souvent à cette clientèle. Vous dégusterez un cassoulet maison, du magret de canard, du confit… Le service est toujours souriant et symptahique. Une adresse agréable pour déjeuner ou simplement boire un coup et profiter de l'animation de la place.

COTEAUX D'ENGRAVIES

Earl d'Embayourt - **VIRA**
✆ 05 61 68 68 68
www.coteauxdengravies.com
Ouvert du mardi au samedi de 14h à 18h. Visite gratuite du domaine sur rdv le jeudi matin à 10h en été.

La plus ancienne mention écrite relative au vignoble ariégeois date de 1225 et concerne le domaine de Pailhès. Ce sont 10 ha de vignes cultivés en agriculture biologique selon le respect des méthodes traditionnelles et ancestrales : rendements faibles respectueux des ceps, vendanges manuelles, vinification par gravité pour préserver le fruit, tous les vins sont élevés en barriques. La production bénéficie du label bio. Le temps est venu de découvrir « L'Orchidée », « Fleur de cailloux », « Fount Cassat », « Roc des Maillols » ou « L'Esprit des Cimes ».

Mirepoix.

JEAN-PAUL TISSEYRE COUTELIER

1, rue Jean-Jacques-Rousseau
✆ 05 61 03 05 22
www.couteaux-tisseyre.com
Haute saison : ouvert du lundi au samedi. Ouvert le dimanche (sur rendez vous). Livraison possible.
Coutelier d'art, «Meilleur Ouvrier de France». Fabrication artisanale de couteaux de collection, de chasse, pliants, de poche, manche en corne, ivoire, lame en acier au carbone ou inox. Il a obtenu de nombreux prix dans de grands salons dédiés à la coutellerie. Parmi ses réalisations, il faut signaler le couteau pliant Montségur au manche en corne. Les couteaux peuvent être réalisés sur commande, dans les matériaux de votre choix. Un mariage réussi de l'utile et du beau !

LES MARCHÉS

Ouvert le lundi et le jeudi de 7h à 13h.
On parle occitan avant 10h et «english» ensuite. Les produits régionaux foisonnent, les producteurs locaux y sont à l'honneur et la présence des artisans tels le rémouleur, le fabricant de sandales en cuir à vos mesures vous transportent dans ses marchés d'autrefois qui fait que nous ne sommes pas surpris de voir et d'entendre quelques troubadours à l'angle d'une arcade. C'est un marché étonnant où vous pourrez aussi acheter des plantes, des chaises, des motoculteurs et les animaux de la basse-cour. Le jeudi matin, petit marché de producteurs locaux.

ÉQUITERRE

Domaine de Tapia
DUN
✆ 05 61 60 62 22
www.equiterre.fr
Ouvert toute l'année. Du mardi au dimanche.
Ce centre équestre spécialisé dans l'enseignement éthologique vous fera découvrir le cheval autrement. La rencontre de l'homme et de l'animal en pleine nature. Sur près de 100 ha évoluent poneys, ânes et chevaux, dans un environnement sauvage et préservé. Elise vous enseigne la confiance, l'écoute et le respect de l'animal. Elle propose des stages, ateliers et camps d'été pour adultes, enfants et adolescents. Avec sa douceur, sa gentillesse et sa perpétuelle bonne humeur, Elise transmet de vraies valeurs partagées entre éthologie équine et éthologie humaine.

REC FARM - EQUITATION ETHOLOGIQUE

Bastonis
✆ 05 61 68 80 33
www.decorbigny.com
Ouvert toute l'année. Voir tarifs et programmes de stages variés sur le site Internet.
Elisabeth de Corbigny est la «femme qui murmure à l'oreille des chevaux». C'est une chuchoteuse qui éduque les chevaux bien sûr mais, surtout, les cavaliers. Si vous avez le moindre problème comportemental avec votre cheval, ou si vous désirez découvrir cette méthode de compréhension de l'animal, elle vous enseignera comment établir une relation de respect, de confiance et d'harmonie avec votre monture. Elisabeth organise des stages d'une à plusieurs semaines ou en week-end.

MONTSÉGUR

Parmi les lieux les plus énigmatiques de la région, le château de Montségur intéresse les historiens, les chercheurs mais aussi les mystiques en tout genre qui ne cessent depuis des années de « passer à la question » le site. Certains pensent qu'il s'agit d'un haut lieu tellurique et d'autres avancent que le fameux trésor y serait encore bien enfoui. Perché sur un véritable nid d'aigle à 1 216 m d'altitude, vaisseau de pierre suspendu dans le vide, le château de Montségur tutoie l'azur de ses ruines devenues le symbole de la résistance des cathares face à l'oppression des barons du Nord. Montségur est inscrite dans la mémoire collective de l'Occitanie.

MUSEE DE MONTSEGUR ★

✆ 05 61 01 06 94
www.montsegur.fr
Fermé du 1er novembre au 30 avril. Haute saison : tous les jours de 11h à 13h et de 14h à 19h.
En 1965, ce qui n'était alors qu'un dépôt de fouilles devint le musée de Montségur grâce aux membres de la Société spéléologique de l'Ariège. Il présente, sur deux étages, des pièces, en majorité médiévales, datant essentiellement des XIIIe et XIVe siècles. Les témoins archéologiques trouvés au cours des recherches sur le site, plus précisément sur le village ceinturant le donjon, illustrent les activités de la communauté rurale vivant à cette époque dans les domaines civil et militaire. Un salut amical des futés à Fabrice guide passionné et passionnant !

CHÂTEAU DE MONTSÉGUR ★★★

✆ 05 61 01 10 27
www.montsegur.fr

Basse saison : ouvert de 10h à 17h. Haute saison : de 9h à 18h. Gratuit jusqu'à 8 ans. Adulte : 6,50 €.

Venir en Ariège sans voir Montségur pourrait vous conduire au bûcher. Nous sommes ici dans le plus haut lieu du catharisme. Le catharisme, c'est un mouvement chrétien médiéval, qui refuse le dogme de la Trinité. C'est un mouvement qui a profondément marqué le sud de la France au XIIe siècle. Basé sur le christianisme, le mouvement est en partie en opposition au catholicisme – critiquant la richesse ostentatoire et l'abus de pouvoir de l'Eglise romaine.

Situé sur son pog, à 1 207 m d'altitude, le château domine le charmant village et les vallées environnantes. La montée au château se mérite (être bien chaussé), mais ne vous laissez pas intimider par les 5 premières minutes qui sont particulièrement éprouvantes. Une fois arrivé à la stèle dite des cramats, la montée est beaucoup plus agréable, dans un sous-bois relativement frais. Depuis le château le panorama est époustouflant. La visite guidée par Fabrice Chambon est fantastique. Soyons lucides, il ne reste que 4 murs à Montségur. La capacité de conteur de cet universitaire rendra vie à ce lieu austère et tragique. Vous finirez par entendre les bruits de batailles et apprendrez également que ce château n'était pas qu'un édifice militaire, mais également un lieu de vie et surtout, un lieu de résistance face à l'oppression et à l'invasion. Il faudra 11 mois de siège pour que cette citadelle du vertige tombe sous le joug des seigneurs du roi de France. A visiter également, le musée historique et archéologique pour découvrir comment vivaient les habitants du château.

À LA PATATE QUI FUME €€

118bis, rue du Village
✆ 05 61 02 65 07
www.patatequifume.com

Fermé de janvier à mars. Ouvert du jeudi au mardi midi. Le soir sur réservation. Chèque Restaurant. Terrasse.

Au cœur du village, et en dessous du célèbre « Pog » accueillant le château, le restaurant a été rénové par le propriétaire lui-même. D'ailleurs, il aime à dire qu'ici, tout est fait maison… même la maison ! Le bâtiment a la particularité d'héberger le dernier cantou en bois du village. La salle est moderne, mais elle a su garder un côté rustique grâce aux pierres apparentes. Agréable terrasse privée aux grands parasols beiges et jardin caché. La cuisine est traditionnelle et les plats sont faits maison avec des produits frais et locaux de l'Ariège.

RESTAURANT LES SAPINS €€

Route de Foix - **NALZEN**
✆ 05 61 03 03 85
www.restaurant-lessapins.com

Du mercredi au samedi soir ; du mercredi au dimanche midi. Menus 28 € à 38 €. Midi : 18 €. Terrasse.

Une des bonnes tables d'Ariège, distinguée d'une fourchette dans le guide Michelin, c'est au bord de l'axe principal Foix-Lavelanet, à la sortie de Nalzen, que cette magnifique auberge est située à l'orée d'une forêt de sapins. Vous découvrirez dans ce lieu les saveurs d'une cuisine d'une extrême finesse orchestrée par Marie-José Bru et Gilles Sabatier, qui élaborent leur carte selon leur inspiration et les saveurs du moment. L'esprit de la maison est d'utiliser au mieux les circuits courts et les produits locaux. Adresse réputée et incontournable.

VALS

Riche site archéologique occupé vers le IIIe siècle av. J.-C., puis par les Romains et les Mérovingiens. Une superposition de trois églises dans lesquelles vous découvrirez de superbes fresques romanes restaurées récemment s'érigent au centre du village. C'est vers le VIIIe siècle qu'a été fondée l'église rupestre (monument unique en France), taillée dans le roc et construite sur trois niveaux. C'est par une étroite faille d'une quinzaine de mètres que l'on pénètre au cœur du rocher, presque dans une crypte. Quelques marches donnent accès à l'église romane supérieure. Encore un niveau plus haut, la tour demi-ronde abrite une chapelle dédiée à saint Michel.

ÉGLISE RUPESTRE DE VALS ✞ ★

✆ 05 61 68 83 76
www.tourisme-mirepoix.com

Ouvert toute l'année. Tous les jours à partir de 9h et à partir de 19h. Gratuit. Restauration.

Creusée dans un bloc de rocher, cette église rupestre est un joyau d'où il émane une atmosphère toute particulière. A l'intérieur vous pourrez admirer de superbes fresques romanes d'origine catalane. Ces dernières datent du XIIe siècle et présentent des similitudes avec celles de la Catalogne espagnole voisine. Trois périodes de la vie de Jésus sont illustrées. La construction de cette église en trois niveaux en fait son originalité. Un bar-musée archéologique est situé au pied de l'édifice qui vous prolongera le temps de la découverte.

PAYS DE LA BASSE ARIÈGE

Bienvenue dans le pays de la Basse Ariège ! Nous découvrons ici cette immense plaine, riche en agriculture tant la terre est fertile et qui s'étend entre Toulouse et le massif pyrénéen et qui offre une magnifique vue à celui qui vient d'Auterive. Cette plaine suit plus ou moins le tracé de la rivière Ariège, nous faisant voyager de Saverdun à Pamiers qui est la plus grande ville du département, la ville aux trois clochers ceinturée par des canaux émanant de la rivière qui alimentait au Moyen-Âge les teintureries et autres tanneries. La vie et le climat sont à l'opposé de la Haute Ariège ; l'économie est florissante grâce à la proximité de Toulouse, la capitale occitane. D'ailleurs l'unique autoroute du département s'arrête à Pamiers. Jusqu'à Foix, une multitude de petits villages se déploient le long de la route et de la voie rapide, preuve de la densité de la population dans ce secteur.

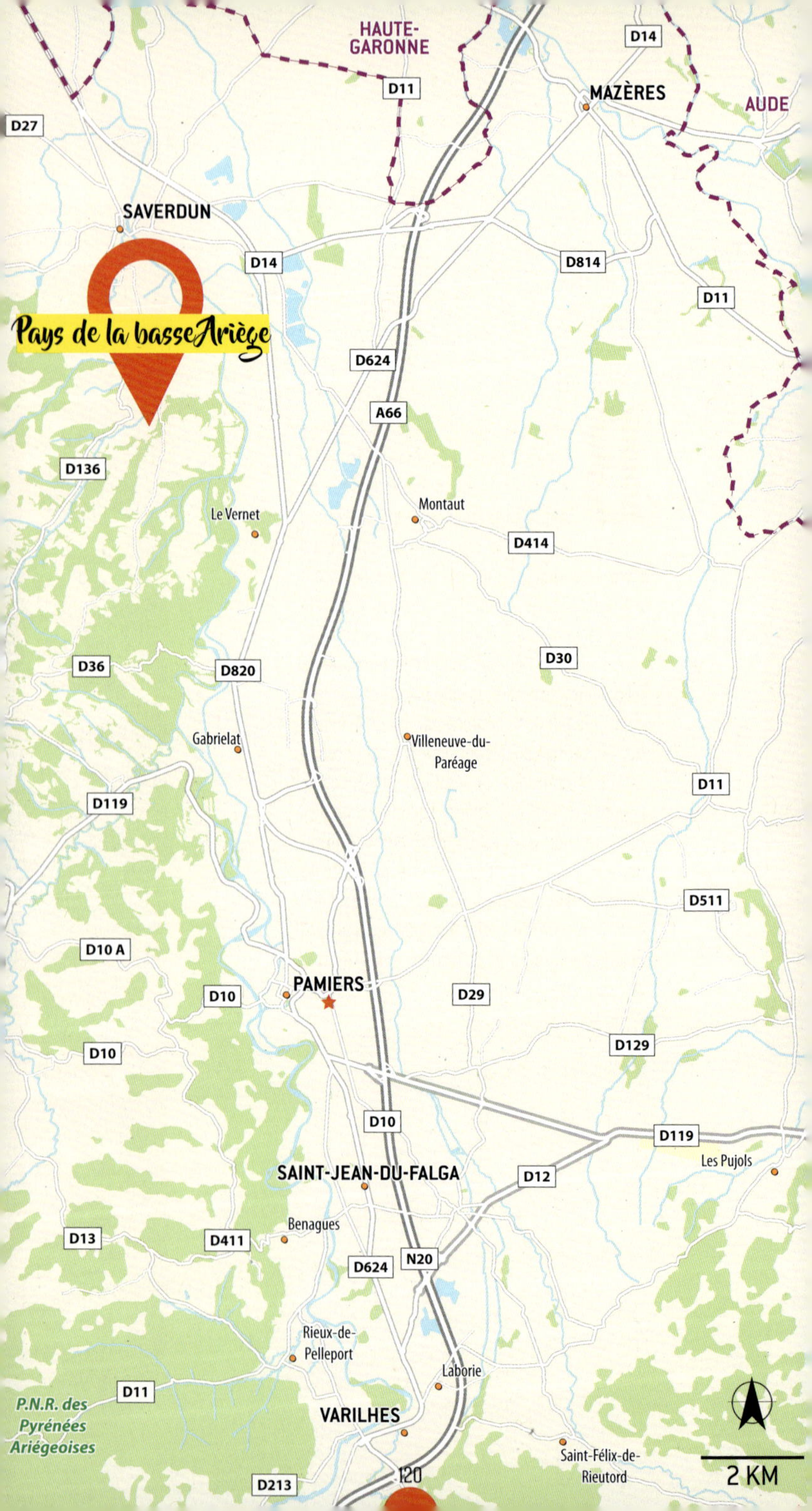

HAUTE-GARONNE
AUDE
D14
MAZÈRES
D11
D27
SAVERDUN
D14
D814
D11
Pays de la basse Ariège
D624
A66
D136
Montaut
Le Vernet
D414
D30
D36
D820
Gabrielat
Villeneuve-du-Paréage
D11
D119
D511
D10 A
PAMIERS
D10
D29
D10
D129
D10
D119
Les Pujols
SAINT-JEAN-DU-FALGA
D12
D13
D411
Benagues
D624
N20
Rieux-de-Pelleport
Laborie
D11
P.N.R. des Pyrénées Ariégeoises
VARILHES
Saint-Félix-de-Rieutord
D213
120
2 KM

PAGES

La cathédrale de Pamiers.

MAZÈRES

Ancien site néolithique, occupé par les gallo-romains puis les mérovingiens, Mazeres devint Bastide en 1253 par acte signé entre le comte de Foix et le monastère de Boulbonne. C'est là que les comtes de Foix installèrent leur résidence et firent construire leur château totalement détruit aujourd'hui. Mazeres fut célèbre aussi grâce à la culture du Pastel, et devint un grand centre commercial incontournable par la fabrication des textiles. Aujourd'hui l'hôtel Ardouin témoigne de cette période, construit au XVIe siècle un magnifique escalier vous conduira à une échauguette d'où vous pourrez admirer la ville, ses caves abritent d'anciens vestiges.

MUSÉE HOTEL D'ARDOUIN

Hôtel d'Ardouin
✆ 05 61 60 24 62
www.ville-mazeres.fr

Ouvert toute l'année. De juin à septembre : du mercredi au dimanche de 15h à 18h. Visites de groupes toute l'année sur rendez-vous.

Ce musée présente l'histoire de Mazères depuis le néolithique jusqu'à notre histoire contemporaine. Un jardin fait dans le plus pur esprit de la Renaissance borde ce beau bâtiment. On découvrira une exposition sur la culture et l'histoire du pastel, des reproductions d'armes médiévales, une exposition permanente « Barbares en Gaule du Sud ». Elle présente les objets issus des fouilles d'une nécropole mérovingienne. Le visiteur est appelé à devenir un véritable apprenti archéologue afin de découvrir quelles étaient les personnes qui ont été enterrées là.

DOMAINE DE MONTAUT €

Le Domaine de MoteLèbre - **MONTAUT**
✆ 05 61 68 34 16
www.domainedemontaut.net

Chambre simple à partir de 29 € ; chambre double 49 €. Location caravane : à partir de 229 €/semaine pour 2 personnes.

Le Domaine de Montaut est une ferme étonnante, les animaux qui la composent vous émerveilleront. Le Domaine expose aussi une collection de vieux outils, tracteurs et bateleuses. L'équipe vous permettra de vous divertir en pratiquant l'équitation, les descentes de l'Ariège en canoë ou les courses en chiens de traineaux. Mais le Domaine de Montaut c'est aussi la pension en gîte rural, en chambres d'hôtes, en dortoir et en camping. En somme, c'est tout un programme qui vous attend ici bien plus qu'une simple nuit dans un hébergement de vacances.

DOMAINE DE GARABAUD** €€

Route de Calmont
✆ 05 61 69 40 80
www.domainedegarabaud.fr

Ouvert toute l'année. Fermé le dimanche. 24 chambres. Séminaires. Réceptions et mariages. Wifi. Restauration.

Situé à deux pas de Toulouse, dans un parc de 8 ha, le Domaine et son restaurant, le Hérisson, vous offrent de larges possibilités d'hébergement : 24 chambres de 1 à 4 personnes (soit 50 couchages), toutes équipées de douche, wc et d'un accès wifi. Piscine, terrain de tennis et terrain multisport. Le restaurant propose tous les midis de la semaine un menu différent à base de légumes et fruits frais et de plats cuisinés maison. Ce lieu est totalement propice aux réceptions, séminaires, mariages et événements et peut accueillir de 30 à 500 personnes.

DOMAINE DU PÉGULIER €€

251, RD29
MONTAUT
✆ 05 61 68 30 65
www.pegulier.com

Chambre simple 85 € ; double 100 € ; suite : 128 €. Petit déjeuner inclus. Restauration : 30 €.

Cette somptueuse demeure du XVIIIe siècle est une ancienne propriété vinicole. Les chambres sont aménagées avec goût. La décoration des salles communes est une pure merveille. Le parc, la piscine, la terrasse vous invitent à un séjour de rêve. Vous pourrez profiter des talents culinaires de votre hôtesse, passionnée du passé historique de la région. L'ancien pigeonnier a été aménagé en gîte, avec 2 chambres et une somptueuse pièce à vivre. Un parc de 3 ha invite à la promenade. Différents endroits sont prévus pour le badminton, le tir à l'arc et la pétanque.

LA FERME Ô DELICES €€

Route de Calmont ✆ 05 61 60 65 30
www.fermeodelices.com

Ouvert du mercredi au dimanche midi ; du mercredi au samedi soir. Plat du jour : 12,50 € (3 plats : 16,50 €). Terrasse.

Dans le cadre bucolique du Domaine des oiseaux, cette ferme-auberge est située à 3 km de Mazères et à 30 min de Toulouse. Elle propose une grande salle de restaurant et une véranda chauffée pour déguster une cuisine du terroir raffinée pleine de soleil. La carte change tous les 4 mois. Même les « petits » auront un menu adapté et équilibré. 4 chambres d'hôtes vous accueillent avec salle de bain et WC individuels, wifi, salon de lecture et clim. 4 thèmes différents pour la décoration : A la ferme, Sous l'oranger marocain, Nuit zen attitude ou encore Conte de fées.

DOMAINE DES OISEAUX

Route de Calmont ✆ 05 61 69 12 97

Ouvert toute l'année. Accès libre. Visite guidée payante sur réservation avec un spécialiste en ornithologie.

Le site est magnifique, et unique en Midi-Pyrénées. Étendu sur près de 100 hectares, il constitue une halte migratoire et un lieu de reproduction privilégié pour la faune ornithologique. Chaque année, au printemps et à l'automne, des dizaines de millions d'oiseaux survolent les Pyrénées pour rejoindre leur destination. Ce domaine constitue une aire de repos et de restauration sur le chemin de leur migration. Sur cette zone humide avec ses 30 hectares de lacs, près de 160 espèces avicoles ont été répertoriées, premier lieu d'observation en Midi-Pyrénées. Ici est implanté un centre de soins pour les oiseaux qui ont été blessés. Lorsqu'ils sont aptes, ils sont réintroduits dans la nature. 6 km de sentiers ont été créés pour vous permettre d'observer échasses blanches, grues cendrées, goélands leucophées, colverts... Deux observatoires sont aménagés à l'affût des allées et venues des oiseaux et un système de surveillance vidéo permet de suivre l'évolution des oiseaux sur un écran géant. Jumelles, longues-vues et autres appareils permettent d'approcher de plus près les oiseaux du domaine. Un guide fournit toutes les explications nécessaires. Il est évidemment conseillé de faire le tour des lacs à pied. Le domaine abrite également une volière d'élevage de cigognes blanches en vue de leur réintroduction. Visitez un petit musée paysan, une grange aux outils agricoles et domestiques anciens ainsi qu'un verger-conservatoire et un pigeonnier restauré. Visite guidée avec repas à la ferme, ou dormez sur place au Domaine de Garabaud.

LA BOUTIQUE DE L'ÉCUREUIL

Porteteny
MONTAUT
✆ 05 61 68 32 98
www.boutique-ecureuil.com

Haute saison : ouvert du lundi au vendredi de 15h à 18h. Sur RDV uniquement.

La noiseraie, au pied des Pyrénées, compte environ 20 000 arbres. Cette entreprise artisanale et familiale exploite la noisette et la noix pour les transformer ensuite en délicieux produits soit en cosmétique, soit en gastronomie. Pour le confort et la beauté du corps, découvrez les huiles de massage, les crèmes de soins ou les shampoings. La visite est basée sur la culture du noisetier, le matériel de transformation de ce fruit, la presse à huile et la fabrication du savon.

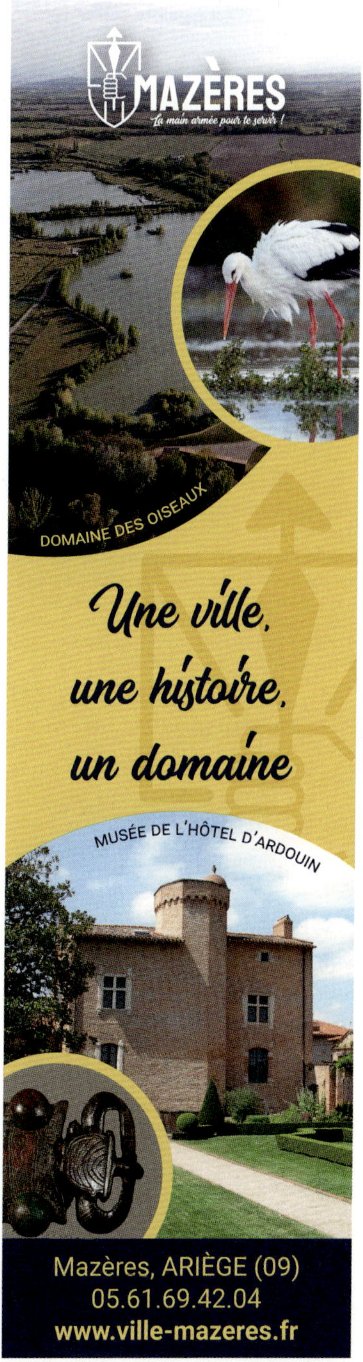

CHARCUTERIE FONTÈS

11, rue Gaston-de-Foix
✆ 05 61 69 42 36
www.charcuterie-fontes.com
Entreprise du Patrimoine Vivant. Ouvert du mardi au samedi. Ouvert le dimanche (matin).

Une adresse du « patrimoine vivant » plus que centenaire. La charcuterie Fontès, et son fameaux Galavard du Terrefort, porc lourd élevé en Ariège bénéficie de cette distinction. Christian Fontès travaille avec 3 éleveurs de ce Galavard transformé à la charcuterie en jambon sec, saucisse, plats cuisinés régionaux. Les productions de Christian Fontès sont également disponibles à la charcuterie Vié à Pamiers. Ceux qui n'aiment pas le cochon peuvent faire provision d'excellents foies gras d'oie ou de canard, de confits, de magrets, de cou farci...

OFFICE DE TOURISME DES PORTES D'ARIÈGE PYRÉNÉES

Boulevard Delcassé ✆ 05 61 67 52 52
http://pap-tourisme.fr/
Ouvert lundi et samedi de 14h à 18h ; mardi au samedi 9h à 12h et 14h à 18h. Haute saison : dimanche et lundi 9h à 12h.

Étape indispensable pour qui veut un maximum d'informations sur les restaurants, hébergements, animations et découvertes touristiques dans ce grand territoire recouvrant Pamiers, Mazères et Saverdun. A découvrir, aux portes d'Ariège sur l'aire de Periès à Saverdun, la Boutique du Terroir qui propose des paniers cadeaux, des souvenirs et des produits artisanaux Tel : 05 61 67 25 30. Mazères - rue Gaston de Foix - 09270 Mazères - Tel : 05 61 69 31 02

MARCHÉ

35, boulevard des Comtes-de-Foix
Ouvert le jeudi.

Marché traditionnel et volailles vivantes tous les jeudis sur la place et sous la halle. Mazères a gardé l'église du XIIIe siècle avec peintures de chœur ainsi qu'une belle halle datant de 1846. A 3 kilomètres au Sud-Est de Mazères se trouvait l'abbaye de Boulbonne, créée en 1129 et qui bénéficiait d'une telle renommée à l'époque cathare qu'elle était considérée comme le Saint-Denis des comtes de Foix, en référence à la glorieuse basilique Saint-Denis. Boulbonne fut un intense foyer de vie culturelle, religieuse, politique et économique.

CATHÉDRALE SAINT-ANTONIN

Place du Mercadal
Ouvert toute l'année. Tous les jours et les jours fériés. Gratuit.

De l'édifice du XIIe, seul subsiste le portail roman orné de chapiteaux historiés représentant des scènes bibliques ainsi qu'un bas-relief sur le premier martyre de saint Antonin. Au XIVe, on entreprit d'agrandir et de renforcer l'église du Mercadal : on éleva le clocher, qui ne reçut son dernier étage qu'en 1426. L'édifice, à une seule nef, est simple et majestueux. Avoir les boiseries intérieures, les tapisseries, tableaux et orfèvreries qui devaient lui rendre son caractère prestigieux et le grand orgue provenant de la Daurade de Toulouse.

PAMIERS ★

Entourée de canaux depuis le Moyen Âge, c'est une invitation à découvrir la ville historique en traversant les nombreux ponts qui relatent leurs secrets. A moins que vous ne préfériez la visiter par le chemin de Saint-Jacques-de-Compostelle qui vous guideront vers les nombreux sites et monuments historiques : la cathédrale Saint-Antonin, la chapelle du Carmel, le palais de justice, la porte Nerviau, la tour de la monnaie et celle des augustins et des cordeliers, l'église Notre-Dame-du-Camp. Du plateau du Castella, qui comme son nom l'indique est l'emplacement de l'ancien château, vous pourrez admirer la ville et la chaine des Pyrénées.

JARDIN MÉDIÉVAL ET VERGER CONSERVATOIRE

Sentier balisé « le chemin de Cailloup »
✆ 05 61 67 52 52
www.pamierstourisme.com
Ouvert toute l'année. Gratuit.

Le jardin médiéval dont la vocation était utilitaire, est composé de plantes médicinales, aromatiques et condimentaires. A tout ceci, s'ajoutent un potager, un verger et un espace fleuri. Il a été implanté près de l'église médiévale. Le verger conservatoire comprend quant à lui une vingtaine de variétés anciennes (locales et régionales) de pommiers. Vous y découvrirez notamment la court-pendu des Pyrénées, la pomme de Foix, la massoucade, la couteras, la caramille...

PORTES D'ARIÈGE PYRÉNÉES
À 30 min au sud de Toulouse, profitez du grand air !
Évadez-vous en
PLAINE NATURE
pap-tourisme.fr

DOMAINE DE LA TOUR €€

139, route du, Roc de Couloumoie - **LOUBENS** ✆ 06 45 69 13 92

Ouvert toute l'année. Chambre double de 105 € à 126 €. Petit déjeuner inclus. Parking inclus.

Situé à Loubens, au milieu du département et du Parc régional des Pyrénées, le Domaine La Tour propose 2 belles chambres d hôtes dans un havre de paix et dans un environnement calme et paisible. A 10 km de Foix et à 43 km d'Ax-les-Thermes. L'accès à L'aéroport de Toulouse-Blagnac, est à 67 km.

De nombreuses activités alentour (golf, resto....) et la possibilité de louer la grande salle pour la 1/2 journée ou la journée, week-end ou semaine, et ainsi organiser vos événements privés et sur mesure. Accueil très sympa de Stéphane et Stéphanie.

LE MUSEE DE LA MAGIE

20, rue de la république ✆ 06 70 84 02 19
www.lesstarsdelamagie.fr/

Ouvert du mardi au vendredi de 10h à 12h30 et de 14h à 19h30 ; le week-end de 10h à 19h30. Gratuit.

Entrez dans le monde merveilleux de la magie. Rares sont les musées sur ce thème. Vous y découvrez une collection unique au monde d'affiches, d'objets, de costumes et bien sûr d'illusions ! Vous irez à la rencontre des plus grands magiciens de tous les temps et peut-être apprendrez-vous leurs secrets… Beaucoup d'activités sont proposées en marge de votre visite telles qu'une chasse aux trésors, une école de magie pendant les vacances scolaires… Vous pouvez même privatiser le musée pour des soirées… magiques ! Boutique pour les amateurs et les plus chevronnés.

MUSÉE ET CAMP DE CONCENTRATION DU VERNET D'ARIÈGE ★★

LE VERNET ✆ 05 61 68 36 43
www.campduvernet.eu

Ouvert le lundi, le mardi, le jeudi et le vendredi. Gratuit. Visite guidée. Boutique. Sur rdv.

Le Mémorial du Camp d'Internement du Vernet-d'Ariège rappelle l'existence d'un camp de concentration de réfugiés espagnols de février à septembre 1939, transformé en camp d'internement répressif et à partir de 1942 en camp de déportation de Juifs. Les bâtiments du camp n'existent plus seuls subsistent le château et les poteaux marquant l'entrée du camp, ainsi que les baraques des gardes. Il est situé à mi-chemin entre Pamiers et Saverdun et peut se visiter librement toute l'année.

LE PLATEAU DU CASTELLA ★

Ouvert toute l'année. Tous les jours. Gratuit.

Au pied de la montée qui vous mènera sur le plateau du Castella, vous apercevrez sur votre droite la stèle de Gabriel Fauré, réalisée par le sculpteur appaméen Méric en 1927. Compositeur et musicien de renommée internationale, Gabriel Fauré est né à Pamiers le 12 mai 1845. Sa maison natale est visible au n° 17 de la rue Gabriel-Péri. Sur le plateau du Castella, au Moyen Age, était construit le château de Pamiers qui a donné son nom à la ville. D'ici vous aurez une belle vue panoramique sur la ville et la chaîne des Pyrénées.

PREMIÈRE CLASSE €

Route de Mirepoix
✆ 0 892 707 186

Ouvert toute l'année. Paiement par carte bancaire pour un accueil 24h/24. Chambre double 36 €. Parking. Wifi.

Cet établissement répond aux attentes des professionnels, des étudiants, des familles et des groupes de touristes. Il fait partie des 900 hôtels et restaurants «Première classe» implantés en Europe, hôtels pratiques, économiques et sympathiques. Cet hôtel de Pamiers est une parfaite halte sur les routes de l'Espagne, et étape agréable pour les aventuriers de la basse vallée de l'Ariège. Accueil avec le sourire. Le service proposé est de qualité et ne déroge pas à la charte connue des hôtels «Première classe». Les chambres sont simples et confortables.

CAMPING DE PAMIERS €€

RN 20
✆ 05 61 65 11 58
www.vap-camping.fr

Fermé du 15 novembre au 13 mars. 90 emplacements. Chèque Vacances. Animaux acceptés. Restauration. Animations.

Sur 6 ha ombragés, au bord de l'Ariège, ce camping est idéalement situé à Pamiers, aux portes de la prestigieuse ville de Foix. Sur des emplacements de 100 m² délimités, avec branchement électrique 4 A, vous pourrez vous installer pour une nuit, un week-end, une semaine ou plus si affinités. Court de tennis à votre disposition et si le soleil vous réchauffe un peu trop, plongez dans la piscine, de 10h à 19h, du 1er juin au 30 septembre. 4 campings et un complexe de gîtes pour vivre idéalement vos vacances. Idéal pour visiter Foix, et son château !

CAMPING LES MIJEANNES*** €€

D311 – Route de Ferries - **RIEUX-DE-PELLEPORT**
✆ 05 61 60 82 23
www.camping-les-mijeannes.fr

Ouvert toute l'année. Tarifs sur le site. Chèque Vacances. Animaux acceptés. Aire pour camping-cars. Wifi. Animations.

Camping situé en Ariège, au cœur de la nature et entouré d'eau, mais proche des grands axes menant à Toulouse, Carcassonne et Andorre. Découvrez les emplacements spacieux, la diversité des locatifs, les terrains de jeux et de sport, et imprégnez-vous de l'ambiance familiale en vous connectant sur le site www.lesmijeannes.com. Profitez de la richesse du département ariégeois et ses activités : randonnées, lieux culturels et touristiques, pêche... Envie de décompresser et de passer d'inoubliables moments en famille ou entre amis ? Vous êtes à la bonne adresse.

DOMAINE DE MARLAS €€

RIEUCROS
✆ 06 76 89 19 84
www.domainedemarlas.com

5 chambres. Chambre double de 85 € à 90 €. Petit déjeuner inclus. Parking inclus. Animaux acceptés (10 € par nuit).

Ce beau domaine situé dans une bâtisse du début du XIXe siècle propose 5 chambres d'hôtes et 1 gîte de charme pouvant accueillir 9 personnes. Fanny, Jérôme, leurs enfants et leurs animaux (chevaux, ânes, chèvres, chien et chat) vous réserveront leur meilleur accueil pour des vacances de rêve. Les chambres sont très spacieuses et possèdent leur propre salle de bain et toilettes. Une suite familiale de 67 m² peut accueillir 5 personnes. Le domaine s'étend sur 13 hectares jusqu'aux rives de l'Hers et la voie verte longe le Domaine. Adresse très futée !

BISTRO RÉGENT €€

33, route de Foix
✆ 05 36 12 01 00
www.bistro-regent.fr/pamiers

Ouvert toute l'année. Tous les jours le midi de 11h45 à 14h30 et le soir de 18h45 à 22h45. Menu unique. Chèque Vacances.

Christophe Goncalves est à la tête de ce Bistrot, qui rejoint les 130 établissements de la chaîne. A la direction, Sébastien s'est entouré d'une équipe dynamique pour nous régaler dans un esprit très bistrot, à la déco épurée mais élégante présentant des photos des lieux ariégeois immanquables. La cuisine est savoureuse et le rapport qualité-prix est excellent. On se régalera de grillades de bœuf, canard, saumon accompagnées de la fameuse sauce (secrète) charmelcia. La salade et les frites sont à volonté. A noter une ouverture 7 jours sur 7 et service tard.

© BISTROT REGENT

© BISTROT REGENT

PAYS DE LA BASSE ARIÈGE

VALENTINA RISTORANTE €

1 a, av. du Pont de l'Hers - **BELPECH**
✆ 09 82 51 76 64
Ouvert toute l'année. Du mardi au vendredi midi et soir. Samedi et dimanche soir. Vente à emporter.

Bienvenue à Valentina, petite sœur de Guiliana de Varilhes qui a à présent elle aussi son restaurant. Marion et Jason ont ouvert ce nouvel établissement à la frontière Ariège/Aude. A 10 min de Pamiers vous dégusterez de délicieuses pizzas à base de produits frais dans une salle style chalet de montagne au 1er mais également d'originales viandes en cuisson sur pierre telles la charolaise mais surtout des viandes maturées d'exception Galice, bœuf de Kobé, Black Angus à choisir au poids, avec frites maison à la graisse de bœuf. Desserts maison surprises par Marion.

HÔTEL DE FRANCE*** €€

5, cours Joseph Rambaud
✆ 05 61 60 20 88
www.hotel-de-france-pamiers.com
Petit déjeuner buffet ou en chambre. Wifi gratuit. Restauration (possibilité restauration en chambre). Canal +.

L'Hôtel de France a vu le jour au XIXe siècle et la famille de l'actuel propriétaire l'a repris en 1949. Trois générations à la tête de cet établissement confortable et de standing, rénové avec goût. L'équipe s'adapte pour être toujours aux petits soins et mets son dynamisme au service de sa clientèle. Tout est prévu pour le plus grand confort connexion Internet ADSL, Canal+ et Bein Sport, Prise RJ45, wifi partout... Le petit déjeuner est élaboré à partir de produits maison ou locaux, café en torréfaction, lait fermier, confiture maison, beurre artisanal...

HOTEL LA ROCADE** €€

18, impasse Lavoisier
✆ 06 60 89 84 17
www.hotelrocade.com
Piscine extérieure. Ouvert toute l'année. Chambre double de 56 € à 79 €. Wifi. Restauration.

Sous ses allures modernes, l'hôtel est véritablement un établissement familial qui existe depuis plus de 30 ans. Rénové régulièrement (nouvelle façade, nouvelles chambres et nouvelles salles de bain), il propose 18 chambres, une piscine et un espace de jeux pour les enfants et une salle de séminaire pour des réunions professionnelles. Ambiance chaleureuse et conviviale et étape des chemins de Saint-Jacques-de-Compostelle. Possibilité de restauration sur place avec un vaste choix de salades, pâtes, viandes... Menu pour les enfants.

HOTEL-RESTAURANT DE LA PAIX €€

4, place Albert Tournier
✆ 05 61 67 12 71
www.hoteldelapaix-pamiers.com
Ouvert toute l'année. Accueil 24h/24. Parking. Animaux acceptés. Wifi. Restauration.

Ce lieu est probablement le plus ancien hôtel du département. C'était un relais de poste à l'époque de Louis XVI. Il a conservé, outre le style néoclassique propre à cette époque, quelques éléments tels qu'un vitrail et de magnifiques plafonds Empire. Vous découvrirez également une terrasse verdoyante. Cela donne une atmosphère chaleureuse à l'hôtel. Un parking privé est à votre disposition. Une excellente adresse dans la ville natale de Gabriel Fauré.

LE MAS SAINT-ANTONIN €€

4, rue Bernard-Saisset
✆ 05 61 60 62 57
Ouvert du mardi au samedi le midi de 13h à 13h30 et le soir de 19h30 à 21h30. Accueil des groupes. Terrasse. Parking.

© MAS SAINT ANTONIN

Véritable cuisine italienne managée par Antonio et Laurent, deux beaux-frères bien sympas, avec de l'huile d'olive, de la mozzarella, du mascarpone, des raviolis à la truffe, des parfums uniques… On comprend pourquoi la réservation est conseillée à midi, voire indispensable, car le rapport qualité-prix est exceptionnel. C'est vraiment l'adresse où, si on est pressé, on peut vraiment très bien manger et dans un délai fort raisonnable tant l'équipe en salle est organisée et efficace. La salle est grande, lumineuse ; ambiance jeune, décontractée et sérieuse.

CAFÉ DE LA HALLE €

16, place de la République
✆ 05 61 67 13 04
www.cafedelahalle.com
Du lundi au samedi. Menus de 12 € à 14,50 €. Formule du midi : 10,50 €. Vin au verre. Chaises bébé. Terrasse. Wifi.

De nombreux villages possèdent leur « café de la Halle ». C'est le cas de Pamiers qui a su conserver cet esprit de village, lieu de rencontre des personnes de tous âges, des clubs sportifs et des fêtes de troisième mi-temps. Jérémy et son équipe vous accueillent dans cette institution de 30 ans et vous proposent le midi en salle ou sur la grande terrasse très agréable des plats du jour traditionnels, tels le cassoulet régional, la tartiflette ou des plats cuisinés maison.Une bonne adresse pour passer un moment sympa au centre de Pamiers.

CRESCENDO €

Route de Mirepoix
✆ 05 61 67 48 77
www.crescendo-restauration.fr
Ouvert toute l'année. Tous les jours midi et soir. Menu enfant : 4,95 €. Suggestion du jour : 9,95 €.

Il y a des adresses futées qui se cachent dans les chaines de restaurants. C'est le cas de celle-ci à l'entrée de l'Intermarché de Pamiers. Cette chaîne d'origine gersoise, donc presque d'ici, a pour leitmotiv de proposer des produits frais, préparés devant vous façon cuisine traditionnelle, avec de vrais produits du marché. Votre plateau à la main vous vous retrouvez face à des ilots : boucherie pour les grillades, ou des plats élaborés, plat du jour, foie gras frais… Service traiteur, à venir chercher pour tout évènement à tarif tout doux.

© CRESCENDO PAMIERS

© CRESCENDO PAMIERS

KURAMA €€

6, rue jules amouroux ✆ 09 87 00 10 25
www.restaurant-kurama.fr

Ouvert du mardi au samedi le midi et le soir. Menus de 12,50 € à 25 €. Terrasse. Vente à emporter.

Le chef est d'origine japonaise et possède une solide expérience de la cuisine traditionnelle de l'Empire du Soleil Levant. On peut voir la cuisine se faire sous nos yeux car le maître de cuisine travaille derrière le comptoir pour réaliser ses spécialités de poisson cru ou de brochettes sur charbon de bois. Toutes les spécialités nippones sont cuisinées tels les ramen, Doonburri, assiettes de nouilles, makis et sushis copieux et de belle taille, les assortiment de brochettes succulentes au saumon bœuf, poulet, et une surprenante au fromage.

AU COUDE FOU €

46, rue Gabriel-Péri
✆ 05 61 69 58 33

Du mardi au samedi 12h à 14h et 19h à 21h30. Menus de 12,50 € à 14,50 €. Menu enfant : 7 €. Plat du jour : 8,90 €.

Le Coude Fou est bien plus qu'une crêperie, installée depuis de nombreuses années. On sent bien l'influence de ses origines dans le choix des plats proposés par Pascal Guyader, un Breton qui s'affaire en cuisine avec talent, pendant que Christine s'occupe en salle de l'accueil et du service d'une façon naturelle et très sympathique dans un décor rouge et blanc autour de tables et de chaises bistrots. Le rapport qualité prix est excellent. Les plats sont copieux et originaux. Tous les desserts sont faits maison. Le cidre se savoure au verre ou en bouteille.

PIZZA LA TORRA €

Rue du 8-Mai-1945
LA TOUR-DU-CRIEU
✆ 05 61 68 07 72

Ouvert toute l'année. Tous les jours 17h30 à 21h30. Distributeur.

La pizzeria s'est depuis forgée une belle réputation grâce à la qualité de ses pizzas très copieuses. Nos préférences iront vers l'Ariégeoise, l'Antillaise ou encore, quand on connaît l'appétit du renard, vers la Torra (très garnie, pour bon mangeur). Pour les douceurs, on se régalera de la pizza au chocolat et à l'ananas. L'équipe vous accueille toujours tout sourire, avec une excellente gestion du *timing*. Attention ! La maison travaille avec beaucoup de clubs sportifs et d'associations donc le week-end, il est préférable de commander tôt.

RESTAURANT LE BAZEL €€

14, rue Victor Hugo -
VILLENEUVE-DU-PARÉAGE ✆ 05 61 68 65 70
www.bar-restaurant-le-bazel.fr

Ouvert le lundi et le mardi le midi ; du jeudi au dimanche le midi et le soir. Menus de 14,50 € à 35 €.

A 10 minutes de Pamiers le Restaurant Le Bazel a été repris en 2019 dans le charmant village de Villeneuve du Paréage par Christophe et Sandrine qui proposent une cuisine régionale revisitée. Fort de ses nombreuses années d'expérience sur la Côte puis en Andorre, cet Ariégeois d'origine revient pour nous régaler l'hiver dans une salle chaleureuse et feu de bois et l'été sur la grande terrasse ombragée aménagée de tonneaux et mange-debout pour une ambiance guinguette et barbecue. Cuisine de produits frais, foie gras maison. Adresse futée, bon vent à eux deux !

LA BOUCHERIE €€

avenue de la Bouriette ✆ 05 34 02 56 80
www.la-boucherie.fr

Ouvert tous les jours de 12h à 14h et de 19h à 21h30 ; le vendredi et le samedi jusqu´à 22h15. Terrasse. Wifi, parking.

Ici on aime la bonne viande ariégeoise ! On appréciera l'araignée de bœuf ou le célèbre trésor du louchebem, mot qui veut dire boucher en « jargon des bouchers ». Depuis 3 ans sous la direction d'Elodie Dubarry l'établissement associe famille et réunions professionnelles. Belle et grande salle aérée et décorée avec goût. TV pour les soirées de retransmissions, verrière moderne et salle de groupe pour les déjeuners d'affaires et réunions business. Un coin enfant bien pratique et sympa. Les beaux jours, on déjeunera sur la grande terrasse. Glaces artisanales.

LA FROMAGERIE €€

10, Lotissement la Palanque
LA TOUR-DU-CRIEU
✆ 07 69 24 63 39
http://fromagerie09100.business.site

Ouvert du mardi au samedi de 9h à 21h. Boutique.

Bienvenue à la montagne en Basse-Ariège. Magasin en bois, nappe à carreaux sur les tables, nous voilà réunis dans un véritable bistrot de montagne. Patricia et Benjamin, en plus de leur activité sur les marchés locaux, sont de véritables spécialistes, connaisseurs et passionnés de bonnes choses en général et du fromage en particulier. Vous dégusterez ou achèterez des délices issus de producteurs locaux et sélectionnés pour leur qualité. Buffet de charcuterie, raclettes, fondues, foie gras... et bar à salades en été. Une véritable adresse très futée.

LES BAINS DOUCHES €€

1, rue Rempart du Touronc ✆ 05 61 69 78 27
www.restaurant-lesbainsdouches.fr

Ouvert du jeudi au mardi. Menus de 20 € à 39 €. Menu enfant : 10 €. Formule du midi : 15 €. Terrasse. Climatisation.

Ce restaurant, et sa belle façade blanche est un bain de bonheur pour les yeux et pour les papilles tant les plats sont colorés et décorés avec raffinement. La salle est grande, climatisée, lumineuse, agencée avec goût. Béatrice est à l'accueil en salle et Christophe Cazalis en maître d'œuvre dans la cuisine. Ils avaient obtenu un bib gourmand à Banyuls. Les menus du jour sont composés de produits frais et de saison ce qui garantit un renouvellement des plats proposés. Agréable terrasse couverte en fonction de la météo en bordure du canal. Une adresse de qualité.

GLOBE TROTTER BRASSERIE €€

Route de Toulouse ✆ 06 48 22 61 47
www.globetrotterbrasserie.com

Ouvert du mercredi au samedi le midi et soir. Brunch dimanche 1 fois par mois. Boutique. Climatisation, Bar.

L'équipe vous invite au partage du terroir tout en s'inspirant de ceux de leurs voyages. Brasser des émotions en cuisine avec des produits fermiers, locaux, bio. Les bières, brassées sur place, vendues au comptoir, et bientôt en bouteille. La consigne permet de consommer la bière sans déchets. Les matières premières sont occitanes, françaises et bio. A midi, cuisine à l'ardoise, renouvelée chaque semaine, le soir, planches mixtes selon l'arrivage et tapas cuisinées maison selon l'inspiration du moment. Un lieu où se mêle émotion, passion, partage et convivialité.

LE MOULIN €€

1, rue d'Emparis
✆ 05 61 68 22 41

Ouvert du mardi au dimanche le midi et le soir. Menus de 26 € à 38 €. Terrasse.

Petit restaurant coquet au bord du canal avec une salle à l'étage chaleureuse, sympa et agréable. Aux fourneaux le Chef Bruno Subra. La cuisine du chef est à base de produit frais. Le renard a dégusté la Barejadis de canard (foie gras, gésiers...) et le Paleron de veau à la mousse de champignons. Copieux n'est pas un vain mot ! Tout est énorme. La tourte au ris de veau jus truffé est gigantesque (et ce n'est que l'entrée). Superbe et grande terrasse sur le canal, très agréable l'été. Parking très facile aux abords du restaurant. Pour les gourmets gourmands.

LE PIC À VIANDES €€

46, avenue de la Rijole
✆ 05 61 67 47 26

Ouvert du mardi au samedi le midi ; du jeudi au samedi le soir. Réservation recommandée. Formule : 16,90 €.

Le restaurant se situe directement dans le prolongement du Comptoir Appaméen des Viandes, spécialisé dans l'abattage et la découpe, géré par la famille Amardeil, bien connue des Ariégeois en tant que grossiste, véritables professionnels de la viande dans tous ses états. Un véritable chef œuvre en cuisine en la personne de Grégory Rodriguez, qui avait fait le bonheur des gastronomes dans son restaurant la Table de la Ramade. La salle est immense, la déco design en rouge et noir et teintée de blanc. De grandes baies vitrées apportent de la lumière.

PIZZERIA LE DON CAMILLO €€

33, avenue de la Bouriette ✆ 09 74 19 08 09
www.doncamillo-pamiers.fr

Ouvert toute l'année. Tous les jours le soir. Rooftop 19h à 23h. Mercredi au samedi midi.

Large choix de pastas et de pizzas, des plus classiques à l'Ariégeoise, avec confit ou la très originale pizza Burger ! Gainni et Lorenzo Palmerio sont aux commandes de ce restaurant familial. Parquet de verre à l'entrée, verrière soutenues par des murs en pierres apparentes, rooftop, bar à cocktail qui peut être privatisé pour des événements. L'accueil est chaleureux et sincère, gage de qualité et de sérieux. À découvrir, la Volcano, une pizza au foie gras et magret de canard. Nouveauté 2022 ouverture à Foix, même déco, même qualité, même accueil !

BISTROT LA BASCULE €€

1, place de Milliane ✆ 05 61 69 73 34

Ouvert tous les jours à midi, le soir les week-ends. Enfant : 9,50 €. Midi : 16,50 €. Plat du jour 9 €. Terrasse.

A la fois bar, restaurant, et bistrot, l'établissement géré par Christian et Corinne Soulié, est situé sur la place de Milliane, ce qui offre des facilités pour stationner. La cuisine est résolument traditionnelle et régionale. Vous aurez le choix dans différents menus ou prendre un « Plat bistrot ». La carte propose aussi un choix de poissons. C'est un endroit sympathique et vivant. Superbe terrasse ombragée donnant sur la place avec autour un espace détente, un parc de jeu pour les petits et pour finir une belle balade digestive le long du canal.

FLOCONS D'ARIÈGE

10, chemin du Crieu © 05 61 60 01 05

Ouvert du lundi au samedi de 8h à 12h et de 14h à 18h.

L'Ariège est un gros producteur de ces fruits secs. Cette confiserie artisanale et spécialité de terroir est constituée d'une tendre enveloppe de meringue parfumée à la vanille fourrée d'un onctueux praliné noisette, de la taille d'une noix et très légère. Le praliné est fabriqué à partir de noisettes locales. On trouve les Flocons dans les pâtisseries, boulangeries et épiceries fines du département et à Toulouse. Variantes : les Flocons à la violette et les Flocons à la pâte à tartiner, un régal de Flocons délicatement croustillants, délicieusement fondants...

RESTAURANT DE L'HÔTEL DE FRANCE €€

5, cours Joseph-Rambaud
© 05 61 60 20 88
www.hotel-de-france-pamiers.com

Logis. Maître Restaurateur. Qualité Tourisme. Ouvert du lundi au jeudi le midi.

C'est le restaurant de l'Hôtel. Le chef, Philippe Raja, toujours au petit soin pour ses clients et exigeant sur la qualité de ses denrées, vous propose une cuisine à base de produits achetés par lui-même sur le marché de Pamiers, à des producteurs locaux ou régionaux et utilise différentes techniques de cuissons contemporaines comme la cuisson à basse température permettant de meilleurs saveurs et de l'onctuosité. Accueil toujours très pro. Endroit idéal pour un déjeuner d'affaires.

LE TUGA €€

16, rue Victor-Hugo
© 05 34 01 62 79

Ouvert du mardi au samedi midi et soir ; dimanche de midi. Menu 13 € (entrée + plat + dessert). Plat du jour : 8,50 €.

« Tuga » reprend quatre des lettres du Portugal, pays d'origine de Luana Ferreira, de Luis son mari, et d'Emilce, sa maman, qui est en cuisine. Une affaire familiale. La salle, en longueur, se dirige vers une cuisine ouverte. La musique brésilienne donne l'ambiance et les grandes vues de Rio de Janeiro et de Lisbonne donnent le ton. Luana au service, tout sourire avec son charmant accent, assure que nous allons manger des spécialités portugaises et brésiliennes à base de morue, de poissons, de poulpes frits et même un cassoulet du Brésil ! Terrasse sur la rue.

RESTAURANT BASSAS €€€

1, place des Trois Pigeons
© 05 61 67 28 76
www.restaurant-bassas.fr

Ouvert du mardi au samedi le midi et le soir. Menu déjeuner semaine : 28 €. Réservation recommandée. Terrasse.

François Bassas est de retour ! Depuis des années le Chef nous avait déjà conquis avec son univers gastronomique dans différents établissements de la ville. Le voilà dans un nouveau restaurant sobre et moderne, qui porte son nom. Quel seront les menus aujourd'hui ? C'est la nature qui décide au gré des produits de saison, bio, frais, responsables et locaux ; et surtout de l'inspiration du Maître des lieux. Cuisine créative et gouteuse. Un savant mélange de couleurs, de parfums, de saveurs qui mettent nos sens en éveil. Service à la hauteur du lieu.

LE 10

10, rue Victor Hugo

Ouvert le vendredi et le samedi de 20h à 2h30. Wifi.

Le centre de Pamiers, ça ne bouge pas ? Visiblement vous n'êtes pas allés dans ce nouvel établissement entièrement relooké pink color, dans le style bar sympa, clientèle sympa et soirées de ouf. Les soirées justement, peuvent être à thèmes ou avec des concerts ou alors des performances karaoké... C'est aussi un bar cool pour des soirées entre amis, pour un anniversaire, etc., car la salle peut se privatiser. Pour les petits creux (ou les plus grands), délicieuses planches de fromages ou de charcuteries. La direction est jeune, accueillante et festive.

© GLOBE TROTTER BRASSERIE

© GLOBE TROTTER BRASSERIE

© GLOBE TROTTER BRASSERIE

GLOBE TROTTER BRASSERIE

Route de Toulouse
✆ 06 48 22 61 47
www.globetrotterbrasserie.com
Ouvert du mercredi au dimanche. Restauration. Animations.

Tout commence par une histoire d'amour, Charlotte, Loïc et la bière ! Nos 2 tourtereaux aiment les voyages, le terroir, les produits sains et la gastronomie. Après un tour du monde et de nombreuses découvertes, les voilà en Ariège. Leur concept est à la fois ingénieux et bénéfique pour l'environnement. Les bières sont brassées chaque semaine et vendues sur place. Pas de bouteilles. Vous venez et repartez avec le growler consigné et fourni par la maison. La cuisine est saine, fraîche, à base produits bio ou naturels. Carte à midi, planches à déguster le soir.

© GLOBE TROTTER BRASSERIE

© GLOBE TROTTER BRASSERIE

Ô MUNICH

Route de Toulouse ✆ 05 34 01 84 18

Ouvert du mardi au jeudi de 9h à 23h ; le vendredi et le samedi jusqu´à 2h. Plat du jour : 9 €

Nouveau restaurant également bar à bières à Pamiers, dans l'ancien intermarché à la Cavalerie. Ouvert depuis début février par Jérôme Chrestia et Gregory Lacoste. Grande salle en boi, tables en tonneaux, grandes tables pour les moments entre amis. Côté restaurant à midi, une carte simple et gouteuse (tartare, burger, magret....) et le soir une belle carte de tapas qui vont bien avec le grand choix de bières belges et allemandes. Soirées à thèmes, festives, retransmissions sportives. Super nouvel endroit pour des soirées ambiance sympas.

N'JOY

14, rue Henri Fabre
✆ 05 61 60 72 68

Ouvert toute l'année. Du jeudi au samedi de 20h à 2h. Menus 20 € à 25 €. Wifi. Terrasse. Restauration. Animations.

L'endroit idéal pour passer une soirée sympa en famille ou avec des amis. Dans ce pub, bar à tapas, cocktails... offrant toujours une ambiance festive et conviviale grâce à Gérard Saïs le maître des lieux. Animations, musique par DJ Bastos et soirées à thèmes (Latino, Ladies chic/Men choc, soirée hype...) font de cet établissement le lieu des fêtes appaméennes à l'intérieur qui a été entièrement redessiné avec des tonneaux donnant une atmosphère conviviale ou à l'extérieur, dans le jardin qui a été récemment agrandi. La cuisine est toujours soignée et de qualité.

BOULANGERIE SOTTANA

17, rue Juliette-Giret - **RIEUCROS**
✆ 05 61 68 61 11
www.boulangerie-sottana.fr

Ouvert le lundi et du mercredi au samedi de 6h45 à 13h et de 16h à 19h ; le dimanche de 6h45 à 13h.

Les viennoiseries sont ici authentiques et ont le goût de l'enfance. Par contre, elles n'en n'ont pas la taille, car elles sont maintenant trois fois plus grosses ! Les pains sont variés, les pâtisseries bien sur maison. Le maître boulanger/pâtissier et son épouse sont toujours très accueillants et la boutique a été intégralement rénovée et diversifiée. C'est également une épicerie Vival où vous trouverez des produits de première nécessité ainsi que des produits locaux, Charcuteries et fromages à la coupe. On peut même snacker. Donc adresse futée, à recommander !

LA BRÛLERIE APPAMÉENNE

3, rue Gabriel-Péri
✆ 05 61 60 56 60
www.labrulerie.net

Ouvert du mardi au vendredi de 9h à 12h et de 14h à 19h ; le samedi de 8h30 à 19h. Livraison possible (vente en ligne).

La Brûlerie torréfie du café depuis plus de 35 ans. Il est facile de la trouver en suivant le parfum du café qui embaume toutes les rues de la ville à proximité de l'établissement les jours de torréfaction. Ici le café est comme le vin, composé de grands crus sélectionnés et en provenance du monde entier et choisis auprès de petits producteurs. Les conseils avisés de l'équipe vous emmèneront dans un voyage gustatif et surprenant. Grands choix de thés et d'infusion. Vous n'êtes pas à Pamiers ? Faites vous livrer grâce à la boutique en ligne.

SHOPPING

PAMIERS ET ALENTOURS

Mais comment peut-on dire que faire du shopping est difficile dans Pamiers ? On trouve tout, pour tous les goûts et pour toutes les bourses ! Pamiers la dynamique.

LA BRÛLERIE APPAMÉENNE

3, rue Gabriel-Péri

Ici, le café est composé de grands crus sélectionnés, en provenance du monde entier et choisis auprès de petits producteurs et torréfié sur place. Les conseils avisés de l'équipe vous emmèneront dans un voyage gustatif et surprenant. Grands choix de thés et d'infusions.

CHAPELLERIE SIRE

14, rue Gabriel Péri

On trouve des centaines de couvre-chefs. Des chapeaux pour les cérémonies, du plus classique aux créations les plus folles, des panamas, des melons, casquettes. Bien sûr, vous trouverez le fameux béret ariégeois décliné dans toutes les couleurs et des gants, foulards en soie, étoles.

LA MIE CALE

19, rue Gabriel Péri

Un cocon de gourmandises et de conseils. On se régalera dans la partie épicerie fine d'une large collection d'épices, de chocolats, de biscuits croquants et savoureux, de pain d'épeautre… Sélection de vins régionaux et de bières. Produits artisanaux (poteries, tissus…)

DECOR HOME

48, avenue des Pyrénées

Petits meubles, verres, parfums, boites... une multitude d'idées déco et cadeaux pour tous les budgets. Objets élégants, tableaux et cadres photos en tous genres, diffuseurs made in Italie, vases d'inspiration Murano, Stark..

BOULANGERIE DES GARÇONS

60, avenue de la Rijole

Des artistes/artisans qui préparent des pains, des sandwichs, viennoiseries et pâtisseries colorées, créatives et originales à base de produits frais! Tout en goûts et qualité bien entendu ! Le coin salon de thé est agréable et cosy.

CAVES DEYMIER

Route de Mirepoix

Spécialiste des champagnes, vins fins, spiritueux, colis cadeau, on trouvera tous les vins de France et d'ailleurs et des conseils personnalisés de Christophe Deymier, Yannock et David. Sur 250m², 3 700 références de vins et alcools, champagnes, whiskies, rhums.

© OFFICE TOURISME DE PAMIERS

© LA MIE CALE

© OFFICE TOURISME DE PAMIERS

LA CAVE CHEZ XAVIER

zone du Chandelet
✆ 05 34 02 12 29
Ouvert du mardi au vendredi de 9h à 12h15 et de 15h à 19h ; le samedi de 9h à 19h.

Une adresse gourmande qui propose un grand choix de vins et de fromages affinés. On effleure ici l'excellence tant la qualité, le professionnalisme, le conseil et le savoir-faire sont mis en avant par Jérôme et Cédric deux Appaméens. Superbe rayon de fromages régionaux, jambon Serrano, porcs de Bigorre, thés, épices, chocolats, truffes et même des huîtres. C'est ici le lieu des gourmets et des épicuriens. On adore la boîte à fromage en cadeau. Côté cave à vin, près de 1 000 vins et 800 spiritueux. Belle et grande terrasse, idéale pour les *afterworks*.

CAVES DEYMIER

Route de Mirepoix ✆ 05 61 67 23 24
Ouvert du mardi au samedi de 8h45 à 12h15 et de 14h30 à 19h15.

Spécialiste des champagnes, vins fins, spiritueux, colis cadeau, voici la plus grande cave de l'Ariège ; une véritable institution depuis 1950. On y trouve tous les vins de France et d'ailleurs mais surtout la surprise en rentrant dans le magasin d'un aussi grand choix et du conseil personnalisé de Christophe Deymier, Yannick et David. Maison boutique dotée d'un grand parking, son espace intérieur est très agréable. Sur 250 m, ce sont en tout près de 3 700 références de vins et alcools, 150 champagnes, 300 whiskies, 200 rhums... à des prix tout à fait corrects.

BOULANGERIE DES GARÇONS

60, avenue de la Rijole ✆ 05 34 01 73 87
Ouvert du mardi au samedi de 6h à 19h30 ; le dimanche de 6h à 13h.

Des artistes ou des artisans ? Réponse facile : les deux ! Pierrick et Julien sont à la tête d'une jeune équipe de boulangers-pâtissiers qui nous préparent sur place des pains divers, des sandwichs délicieux à base de produits frais, des viennoiseries et surtout des pâtisseries ! Sur commande les Garçons pourront réaliser toutes sortes de pâtisseries colorées, créatives et originales, anniversaire, wedding cakes... Tout en goûts et qualité bien entendu ! Le coin salon de thé est agréable et cosy. Retrouvez une 2e adresse à Verniolle pour régaler vos papilles.

CHARCUTERIE-BOUCHERIE-TRAITEUR ROUCH

12, route de Foix
✆ 05 61 60 40 40
www.charcuterie-rouch.fr
Ouvert du mardi au vendredi de 7h30 à 12h30 et de 15h30 à 19h30 ; le samedi de 7h30 à 19h30.

Voilà un artisan charcutier boucher traiteur renommé, et une maison fondée en 1870 ! Laissez-vous tenter en toute confiance par une large gamme de produits régulièrement récompensés : le jambon du pays ariégeois, le saucisson sous la cendre, le boudin de campagne, la saucisse sèche de foie, le foie gras, les terrines forestières... Ainsi qu'un magnifique rayon de boucherie traditionnelle vous permettra de vous régaler avec de la viande issue d'élevages locaux exclusivement.

LA MIE CALE

19, rue Gabriel Pèri
✆ 07 55 66 51 17
Ouvert du mardi au samedi de 9h à 19h ; le dimanche de 9h30 à 13h.

Nouvelle adresse à Pamiers pour les Futés et les Gourmands ! Un cocon de gourmandises et les conseils pertinents et personnalisés de Corinne. On se régalera dans la partie épicerie fine d'une large collection d'épices, de chocolats d'Ariège (et d'ailleurs) top qualité, de biscuits croquants et savoureux, le pain d'épeautre… Le côté cave à vins propose une sélection des meilleurs crus régionaux (à consommer seul ou avec modération), et de bières diverses et variées. A noter les coffrets cadeaux et les produits artisanaux (poteries, tissus..)

PETIT TOUR DES FERMES

Route de Toulouse
✆ 06 81 06 68 65
Ouvert du lundi au jeudi et le samedi de 9h à 19h ; le vendredi et le dimanche de 9h à 12h.

Voici une boutique qui vend des produits exclusivement régionaux ! Ici les gourmets exigeants sur la qualité et la provenance des produits se régalent grâce à Cathy et Jérôme. On peut aller voir directement les éleveurs et les producteurs de viandes, fruits, légumes… Un véritable enchantement pour les papilles, que du frais ou du transformé ! Jérôme est très proche de sa clientèle, son accueil est chaleureux. En saison, le saumon bio d'Ecosse ou encore la truite, le poulet fermier. Amateurs de qualité, c'est ici qu'il faut aller pour des prix plutôt adaptés.

INTERMARCHÉ

✆ 05 61 60 97 97
www.intermarche.com
Ouvert du lundi au samedi de 9h à 12h ; le dimanche de 9h à 19h30.

L'Intermarché de Pamiers emploie 120 salariés, occupe une surface de 6 000 m² dans un concept novateur et une gestion de l'espace qui a fait de cet hyper un fleuron régional et national. Nous sommes maintenant dans un concentré de rayons esprit boutiques avec un véritable sommelier pour vous conseiller sur la cave, devenue un espace de vie. Vous pourrez également déguster sur place des tapas, des sushis succulents, des assiettes d'huîtres ou de charcuterie… Vous pouvez faire vos courses en ligne et les récupérer au drive du magasin, même pour les produits frais !

LES PLÉIADES

14, Rue Victor Hugo
✆ 06 58 70 04 13
Ouvert du mardi au samedi de 8h à 17h45.

Anthony et Catherine ont la tête dans les étoiles ou peut être est-ce dans la mythologie grecque, les pléiades étant les sept filles d'Atlas et de Pléioné. Cette boutique sent bon la tradition, la transmission, le savoir-faire et l'amour du travail bien fait. C'est pour cela que cet établissement va au-delà d'une simple échoppe ; elle est un atelier qui accueille artistes et artisans. On se régalera bien sûr des produits du terroir ariégeois et on ne manquera pas de tomber amoureux de ses objets faits de laine, de terre, de cuir ou de verre…

CHAPELLERIE SIRE

14, rue Gabriel Péri ✆ 05 61 60 18 00
www.chapelleriesire.fr
Ouvert du mardi au vendredi de 9h30 à 12h30 et de 14h à 19h ; le samedi de 8h30 à 13h et de 14h à 19h.

On travaille du chapeau à Pamiers ! Cette maison a été fondée en 1870 et Jacqueline Sire Balança est la 5ème génération. Elle vous accueille tout sourire, avec professionnalisme et conseils adaptés pour tous les budgets. On trouve des centaines de couvre-chefs. Des chapeaux pour les cérémonies, du plus classique aux créations les plus folles, des panamas, des melons, casquettes. Bien sûr vous trouverez là le fameux béret ariégeois décliné tout en couleurs et des gants, foulards en soie, étoles... Adresse comme on les aime, pleine de charme et de tradition.

SAFRAN DE PYRÈNE

La Grausse
✆ 07 80 04 55 91
www.safrandepyrene.com
Ouvert du lundi au samedi. Uniquement sur rendez vous.

Nadège Gosselin est la spécialiste du *Crocus sativus*, bio de surcroît. Rangez vos smartphones, cette variété de crocus est plus connue sous le nom de safran ! Chaque octobre la magie opère et les premières fleurs mauves apparaissent : il faudra les cueillir une par une et à la main avant que les pétales ne s'ouvrent et que le pistil soit exposé. Le travail n'est pas fini car il faudra ensuite attendre 9 mois de maturation. Vous découvrirez une multitude de produits (confiture, bières, infusions...) à base de cet alicament dans la boutique de la ferme ou en ligne.

CENTRE ÉCOLE DE PARACHUTISME SPORTIF

Aérodrome de Pamiers
✆ 05 61 68 72 00
www.parachutisme-pamiers.fr
Ouvert toute l'année. Tous les jours.

Association fondée en 1984 et qui achètera son premier avion 5 ans plus tard. Actuellement ce centre totalise plus de 30 000 sauts par an. Il vous sera possible de faire monter votre adrénaline grace aux différentes prestations proposées : sauts en tandem, initiation chute libre, parachutisme. Depuis l'aérodrome des Pujols, vous pourrez également en prendre plein les yeux grace aux baptêmes de l'air, vols d'initiation, survols des châteaux cathares, formation vol à moteur et voltige.

PAYS DE LA BASSE ARIÈGE

SAINT-JEAN-DU-FALGA

Charmant village qui semble, à tort, noyé dans les méandres de la ville de Pamiers. Mais ce n'est pas une «banlieue» comme on pourrait l'imaginer, c'est un vrai village de 3 000 habitants avec une nouvelle équipe municipale extrêmement dynamique et présente auprès de ses concitoyens. Le village est une fusion de différents hameaux et a pris sa véritable identité après la Révolution. L'église Saint-Jean-Baptiste est à visiter et la chapelle du cimetière date du XIIe siècle (malheureusement fermée au public). A noter, produits bio et locaux de qualité au marché du mercredi matin. Le village lui-même propose école, crèche, sports...

CHÂTEAU DE FICHES

Route de Saint-Félix-de-Rieutort - **VERNIOLLE**
✆ 05 61 02 87 49
www.chateaudefiches.com
Ouvert toute l'année. Haute saison : du mardi au jeudi, dimanche et fériés de 14h à 17h. Visite guidée. Animations.

Cette grande bâtisse du XVIe, située à 1,5 km de Verniolle abrite une merveille. Un magnifique bestiaire daté de la fin du XVIe se déroule sur les plafonds peints : lion, éléphant, chameau, singe et même une sirène se succèdent sur les panneaux. La cuisine intacte depuis quelques siècles a gardé tout son charme et le temps semble s'y être arrêté. Une promenade où douceur, charme et nostalgie se mêlent. Expositions temporaires, spectacles en été et même un escape game : il vous faudra briser le sortilège de la sorcière dans le temps imparti.

L'EMPORTÉE €€

1er Forum Place Jean Jaurès ✆ 09 87 57 44 69
https://lemportee.fr
Ouvert du lundi au vendredi de 10h à 18h. Menu unique à 12,50 € (à emporter). Formule : 15,90 € (sur place).

L'idée de départ étant « des plats de restaurant chez vous », à emporter. Le succès arrivant, Emilie Seguela vous régalera maintenant dans son restaurant cosy et rafraichissant, tout en vert. Service assuré par Pauline. Emilie met au service de nos papilles ces riches expériences dans différents restaurants du département (le Phoebus, le Petit Bouchon...). Pendant la journée, c'est aussi un salon de thé avec de délicieuses pâtisseries maison. Emilie propose également des repas à thème, service à table, traiteur et pour l'apéro, de tapas en folie froides ou chaudes.

COMPTOIR DES VIGNES

265, rue Clément Ader - **VERNIOLLE**
✆ 06 83 39 10 74
www.comptoirdesvignes.fr
Ouvert du mardi au jeudi de 10h à 12h30 et de 14h30 à 19h ; le vendredi et le samedi de 10h à 13h et de 14h à 19h.

Adrien Bourgeois, œnologue, diplômé et fort d'expériences dans de grands domaines, est au top pour vous conseiller tout ce qu'un épicurien se doit d'apprécier : vins, bières locales, spiritueux, épicerie fine, thés, cafés, produits gourmands et locaux. Sur 150 m² de surface, vous aurez le choix parmi 400 références de vins, 100 de whisky et rhums, une quarantaine de thés ou d'infusions et une dizaine de cafés. Comme il est bon d'apprendre et s'améliorer continuellement, la Cave vous proposera tout au long de l'année de nombreuses soirées de dégustation.

V&B

6 a, rue des Mille-Hommes
✆ 05 61 68 57 33
https://vandb.fr/v-and-b-pamiers.html
Ouvert le lundi de 15h à 20h ; mardi mercredi de 10h à 13h et 15h à 20h ; jeudi et vendredi 21h ; samedi 10h à 20h30.

Vous aimez la bière belge ou les whiskys écossais ou japonais, les conseils avisés pour le choix d'un vin, d'un rhum ?, Fabien de Hoest vous conseillera avec passion. La cave propose plus de 100 références de bières dont la fameuse cuvée des trolls, la célèbre Guiness irlandaise, la bière blonde des Flandres... Les whiskies et les spiritueux sont présentés en vitrine, les vins en étagères et les bières dans des caisses façon brasseur. L'endroit est également un super bar à vin, à bière et plus si affinités dans l'esprit « after work ».

SAVERDUN

Saverdun, dont le château fut bâti fin XIIe-début XIIIe siècle sur un promontoire dominant l'Ariège, devint le centre d'un premier village fortifié, d'où le nom celtique qui signifierait « forteresse sur la hauteur ». Saverdun garde quelques traces de ce passé, malgré les agressions successives dont la cité fut l'objet. Aujourd'hui la vielle de Saverdun est le centre d'une riche production agricole surtout dans la plaine irriguée ; elle s'efforce d'enrichir des activités commerciales, artisanales et industrielles, constituée essentiellement de PME-PMI. Elle est dotée d'équipements culturels, de lieux de promenade, berges de l'Ariège, sentiers de randonnée...

© DECOR HOME

© DECOR HOME

© DECOR HOME

DECOR'HOME

48, avenue des Pyrénées
SAINT-JEAN-DU-FALGA
Ouvert du lundi au samedi de 9h45 à 12h30 et de 14h à 19h.

Dans ce magasin Véronique vous aidera à trouver ce qu'il faut pour améliorer votre… decorum ! Petits meubles, verres pour la maison, parfums, boites.. une multitude d'idées déco et cadeaux pour tous les budgets. Des objets élégants, des tableaux et cadres photos en tous genres, diffuseurs made in Italie, des vases d'inspiration Murano, Stark...Magasin agencé avec goût et style, choix des produits proposés, nouveautés fréquentes encouragent à venir régulièrement. C'est toujours un plaisir tant l'accueil est souriant et les conseils toujours avisés et précieux.

© DECOR HOME

© DECOR HOME

LA GRIGNOTHÈQUE €€

49, allée du Balouard
✆ 05 81 30 64 46

Ouvert du mardi au samedi midi et soir. Menus de 21 € à 26 € (29 € à 34 € le soir et samedi midi). Terrasse au calme.

Ambiance design, chic et sympa dans ce lieu de renom tenu par Gladys Izard et Xavier Ballester. La cuisine est ici haut de gamme et la présentation incroyablement raffinée. Produits locaux et circuits courts font la part belle au fait maison, y compris, la viande maturée et le saumon fumé. Le label n'existe pas mais nous pourrions lui attribuer celui du «meilleur tartare de l'Ariège», œuf de caille, wasabi, fleurs, assaisonnement parfait dans sa justesse. Jean-Louis, au service, est d'un professionnalisme hors pair. Le rapport qualité-prix est exceptionnel.

O CABALOU €€

ZI de la Lure
✆ 05 82 95 45 87
www.ocabalou-09.fr

Ouvert du mercredi au lundi midi ; du mercredi au dimanche le soir. Menus de 20 € à 36 €. Terrasse.

La cuisine est familiale, locale, traditionnelle et à base de produits frais. Le service et l'accueil sont très agréables, sourires, décontraction. On est tout de suite à l'aise, prêt à dévorer la suggestion du chef, Nicolas Cabac. Vous vous régalerez, selon les saisons, de civet de sanglier, foie gras maison, souris d'agneau rôtie à l'ail ou du délicieux œuf cocotte à la fondue de poireau et foie gras. Les petites têtes blondes, ou brunes, ne sont pas oubliées. Brochette ou parmentier de poisson pour initier leur goût aux bonnes choses. En été, terrasse ombragée.

PIERRE BAYLE

Rue de la Crémade
✆ 05 61 60 30 38
www.pierrebayle.fr

Ouvert du mardi au vendredi de 6h à 20h ; le samedi de 7h à 20h ; le dimanche de 7h à 13h.

Bienvenue dans l'antre des délices. C'est ainsi que vous accueille cet artisan-chocolatier qui partage nom et prénom avec le célèbre philosophe. Rien de ce qui peut attiser notre gourmandise ne lui est inconnu. Entremets et pâtisseries, confiseries, glaces, sorbets et parfaits et bien sûr les chocolats ! Les meilleurs cacaos en provenance du monde entier ! Cet artisan réalisera également sur commande des douceurs et desserts pour tous les événements. Une boutique en ligne permet de se faire rapidement livrer en douceurs et autres plaisirs du palais.

TRANSPARENCE • FIERTÉ • ENGAGEMENT
DÉCOUVREZ
nòu
Des produits ariégeois,
ÉLABORÉS SUR DES TERRITOIRES D'EXCEPTION, PAR DES FEMMES ET DES HOMMES PASSIONNÉS !
RETROUVEZ NÒU SUR
nou-09.fr
nòu
ARIÈGE PYRÉNÉES
© AGITEO. Photos : Agitec, Crédit Agricole et Regard croisé, Col del Fach
AGRICULTURES & TERRITOIRES
CHAMBRE D'AGRICULTURE ARIÈGE
L'Europe s'engage en Occitanie
Occitanie
Avec la contribution financière du compte d'affectation spéciale développement agricole et rural CASDAR
MINISTÈRE DE L'AGRICULTURE ET DE L'ALIMENTATION
Ariège
le Département
09

VARILHES

Varilhes est un chef-lieu de canton de 2 793 habitants situé à 350 m d'altitude. L'agglomération la plus ancienne semble située à l'emplacement de l'église de Vals. Mais c'est autour du château fort (entre l'Ariège et la route nationale dans le vieux bourg actuel) que se développe la ville. Lors de la croisade des Albigeois, le château de Varilhes est abandonné puis brûlé par ses défenseurs et occupé par les troupes de Simon de Monfort (1211). Actuellement ce petit coin charmant propose à la fois tous les services et les commerces nécessaires ainsi que des activités comme la pêche, boulodrome, karting, piscine...

LE CHÂTEAU DE LONGPRÉ €€€

D624

✆ 05 34 02 09 50

www.chateaudelongpre.fr

Chambre double à partir de 130 €. Petit déjeuner : 19 € (buffet continental). Parking inclus. Séminaires. Wifi gratuit.

La famille Cantos a fait de ce domaine historique un hôtel restaurant de luxe, charme et romantisme. La décoration a été faite avec goût dans un style mêlant marbre, nacre ou cristal. Les chambres et suites ont chacune leur propre personnalité. Le restaurant propose 2 salles. D'un côté la grande verrière et une vue incroyable sur les montagnes et de l'autre la salle à manger du château. Aux fourneaux de la table semi-gastronomique, le Chef G.Keller. Cuisine inventive, produits locaux sélectionnés. Espace tea time, lounge avec cocktails et espace séminaire.

CENTRE D'HISTOIRE DE LA RÉSISTANCE ET DÉPORTATION ★

18, avenue des Pyrénées (à côté de la gare)

✆ 05 61 69 02 60

www.resistance-ariege.fr

Ouvert toute l'année. Visites guidées du lundi au samedi sur rendez-vous. Entrée libre et gratuite.

Ce musée fait revivre une époque tragique de notre histoire, vue à travers les horreurs de la déportation. Des maquettes, des photos de très nombreux déportés ariégeois, des objets provenant des camps, des tenues de déportés, des articles de presse. Ce lieu est fréquenté par les élèves car la vérité et la force des témoignages exposés valent toutes les leçons d'histoire. Une visite pour ne pas oublier, pour ne pas reproduire, pour comprendre et retenir. Très instructif !

NAT'URSULA €€

34, avenue Jacques Carrié

✆ 06 17 99 60 22

http://natursula.byclickeat.fr/

Ouvert du mardi au vendredi de 8h30 à 12h45 et de 15h à 19h ; le samedi de 8h30 à 12h30.

Concept unique en Ariège. Ursula, forte de ces années d'expérience dans le milieu des fruits et légumes, a eu la brillante et géniale idée de proposer et de préparer des plateaux découpes de fruits et de légumes frais, des fromages... Quelle originalité de faire des plateaux apéros à base de fruits et légumes. Sur place ou en ligne on pourra également se régaler de salades, plats à emporter et profiter d'un beau rayon de produits locaux (fromages, bière, miel, chocolat, pâtes, vins, du bio bien sûr...). On craque pour le croquant !

PIZZA GIULIANNA €€

15, avenue Jacques Carrié
© 09 81 05 31 35
Ouvert du mardi au vendredi de 11h30 à 13h30 et de 18h à 22h30 ; le week-end de 18h à 22h30. Vente à emporter.

La petite Giulianna peut être fière de ses parents qui se sont lancés dans l'aventure d'une pizzeria à emporter. Jason et Marion ont réussi leur pari ! Les pizzas sont.. comment dire.. deliziosi ! ! Notre Pizzaïolo a fait son baptême du four à Sète et a remporter un diplôme national. Pizzas traditionnelles mais également des plus originales telles la provençale aux aubergines. On choisit la base de la pizza, sauce blanche ou tomate. Concept original, les pizzas sont de taille unique, c'est à dire grande et à prix unique ! Des paninis sont également proposés.

LE CHÂTEAU DE LONGPRÉ €€€

D624 © 05 34 02 09 50
www.chateaudelongpre.fr
Bar ouvert mercredi au samedi soir. Restaurant mardi au samedi midi et soir.

Ce domaine historique est devenu un superbe hôtel-restaurant mêlant luxe, charme et romantisme. La décoration a été assurée avec talent dans un style mêlant des matériaux nobles. Les chambres et suites ont toutes leur propre personnalité avec confort et élégance. Un nouvel espace, L'orangeraie offre une vue incroyable sur les montagnes et le nouveau vignoble. Le Chef Guillaume Keller est aux fourneaux de cette table gastronomique pour une cuisine inventive et gustative. La carte change tous les mois.

AUBERGE DU LAPIN BLANC €€

13, avenue de Foix
© 09 73 25 74 73
Ouvert du mardi au dimanche le midi ; du jeudi au samedi le soir. Formule du midi : 13 €.

Dans cette auberge, on aime la lecture et les rêves. Une bibliothèque de livres voyageurs invite au partage et des machines volantes, dont celle du voyage en ballon de Jules Verne, ornent les murs. La carte propose une excellente cuisine régionale réalisée avec soin et à base de produits locaux. L'accueil est agréable, attentionné. Aux beaux jours, vous profiterez de la terrasse. Pour l'anecdote, on raconte que pendant la Seconde Guerre mondiale, « lapin blanc » était le nom de code d'une agent double, une sorte de Mata Hari ariégeoise.

LE SAINT MICHEL €€

32, avenue Jacques Carrié
© 05 61 60 08 00
www.restaurant-le-saint-michel.fr
Ouvert du lundi au vendredi le midi ; le vendredi et le samedi. Menus de 12 € à 15 €. Menu enfant : 12 €.

Le chef concocte une cuisine de terroir, traditionnelle, à basse de produits locaux ariégeois, telles la rosace de magret avec foie gras et sauce morille, la cassolette de crevettes papillon pimentées. Nous n'avons pas non plus résisté aux profiteroles pantagruéliques ! L'ambiance dans le restaurant est à la hauteur du chef et de sa cuisine : excellente. Les pizzas se dégustent sur place, ou à emporter, mais si vous préférez rester au chaud, tout est prévu. Livraison dans un rayon de 5 km autour de Varilhes. A noter : un traiteur réputé pour son professionnalisme.

PAYS DE LA LÈZE

C'est le pays le plus au nord du département et il se situe au sud de Toulouse, au pied des Pyrénées. Très différent des autres pays, il est plutôt vallonné descendant vers les plaines, remontant doucement vers les coteaux pour finir par le piémont pyrénéen mais bien loin des hauts sommets ariégeois. Son climat lui permet de développer quelques cultures céréalières mais, c'est un grand renouveau pour l'Ariège, des cultures viticoles. Les bastides, les couverts de Lézat et les églises romanes sont les preuves d'un riche passé médiéval traversé par le chemin de Saint-Jacques de Compostelle. Mais il faudra remonter encore plus loin dans le temps pour apprendre qu'il y a dix mille ans des Hommes occupaient déjà la fabuleuse grotte du Mas d'Azil. Leurs descendants laissèrent quelques dolmens. Ce pays se découpe entre patrimoine, nature et culture grâce au magnifique village du Carla-Bayle, véritable paradis pour les arts et les artistes.

D48
A64
D74
D74
HAUTE-GARONNE
D19 B
D626 B
Salles-sur-Garonne
D626 B
D28 D
D919
HAUTE-GARONNE
SAINT-YBARS
D40 C
D626 A
D40
D919
D40 B
D19 A
D614
LE FOSSAT
D627
La Bastide-de-Besplas
D628
CARLA-BAYLE
Daumazan-sur-Arize
SAINTE-CROIX-VOLVESTRE
Campagne-sur-Arize
D26
D74
Les Bordes-sur-Arize
D74 D
D114
Sabarat
D235
LE MAS-D'AZIL
D15
D627
P.N.R. des Pyrénées Ariégeoises
D49
D501
D119
D18 E
D315
La Bastide-de-Sérou
RIMONT
Castelnau-Durban
D42
Pays de la Lèze
D18
D51
2 KM

© FRANCK - STOCK.ADOBE.COM

Grotte du Mas-d'Azil.

ARTIGAT

Ce village, situé sur la route qui va de Foix à Toulouse, par la vallée de la Lèze, fut le berceau de deux personnages illustres. Le premier est Martin Guerre dont la littérature et le cinéma, avec Gérard Depardieu, ont raconté l'extraordinaire aventure, celle d'un homme que l'on croyait mort à la guerre et qui « ressuscita ». Le second, beaucoup moins connu, est Octave Crémazie (1827-1879), dont l'arrière-grand-père, Jacques Crémazie, est né à Artigat en 1735. Ce poète est considéré comme « le père de la poésie canadienne française ». Un des plus grands boulevards de Montréal porte son nom. Artigat possède une piscine et un camping municipal.

MAISON PIERRE-BAYLE

✆ 05 61 68 53 53

www.carla-bayle.com

Ouvert toute l'année. Basse saison : du samedi au lundi et le mercredi de 14h à 17h30. Visite guidée (sur réservation).

Musée aménagé dans la maison natale du philosophe, restaurée dans la tradition architecturale de l'époque. Durant la visite de 45 minutes, on découvre la vie et l'œuvre du philosophe considéré comme un précurseur de la tolérance entre les peuples. Ecrivain philosophe à la recherche de la vérité, c'est ce précurseur de toute la critique moderne que vous fait découvrir ce musée, ainsi que l'histoire du protestantisme en France aux XVIIe et XVIIIe siècles. La maison Pierre-Bayle a été classée Maison des Illustres, un label européen.

CAMPING LES EYCHECADOUS*** €€

2, route du camping ✆ 05 67 44 51 65

www.campingartigat.com

Qualité Tourisme. Emplacement + véhicule + 2 personnes 13 €. Mobil-homes jusqu´à 6 personnes. Wifi. Restauration.

Véritable camping situé en pleine nature, dans un petit paradis en bordure de la Lèze. Lieu idéal pour se retrouver en famille ou entre amis dans la vraie tradition du camping familial pour des vacances calmes et conviviales. Vous serez bercés jour et nuit par le chant des oiseaux, le murmure des grillons et par le clapotis de la rivière. Le camping est également partenaire de la FFCC et propose des réductions à ses adhérents. Un camping très moderne pour des vacances de repos.

L'OUSTAL DEL CARLAT*** €€

✆ 05 34 01 52 68

www.loustaldelcarlat.com

De 70 € à 170 € la nuit selon la maison et le nombre de personnes. Wifi gratuit. Restauration. Lave-linge.

Superbe résidence de tourisme au bord du lac du Carla-Bayle, sur un panorama à couper le souffle. Rien de tel pour passer d'agréables vacances entre nature et culture, collines et peintures, résidence de vacances et résidence d'artistes au sein de ce village réputé pour sa beauté et son bouillonnement artistique. Maison en duplex, triplex, baignades surveillées, cuisine équipée, piscine extérieure chauffée Tout pour réussir des vacances, originales, confortables, reposantes et distrayantes, loin du tumulte des plages bondées dans un environnement sain et culturel.

CARLA-BAYLE

Cette ancienne citadelle fortifiée au XIVe siècle par Gaston Fébus devint, aux XVIe et XVIIe siècles, un farouche bastion huguenot (protestant), assiégé et démoli trois fois, renaissant aussitôt de ses ruines. Ce petit bourg changea de nom au XVIIIe siècle pour honorer la mémoire de son plus illustre enfant, le philosophe Pierre Bayle. Des artistes et des artisans y sont installés : de très nombreuses galeries d'art et des ateliers sont ouverts au public. L'été, des expositions et des manifestations sont organisées et font de ce village un des hauts lieux de la peinture, de la sculpture, de la gravure. Un marché fermier se tient tous les dimanches.

L'AUBERGE PIERRE-BAYLE €€€

Rue Principale ✆ 05 61 60 63 95

www.aubergepierrebayle.com

Ouvert du mardi au dimanche. Menus de 14 € à 36 €. Chèque Vacances, Chèque Restaurant.

Tables gourmandes d'Ariège-Pyrénées. Cet établissement tenu par Fanette et Fernand de Oliveira est accroché sur la colline et offre une vue panoramique agréable sur le lac et les Pyrénées. Le chef se plaît à proposer un grand choix de produits régionaux talentueusement préparés. Ici, la cuisine est traditionnelle et créative. Plats préparés avec passion et générosité, qui allient plaisir des yeux et des papilles. Le plaisir n'est pas que dans l'assiette mais également sur les murs avec une exposition régulière de peintures et de photos.

AQUAZONE

Route de Carla Bayle
✆ 06 50 83 20 99
www.aquazonecarlabayle.fr
Ouvert tous les jours de 11h à 19h. Pass journée : 25 €.

Véritable terrain de jeu flottant composé de modules colorés vert blanc et rouge, sur une surface de 2 000 m² situé sur le lac du Carla, accessible à partir de 6 ans qui propose des jeux aquatiques gonflables, des toboggans, des glissades, des plongeoirs... On peut escalader, se jeter depuis une corde, sauter, rebondir.. et pour les plus téméraires se laisser glisser depuis le plus haut toboggan d'Occitanie fier de ses 12 m de haut et 50 m de long ! Sécurité maxi avec un maître nageur et des sauveteurs diplômés. Gilet de sauvetage obligatoire.

LE FOSSAT

Charmante bourgade de 1 000 habitants, située au cœur des vallées de l'Arize et de la Lèze. Elle ressemble à une bastide mais ce n'en est pas une. Elle est située sur la rivière La Lèze et son fleuron est l'église Saint-Barthélémy et ses deux superbes tours-clochers. L'ancienne gare a été joliment réaménagée (propriété privée). Le village est connu pour être le lieu de naissance du troubadour Aicart del Fossat dont les textes et les notes ont retenti dans le milieu du XIIIe siècle et sont parvenus jusqu'à nous. Le village est à quelques encablures du village d'artistes du Carla-Bayle, et du village d'Artigat connu grâce à l'histoire de Martin Guerre.

LAC DE CARLA-BAYLE

✆ 05 61 68 53 53
www.carla-bayle.com
Ouvert toute l'année.

Carla-Bayle, cité d'art, est un village attentif à son activité touristique. Afin de satisfaire pleinement les visiteurs et de diversifier les activités, un lac de 15 ha a été créé il y a des années au pied du village. De nombreuses activités nautiques sont donc possibles : baignade (surveillée en été), barque, mini-golf, jeux pour enfants, sentier VTT et de rando... Vous pourrez également vous détendre en pêchant. Outre la truite dont regorgent ses eaux, diverses variétés de poissons sont présentes. Sur place, vous trouverez aussi un snack et une buvette.

CAMPING DOMAINE DU BOURDIEU €€

DURFORT
✆ 05 61 67 30 17
www.vap-camping.fr
Ouvert toute l'année. Chalets 2 personnes à partir de 490 €/sem ; chalets 4 pers à partir de 630 € ; Animal 6 €/jour.

Dans cette ancienne ferme transformée en site de villégiature, vous vivrez des instants de détente et de loisirs dans un cadre campagnard, chaleureux et authentique, avec vue imprenable sur les Pyrénées. Boulodrome, animations et visites guidées. Le camping est un lieu intemporel grâce à son architecture traditionnelle. Epicerie, snack, bar, restaurant à 6 km, tabac, golf, tennis à 3,5 km. Salle à louer pour 100 personnes avec traiteur pour banquets, baptêmes, mariage.

L'OBSERVATOIRE

Route de l'Observatoire - **SABARAT**
✆ 05 61 60 20 10
www.observatoire-sabarat.com
Soirées mensuelles hors saison et hebdomadaires en juillet et août : 5 € et gratuit pour les enfants (-12 ans).

Ces soirées débutent à 20h30 ou 21h selon la période de l'année et ont lieu quelles que soient les conditions météo. On peut réserver sa visite sur le site Internet. Cet observatoire, près du Mas-d'Azil, s'est donné pour vocation d'initier à l'astronomie de la façon la plus large possible. On part ainsi, guidé par des animateurs qualifiés, à la découverte des étoiles et des planètes. Télescopes, lunettes et jumelles vous permettront de franchir allégrement des années-lumière. Des stages d'initiation et de perfectionnement sont ouverts toute l'année. Escape Game !

CHÂTEAU DE LA HILLE €€

MONTÉGUT-PLANTAUREL
✆ 06 75 69 46 50
www.chateaudelahille.com
Chambre simple 75 € ; chambre double 88 €. Petit déjeuner inclus. Lit supplémentaire : 26 €. Table d'hôtes : 26 €.

Qui n'a jamais rêvé de vivre au temps des Chevaliers ? Dans le parc du château de la Hille, situé à 4 km de Pailhès, sont installées 3 grandes chambres de caractère. Vous aurez le privilège de jouir de la vue inestimable. Les amateurs de sport auront le choix : pêche en rivière sur place avec, non loin de là, tennis, équitation, golf... Pendant la Seconde Guerre mondiale, ce château a été un centre de secours de la Croix-Rouge suisse pour les enfants juifs. Leur histoire a été racontée par Sebastian Steiger dans *Les Enfants du château de la Hille*.

GÎTE DE LAMARTINE €€

Lamartine
LÉZAT-SUR-LÈZE
✆ 05 61 69 17 77
Clévacances (3 clés). Ouvert toute l'année. Pour 6 personnes (96 m², 3 chambres). CB non acceptée.

Le gîte rural Lamartine se situe dans une très ancienne métairie entièrement rénovée, au cœur d'un corps de ferme, au calme absolu, surplombant un lac collinaire. Vous profiterez d'un site panoramique exceptionnel sur la vallée de la Lèze. Le gîte peut accueillir 6 personnes sur une surface de 96 mètres carrés et dispose en outre de 3 chambres à la décoration moderne et soignée. À l'extérieur, un espace aménagé est réservé aux grillades et à la détente et une belle terrasse avec salon de jardin pour des moments familiaux ou conviviaux.

LES BREUVAGES DE PYRENE

Le Village - **MONTÉGUT-PLANTAUREL**
✆ 06 77 18 73 53
Ouvert du lundi au samedi.

On vous prévient, il faudra consommer le Sambuc avec modération, c'est la loi. Mais qu'est ce que c'est le Sambuc ? C'est un apéritif bio, fabriqué en faisant macérer des fleurs de sureau (ces gros arbustes fleuris qui font d'étranges baies noires qu'il ne faut pas manger) et il n'y a pas d'ajout d'alcool. Il peut également être consommé en dessert comme un vin doux. La saveur de ce breuvage est douce, légèrement sucrée avec des arômes fruités comme le litchi. La gamme se décline en Framboisine (donc à la framboise) et en Figazil (à la figue du Mas d'Azil).

DOMAINE DE LASTRONQUES

Lastronques
LÉZAT-SUR-LÈZE
✆ 05 61 69 12 13
www.domaine-de-lastronques.fr
Ouvert le samedi de 9h30 à 12h30.

Autre région ariégeoise, autre producteur, autres vins. Nous voici chez la famille Zeller, dans leur domaine viticole de 13 hectares. Andréa et Christian produisent sur les coteaux argilo-calcaires de la vallée de la Lèze, face aux Pyrénées, des vins rouges, blancs et rosés. Toute leur agriculture viticole est en culture raisonnée en respectant totalement l'environnement et en pratiquant le lagunage pour traiter les eaux grises du chai. Tout au long de l'année, le domaine organise ou participe à des événements et animations, des foires, des marchés et salons.

LES TERROIRS DU PLANTAUREL

Sabarthes - **MONTÉGUT-PLANTAUREL**
✆ 05 61 05 33 33
www.lesterroirsduplantaurel.com
Ouvert le lundi de 14h à 18h ; du mardi au samedi de 10h à 12h30 et de 14h15 à 18h45.

Des éleveurs-producteurs vous proposent des conserves élaborées artisanalement, produits frais et plats cuisinés. Volailles et canards sont élevés au grain, et abattus et traités sur place dans des installations agréées. Large éventail : pâtés au porc, sanglier, lapin ou de chevreuil ; pour les plats cuisinés on trouve des recettes telles que du cassoulet, azinat, civet de cerf, rôti de magret de canard confit au foie gras. Magasin à Foix 11 rue Saint Jammes et Auzat rue du Montcalm.

LE MAS-D'AZIL ★★

Célèbre pour sa grotte préhistorique de 2 100 m², le Mas-d'Azil l'est aussi par le rôle prépondérant qu'il a joué dans les guerres de religion. Le protestantisme y fit son apparition dès 1540 et s'y implanta rapidement. Cette place devint l'un des hauts lieux de la nouvelle religion dans le Midi. De nos jours, le village du Mas-d'Azil est un lieu de calme et de détente, où l'histoire et la nature se marient harmonieusement. Il faut voir son église Saint-Etienne datant du XVIIe siècle, son vieux pont du XVe siècle et son insolite dolmen du cap del Pouech, ses sentiers de randonnée. Déambulez aussi dans ses ruelles bordées de maisons à colombages.

CALVAIRE DE RAYNAUDE

Office de tourisme du Mas-d'Azil et des vallées de l'Arize
✆ 05 61 68 97 25
Ouvert toute l'année. Tous les jours et les jours fériés. Gratuit.

Le Calvaire de Raynaude est une des curiosités à voir dans les environs du Mas-d'Azil. Cet édifice religieux, une église dominée par un cimetière, est aussi surprenant qu'imposant à quelques kilomètres de la grotte. Son chemin de croix est véritablement monumental et serpente dans la colline. Nous devons cette réalisation très originale à un prêtre, l'abbé Rousse. Chaque station du chemin est une véritable petite chapelle bâtie et elles proviennent du mystérieux monastère de Baulou. L'église est dédiée à Marie Immaculée, à saint Joseph et à sainte Anne.

LES DOLMENS

Ouvert toute l'année. Tous les jours et les jours fériés. Gratuit.

L'Ariège compte quinze dolmens dans tout le département. Les onze dolmens à découvrir sont dans un secteur relativement réduit. Tous semblables par leur architecture, ils diffèrent de part leur taille et leur implantation. Les matériaux et ossements humains découverts lors des fouilles ont permis de dater ces édifices de l'âge de bronze, et de donner des indications sur les rites funéraires de cette époque. Un sentier de randonnée pédestre permet d'en découvrir trois qui sont parmi les plus spectaculaires et les mieux conservés.

MUSÉE DE L'AFFABULOSCOPE

Quartier Castéra ✆ 05 61 69 72 10
www.museeaffabuloscope.fr

Ouvert de mi-mai à mi-octobre. Adulte 8 €, enfant 5 €.

Claudius de Cap Blanc crée des objets uniques et combien originaux. Il est un concepteur-affabulateur génial et aussi un artisan de tout premier plan qui travaille à merveille le bois, le cuir, le cuivre... Vous verrez, dans ce temple de l'imaginaire « l'embouteilleur de nuages », le « redresseur de torts » ; vous apprendrez comment vivait l'ethnie des Pankous qui s'est éteinte en 1927, sur un coin de notre planète... Sur trois niveaux, plus de 650 œuvres, objets et installations au service de l'esprit et du rêve... C'est fabuleux !

GROTTE ET MUSÉE DU MAS D'AZIL ★★

✆ 05 61 05 10 10
www.sites-touristiques-ariege.fr

Voir calendrier d'ouverture sur Internet. Adulte 9, enfant 5,5 €, pass famille 24 €.

Curiosité géologique et géante de la Préhistoire cette grotte vous emporte dans sa magie par l'immensité des cavités, la mise en lumière moderne et les vestiges préhistoriques qu'elle recèle. Votre visite se déroule en trois temps : le centre d'interprétation pour découvrir la vie des premiers hommes qui ont occupé le site, la visite guidée pour revivre les fouilles des archéologues et, à 1,5 km, le musée avec une collection d'objets préhistoriques provenant de la grotte.

XPLORIA - LA FORÊT À REMONTER LE TEMPS

Route de Sabarat
✆ 05 61 60 03 69
www.xploria.com

Ouvert d'avril à novembre. Adulte 10,90 €, enfant 8,90 €, Famille 31,90 €.

La découverte ludique et scientifique de l'histoire de la biodiversité terrestre. Au fil de la forêt, partez à la découverte de l'évolution de la faune et de la flore. Sur 2 km, les passerelles en bois, les reconstitutions grandeur nature d'animaux disparus, les espaces botaniques et les illustrations géantes de mise en situation vous immergeront dans l'histoire de la Terre. Soirées contes, atelier dessins préhistoriques, semaine du brame du cerf, expo temporaires, donnent vie au parc.

MOHAIR PYRENEES

Camarade
✆ 05 61 69 91 59
https://mohair-pyrenees.com

Haute saison visite tous les jours de 15h à 18h. Adulte : 4 €. Enfant de 1 à 18 ans : 2 €.

Pauline et Loïc vous accueillent dans leur ferme-école d'Ariège où ils proposent de découvrir les animaux et les travaux de la ferme. Les enfants pourront entrer dans les enclos pour les câliner. Rechercher dans les bois des feuillages, tout en apprenant à les reconnaître pour les donner aux chèvres. A voir aussi le petit film pour découvrir la tonte d'une chèvre angora. Balades dans les pâtures des chèvres. Ateliers et jeux sur le thème du tissage et de la fibre textile. La boutique propose une belle variété de produits réalisés à partir des chèvres mohair.

SOUFFLEURS DE VERRE

Avenue de la Grotte
✆ 05 61 69 71 27

Haute saison : ouvert tous les jours.

L'artisan d'art Pavel Kirzdorf prend sa retraite et Kylian Pradrier et Killian Guyot reprennent le flambeau de cet atelier qui côtoie de près la grotte préhistorique du Mas d'Azil. Il leur a transmis son savoir, son expérience et ses connaissances, des méthodes traditionnelles, sinon ancestrales en soufflant les pièces à la bouche et assurant ensuite les finitions à la main. Le travail du verre peut se faire également à froid - taille, sablage, gravure - pour proposer aux clients des motifs ou des mentions personnalisés à la surface du verre.

RIMONT

Fondée en 1273, cette bastide fut entièrement rebâtie après l'incendie qu'allumèrent les Allemands le 21 août 1944. Rimont fut détruit par les flammes des incendies allumés par une colonne ennemie qui tentait d'échapper à l'étau des armées alliées débarquées le 15 août en Provence et de la forte Résistance ariégeoise intérieure. Le village dont aux alentours, plusieurs fermes et hameaux sont incendiés en quasi-totalité : 236 immeubles détruits dont 152 maisons d'habitation. Au cours de ces deux journées, 13 civils et une douzaine de maquisards ont été tués ou sommairement exécutés. Rimont est devenu ainsi un village martyre de l'Ariège.

Vue générale de Rimont.

ABBAYE DE COMBELONGUE ✣ ★

✆ 06 07 99 35 82

www.abbayedecombelongue.fr

Fermé d´octobre à juin. Ouvert d'avril à Toussaint de 15h à 18h. Visite guidée de l'abbaye, visite libre des jardins.

Une des rares abbayes prémontrées du Midi. Fondée en 1138 par le comte de Pallars. Abbaye riche et prospère jusqu'au XIVe siècle, elle compte une centaine de religieux. A partir de 1446, une longue série d'épreuves entraîne son déclin. A la Révolution, elle est pillée et incendiée. Dans le contexte ariégeois, l'abbaye de Combelongue présente de nombreuses particularités : construite entièrement en brique dans une région où la pierre abonde, elle mélange, dans ce matériau inhabituel, un décor du premier art roman avec des formes qui rappellent l'Espagne.

MOULIN DE COMBELONGUE

✆ 05 61 96 31 38

http://ariego.free.fr/moulin.htm

Fermé du 1er juillet au 31 août. Téléphoner pour s'assurer de l'ouverture. Groupes à partir de 20 personnes.

Le moulin de Combelongue est un site molinologique et pédagogique, véritable musée de la meunerie avec deux paires de meules fonctionnant par la force de l'eau. Il n'avait plus tourné depuis 1910 mais il a retrouvé une seconde vie grâce à la persévérance et au courage d'André Duval qui a durement travaillé pour ressusciter ce lieu chargé d'histoire, sans autres aides que son enthousiasme et sa farouche volonté. Ce moulin à eau, vieux de sept siècles, n'a d'intacts que les deux meules et le châssis. C'est le seul moulin de France où l'on peut accéder au sous-sol.

ALAIN SERVAT DISTILLATEUR

Place du 8 Mai ✆ 05 61 96 33 23

www.distillerie-servat.com

Ouvert du mardi au samedi de 7h à 19h. Contacter par mail ou téléphone pour connaître les tarifs. Expédition possible.

Alain Servat, est un artisan distillateur d'eau-de-vie issu de 4 générations de « bouilleurs ambulants », pratique son métier avec passion et vend ses eaux de vie de fruits en France. Il y en a pour tous les goûts : poire, cidre, abricot, prune/ orange, myrtilles, fraises... Sa jolie boutique Au coin de l'Alambic propose les précieux breuvages aux jolies étiquettes évocatrices et regorge de produits régionaux. Vous pourrez constituer vos propres coffrets pour des cadeaux insolites.

LE GRENIER À JAMBONS

Route de Combelongue

✆ 05 61 96 32 79

www.legrenierajambons.fr

Ouvert du mardi au vendredi de 9h à 12h30 et de 14h à 19h30. Présent sur le marché de Saint-Girons les samedis matin.

Si vous n'aimez pas le cochon, passez votre chemin car ici on l'adore. Au point de le manger, de le déguster et de le faire venir (que les Ariégeois expliquent aux autres). L'élevage est situé au sein du parc naturel et tout est fait pour privilégier la qualité de la viande. Les cochons sont élevés sur un lit de paille et nourris aux céréales sans OGM. L'environnement est sain, propre, et Sophie et Jean Nocque savent transmettre leur passion et leur savoir-faire dans la réalisation de plats cuisinés, de viandes fraîches et de charcuteries traditionnelles.

SAINT-YBARS

Le village domine la vallée de la Lèze. Saint-Ybars est un ancien lieu de peuplement gallo-romain devenu, au Moyen Age, la petite cité Villa Sancti-Eparcii, en l'honneur de saint Eparche. Une statue de ce dernier, en pierre polychrome du XVe siècle, figure au-dessus de l'église, mêlant les styles de l'art roman et gothique. L'église fut fortifiée au XIIIe siècle, son ancien donjon carré fut remplacé par un clocher hexagonal, identique à celui des Augustins de Toulouse en 1527. La dernière tour de l'ancien château de Saint-Ybars, construit au XIIIe siècle par Roger IV, a disparu en 1842 et ses pierres ont servi à l'édification de l'actuelle mairie.

LOCATION DE CHALETS €€

Mairie
✆ 05 61 69 18 04
www.saint-ybars.fr

Ouvert toute l'année. De 165 € à 350 € la semaine selon saison. Location au mois, hors saison, 460 €. Chèque Vacances.

Dans un écrin de verdure et devant un lac de sept hectares (où foisonnent les carpes), sept chalets, Gites de France, agrablement aménagés pour des locations saisonnière de vacances et gérés par la Mairie d'Artigat, vous permettront de découvrir la vallée de la Lèze ainsi que les grands sites de l'Ariège (grotte du Mas d'Azil, le musée de la Préhistoire, grotte de Niaux, les mines de talc à Luzenac : les plus grandes en Europe) et bien d'autres sites. Chalets tout confort, cosy, en pleine nature dans une bastide calme et sympa.

AUBERGE LE PÉRISSÉ €€

Route de Gaillac
✆ 05 61 69 18 42
www.aubergeduperisse.com

Ouvert toute l'année. Jeudi et vendredi soir ; week-end midi et soir. Réservation. Menus de 22 € à 29 €. Terrasse.

On entre dans un univers champêtre environné par les charmes extérieurs de la campagne. On y déguste une cuisine régionale empreinte d'un esprit d'authenticité avec une cuisine élaborée, soignée et moderne. Bruno et Xavière sont aux commandes. Côté cuisine, tout est bien entendu maison avec une volonté d'utiliser au maximum des produits du terroir.. Cet établissement vaut le détour aussi bien pour l'accueil, l'environnement que pour la qualité des plats proposés. Aux beaux jours, on aime la possibilité de manger en terrasse sous le regard des Pyrénées.

SAINTE-CROIX-VOLVESTRE

Soyez les bienvenus dans la commune des Cruxéens. Kézako ? C'est le gentilé des habitants de Sainte-Croix-Volvestre, charmant petit village du Couserans et du Volvestre, peuplé de 630 habitants et proche de la frontière entre l'Ariège et la Haute-Garonne mais bénéficiant des avantages touristiques et économiques du Parc naturel régional des Pyrénées ariégeoises grâce à la richesse de son patrimoine naturel classé « zone naturelle d'intérêt écologique, faunistique et floristique ». La rivière locale s'appelle le Volp et le village possède un monument historique classé : l'ancienne abbaye fontevriste (de l'ordre monastique de Fontevraud).

MUSÉE DES ARTS ET TRADITIONS POPULAIRES

Route de Cazères
✆ 05 61 04 60 55

Basse saison : lundi au samedi 10h à 12h et 15h à 17h. Haute saison : lundi au samedi de 10h à 12h30 et de 15h à 18h.

La vie quotidienne dans le Volvestre de la fin du 19e est évoquée à travers de nombreux objets exposés. Vous découvrirez des métiers aujourd'hui disparus comme les maîtres verriers souffleurs de verre. La collection Arts et Traditions comprend cinq salles d'exposition : costumes, objets de la vie domestique, métiers disparus, école, patrimoine culturel, gentilshommes verriers, vitrine de verres soufflés, 1530-1850. Reconstitutions d'une cuisine, d'une chambre à coucher.

EQUILOISIRS

Laffite - **FABAS** ✆ 05 61 96 41 32
www.equiloisirs09.fr

Ouvert toute l'année. Se renseigner selon les activités par téléphone. CB non acceptée. Chèque Vacances.

Nathalie Bohin, accompagnatrice et guide de tourisme équestre et François Meyer vous accueillent dans leur ferme-centre équestre. Ils élèvent eux-mêmes sur 30ha de prairies bio et abris naturels, pur-sang arabes, castillonnais et poneys landais. Partez à la découverte du Volvestre. Des promenades à thèmes pour admirer la chaîne des Pyrénées sur le sentier des crêtes, parcourir l'histoire sur le sentier de verriers. La ferme possède 6 emplacements de camping et un gîte rural d'une capacité de 20 personnes. Beau choix de produits 100% bio et locaux.

PASSPORT

PAYS DU COUSERANS

Le Couserans, pays de Gascogne séparé de Foix et donc du Languedoc par le Col del Bouich possède une culture riche pleines de traditions et d'un passé luxuriant. Les sabots de Bethmale, les montreurs d'ours aujourd'hui disparus, les pierres à faux, le marbre, la papeterie... Son patrimoine naturel incomparable lui a permis d'intégrer dans sa totalité le Parc Naturel Régional des Pyrénées Ariégeoises, son patrimoine historique avec ses nombreuses bastides et son patrimoine gastronomique contribuent à faire de ce Pays un atout précieux pour l'Ariège. La beauté du palais des évêques de Saint-Lizier, fier bâtiment construit par l'homme, fait face au majestueux Vallier, le seul seigneur du Couserans. Laissez-vous conduire sur les petites routes à la découverte des fromageries, des lacs et des étangs, d'une station de ski et découvrez ce pays à travers ses marchés et les nombreux produits qu'il peut vous proposer.

D117
D117 E
Caumont
Sentaraille
D3
HAUTE-GARONNE
D33 A
D618
Engomer
D618
D137
CASTILLON-EN-COUSERANS
P.N.R. des Pyrénées Ariégeoises
D4
SENTEIN
D17
ESPAGNE

Pays du Couserans
D627
D18 E
D119
T-LIZIER
AINT-GIRONS
D117
Castelnau-
Durban
Eycheil
D3
D18
D33
D618
D18 B
37
D3
Soueix
D618
Biert
MASSAT
D118
D132
D3
D8 F
D8
Aulus-les-
Bains
2 KM

PAGES

●● PAYS DU COUSERANS

Saint-Girons.

CASTILLON-EN-COUSERANS

Ce nom de Castillon-en-Couserans fait songer au château féodal qui se dressait sur un monticule dominant la ville. De ce monument qui fut pendant de longues années la résidence des comtes de Comminges, il ne reste que la chapelle du calvaire dénommée Saint-Pierre, datant du XIIe siècle et fortifiée au XVe siècle. Celle-ci abrite des peintures romanes aux thèmes iconographiques rares. Comme beaucoup de ses frères, le château fut rasé sur les ordres de Richelieu. Dans l'église du village, de construction plus récente, on peut admirer deux bois polychromes du XVIe siècle, un Christ aux mains liées et une pietà inspirée de celle d'Audressein.

CHAPELLE DE TRAMESSAYGUES ✝ ★

AUDRESSEIN

✆ 05 61 96 72 64

Haute saison : ouvert tous les jours. Visites commentées en été. Réservation à l'Office de tourisme.

Cette magnifique église est classée Monument historique et inscrite au patrimoine de l'Unesco. Des travaux de restauration de la toiture ont permis d'affirmer la préexistence de l'église romane primitive à l'intérieur de l'ensemble architectural de l'époque gothique. L'existence du sanctuaire remonte donc au début du 2e millénaire et il est doté d'un portail d'enceinte superbe daté du XIIIe siècle. A voir : porche extérieur peint, fresque et motifs ornant voûtes et arceaux.

CHAPELLE SAINT-PIERRE ✝

✆ 05 61 96 72 64

www.ot-castillon-en-couserans.fr

Ouvert toute l'année. Tous les jours. Visite guidée.

C'est du nom de son château que Castillon, village étagé en terrasses avec ses vieilles maisons à échoppes, ses rues piétonnes bordées de murets de pierre sèche, tire son nom. Point d'implantation d'un château fort et de ses remparts, ne subsistent aujourd'hui que la chapelle castrale et quelques pans du mur d'enceinte. Intérieur : peintures murales du XIIIe à l'iconographie rare, trous acoustiques et fresque gothique du Pendu Dépendu attestant du Piémont pyrénéen comme voie de pèlerinage vers Saint-Jacques-de-Compostelle.

MAISON DE LA MÉMOIRE PAYSANNE

BALAGUÈRES

✆ 05 61 96 84 11

Ouvert toute l'année. De 15h30 à 19h. Gratuit. Visite guidée.

Les fondations de cette maison remontent au XVIe. Le maître des lieux vous propose une visite guidée avec pour ambition de reconstituer le cadre de vie des Couserannais entre 1700 et 1900. Plusieurs années de recherches ont été nécessaires pour dénicher un millier d'objets et d'outils qui témoignent du savoir-faire des habitants et qui apportent un éclairage original sur leur quotidien d'alors. Cela mérite un coup de chapeau et une visite que vous n'oublierez pas de si tôt.

AUBERGE DE L'ISARD*** €€

Village -
SAINT-LARY

✆ 05 61 96 72 83

www.hotel-logis-ariege.com

Logis. Ouvert toute l'année. Demi-pension. Animaux acceptés. Restauration.

L'hôtel s'étend sur deux bâtisses séparées par la Bouigane, que l'on traverse grâce à une verrière fermée. Hôtel tout confort qui garde une âme d'auberge familiale. Dans une salle lumineuse, aux tables colorées, le restaurant vous propose, midi et soir, une cuisine traditionnelle à base de produits du terroir : croustade, truite, foie gras maison, magrets de canard, crème caramel, pâtisseries maison... Pour nos amis sur deux roues, l'établissement est labellisé Relais Motard. A noter une intéressante boutique de produits régionaux à votre disposition.

AUBERGE DE LA CORE €€

Mairie - **ARRIEN-EN-BETHMALE**
✆ 05 61 04 80 53

Du jeudi au dimanche le midi ; du jeudi au samedi le soir. Réservation impérative. Menu unique à 25 €. Menu enfant : 9 €

Une auberge que l'on peut qualifier de restaurant gastronomique au coeur de la montagne, avec une terrasse avec vue panoramique sur la tour de Bramevaque et le sommet du pic du Midi de Bordes. Grâce au talent du chef Richard Michiels, on se délecte d'œufs fermiers cocottes aux morilles et cœur de foie gras et d'une blanquette de veau aux cèpes. Copieux, délicieux dans un cadre merveilleux. Est-il besoin de préciser que ces produits de grandes qualité sont frais et locaux ? Le service est à la hauteur de la table. Une excellente adresse dans le Haut-Couserans.

FROMAGERIE LE MOULIS

1, rue Principale - **MOULIS**
✆ 05 61 66 09 64
www.le-moulis.com/nos-fromages

Ouvert du mardi au vendredi de 9h à 12h et de 14h à 17h ; le samedi de 9h à 12h.

Caché jalousement dans la vallée du Couserans, la fromagerie «Le Moulis» travaille encore à l'ancienne pour affiner ses fromages. Marie-Jo Coudray perpétue la tradition fromagère que lui a léguée son grand-père, artisan depuis 1934. Le Moulis est une tomme de vache à pâte pressée reconnaissable entre toutes à sa belle croûte couleur muscade. Sa pâte non cuite est souple et onctueuse. Affiné entre 8 et 10 semaines, il est brossé plusieurs fois par semaine afin qu'il exprime tous ses arômes. La fromagerie propose aussi du Moulis au lait chèvre ou de brebis.

LE MOULIN GOURMAND

Rue du Moulin ✆ 05 61 96 83 38
www.moulin-gourmand.fr

Ouvert du lundi au samedi de 9h à 12h et de 14h à 18h. Sur le marché de Saint-Girons tous les samedis matin.

A Engomer, tout a commencé en 1978 avec Claude Gimbrède, le grand-père, un vieux moulin et un chaudron de cuivre et des années de passions, de courage et de persévérances. Les produits de bases sont locaux, les différents laits (chèvres, brebis, vaches) viennent des fermes. On achètera des fromages de Bethmale L'Estive, du millas, des ravioles au magret de canard confit, mais aussi de la brousse. Ce fromage était moulé dans un linge par le berger et il l'offrait aux propriétaires des troupeaux qu'il gardait. Un peu qui respire le patrimoine culinaire ariégeois.

PASCAL JUSOT SABOTIER

Aret-en-Bethmale - **ARRIEN-EN-BETHMALE**
✆ 05 61 96 78 84
www.artisan-bois-sabots.fr

Haute saison : ouvert tous les jours de 15h à 19h. Visite commentée les mardis à 15h (45 minutes, 3 € par personne).

Pascal Jusot est le dernier sabotier d'Ariège, probablement même de toute la chaîne des Pyrénées. Il a eu le bonheur de rencontrer monsieur Catala, sabotier à Andressein, qui lui a transmis le savoir-faire nécessaire à la fabrication des sabots. Tous les sabots entièrement fabriqués à la main sont réalisés dans des essences locales. Pascal Jusot fabrique des sabots bethmalais, des sabots de jardin mais aussi divers souvenirs et des objets traditionnels et décoratifs en bois. Une visite incontournable pour découvrir le fabuleux sabot de bethmale.

MASSAT

Enclave paisible dans les Pyrénées ariégeoises, le canton de Massat est une région charnière entre le Couserans et le Pays de Foix. La région fut habitée dès la Préhistoire, comme en témoignent les nombreux vestiges retrouvés (81 figures de l'époque magdalénienne) dans la grotte du Ker. A Massat, un magnifique clocher octogonal de soixante mètres de haut domine le village, édifié par le même ouvrier qui travailla sur celui de la cathédrale de Mirepoix. Le patrimoine architectural de la commune comprend deux bâtiments protégés par les monuments historiques, l'église de la Nativité-de-la-Vierge (en 1985) et la grotte du Ker (en 1974).

OFFICE DE TOURISME COUSERANS PYRÉNÉES

Place Alphonse-Sentein ✆ 05 61 96 26 60

Haute saison : du lundi au samedi de 9h30 à 13h et de 14h à 19h ; le dimanche et les jours fériés de 10h à 13h.

Idéal pour trouver hébergements, commerces, calendrier des manifestations et des animations, stages artisanaux et itinéraires : vestiges gallo-romains, chapelles romanes, folklore...
seix@tourisme-couserans-pyrenees.com
guzet@tourisme-couserans-pyrenees.com
labastidedeserou@tourisme-couserans-pyrenees.com
sainte-croix@tourisme-couserans-pyrenees.com
saint-lizier@tourisme-couserans-pyrenees.com
massat@tourisme-couserans-pyrenees.com
castillon@tourisme-couserans-pyrenees.com

LE COUSERANS.

PLONGEZ AU CŒUR DE L'ARIÈGE.

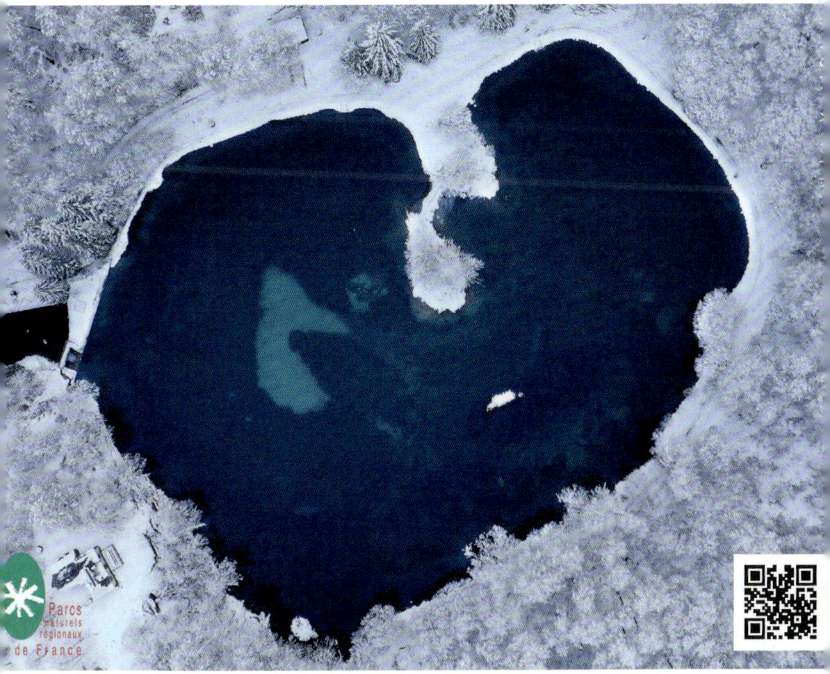

LA RÉSERVE DOMANIALE DU MONT VALIER

Le mont Valier culmine à 2 838 m.

C'est l'une des plus anciennes réserves domaniales des Pyrénées et la plus importante de l'Ariège avec 9 037 ha d'espaces sauvages et protégés. C'est le domaine du gypaète barbu, cet immense rapace à la tête orange vif. Vous pourrez aussi y apercevoir un grand tétras à la robe moirée, ou un aigle royal niché dans la falaise. Venez découvrir le lys des Pyrénées, l'iris sauvage, la digitale pourpre ou encore les rhododendrons qui au mois de juin recouvrent les hauteurs d'un rose intense.

OFFICE DE TOURISME DE MASSAT

Route du Col de Port
✆ 05 61 04 91 13

Haute saison : du dimanche au vendredi de 9h30 à 12h30 ; le lundi, le mardi, le jeudi et le vendredi de 15h à 18h. WIFI.

En Haut-Couserans, l'écrin de l'étang de Lers reste le point stratégique de la station, à la jonction de trois vallées Massat, Auzat-Vicdessos et Aulus les Bains. 30km de parcours sur 5 pistes : 1 piste balade piétons, 3 pistes raquettes, 1 piste luge. La station est ouverte tous les jours pendant les vacances scolaires, et hors vacances du samedi au lundi soir. Location de skis, raquettes, luges sur place. Centre de jour, bar/restaurant en hiver.

GÎTE ENSO DE JULES €€

ALEU ✆ 05 34 14 05 13
www.gite-aleu-ariegepyrenees.com/

Gîtes de France (3 épis). Fermé de novembre à février. 2 chambres. De 500 € à 700 € la semaine selon saison. Week-end

Jules était le grand-père de la propriétaire de cette maison du début du XIXe siècle située dans un hameau de montagne à 800 m. Vous cheminerez le long d'une petite route et découvrirez un panorama exceptionnel sur les Pyrénées au cœur du parc naturel. 2 chambres, dont une mansardée, salle d'eau, buanderie, cheminée (à foyer fermé) dans la cuisine, barbecue, terrasse vue sur le mont Vallier : tout est fait pour passer des vacances dépaysantes en pleine nature propice aux randonnées, à la pêche, à la découverte du pays massatois, du Couserans et de toute l'Ariège.

HOSTELLERIE DES TROIS SEIGNEURS €€

Avenue de Saint-Girons
✆ 05 61 96 95 89
www.hostellerie3seigneurs.com

Fermé de novembre à avril. Menus de 25 € à 39 €. Menu enfant : 12 €. Formule du midi : 11,50 €.

Stéphane et Magali ont repris cette institution massatoise. Les chambres sont fonctionnelles et spacieuses. Le restaurant mérite toute votre attention. Les sauces y sont reines, comme celle qui accompagne le coq au vin. Que diriez-vous d'écrevisses fraîches à la New-Burg qui sont un pur régal ? Si vous aimez le canard, ici il est préparé de multiples façons. Mais vous pouvez préférer la poule farcie, l'épaule d'agneau, le magret de canard aux pêches, les civets...

Dans les rues de Massat.

MAXIL CAFÉ €€

✆ 05 61 66 11 01

Ouvert toute l'année et tous les jours. Jardin. Terrasse. Vente à emporter. Animations.

William, le propriétaire des lieux, est un habitué des nuits nantaises et a choisi de passer de la proximité de l'océan à la montagne de Massat. Il propose une cuisine traditionnelle de notre pays, de la truite ou un délicieux magret aux airelles. Le burger XL est bien sûr maison et le fromage est.. d'ici ! La grande terrasse, très agréable, permet des soirées sympas en été dans une amblaince cocktail et des concerts plutôt rock. Expositions diverses dans l'établissement, possibiilté de logement, apéro-concert-tapas... Le lieu où il faut aller dans le Massatois.

SAINT-GIRONS ★

Capitale du Couserans, Saint-Girons est située au centre d'une remarquable région composée de dix-huit vallées, tout au long desquelles on peut découvrir une nature verdoyante parsemée de ruisseaux, de torrents qui font le bonheur des habitants, des promeneurs et où les pêcheurs peuvent tout à loisir taquiner la truite. La ville se veut une cité dynamique associant un commerce actif, des industries, des sports tels que le kayak, la randonnée, le parapente ou le ski, et des sites culturels. Saint-Girons et le Couserans vivent aussi de petites et moyennes entreprises, telles des papeteries, fromageries, entreprises du bâtiment, carrières...

ESPACE ARISTIDE BERGÈS

LORP-SENTARAILLE

✆ 05 61 66 13 97

www.asso-ab.fr

Ouvert tous les jours. Durée de la visite : 1h30 à 2h. Visite guidée (sur rendez-vous). Boutique.

Créé par une association d'anciens ouvriers et de passionnés de l'imprimerie, l'Observatoire du Papier des Arts Graphiques et de la Communication est situé dans une ancienne usine à papier inscrite au titre des Monuments historiques. Le musée présente toute l'histoire du papier dans tous ses états. C'est le seul musée de France où l'on peut voir une ligne de fabrication contemporaine du papier en continu. Vous découvrirez également plus de 120 machines et outils à imprimer présentant les quatre procédés d'impression existants.

HORIZON VERTICAL

Ancienne gare

✆ 05 61 96 08 22

www.horizonvertical.net

Haute saison : ouvert du lundi au samedi. Tarifs complets sur le site internet. Réservation obligatoire.

De l'initiation au perfectionnement, tout est compris : l'encadrement par des guides brevetés d'État, une assurance individuelle, le matériel. L'équipe d'Horizon Vertical vous fera découvrir et partager ses multiples passions : canyon, escalade, parcours aventure en falaise, spéléologie... Ces activités vont de l'initiation au stage de perfectionnement et concernent tous les âges, tous les gabarits et tous les niveaux, en groupes ou individuels. Sportifs chevronnés, ils ont ouvert des canyons tous niveaux. Les activités sont assurées à partir de quatre personnes.

MAISON DE LA MÉMOIRE PAYSANNE

BALAGUÈRES

✆ 05 61 96 84 11

Ouvert toute l'année. De 15h30 à 19h. Gratuit. Visite guidée.

Les fondations de cette maison remontent au XVIe. Le maître des lieux vous propose une visite guidée avec pour ambition de reconstituer le cadre de vie des Couserannais entre 1700 et 1900. Plusieurs années de recherches ont été nécessaires pour dénicher un millier d'objets et d'outils qui témoignent du savoir-faire des habitants et qui apportent un éclairage original sur leur quotidien d'alors. Cela mérite un coup de chapeau et une visite que vous n'oublierez pas de si tôt.

CAMPING D'AUDINAC*** €€

MONTJOIE-EN-COUSERANS

✆ 06 33 79 21 25

www.camping-audinaclesbains.com

Piscine extérieure. Voir tarifs sur le web. Animaux acceptés. Aire camping-cars. Wifi gratuit. Restauration. Animations.

A seulement 3 kilomètres de Saint-Girons, ce camping est totalement adapté à tous les budgets ou à toutes les formes de camping souhaitées : simple tente de camping, caravane, camping-car ou très confortable chalet pour 6 personnes. Le lieu a gardé son esprit familial et relaxant. Sa situation en pleine nature, dans une ancienne station thermale au pied des montagnes avec une superbe vue sur ces dernières, invite au bien-être grâce à ses équipements (sauna, massages) et tout est mis à votre disposition pour des vacances réussies.

HORIZON 117** €€

Avenue du Général-de-Gaulle
LORP-SENTARAILLE ✆ 05 61 66 26 80
www.horizon117.com

Logis. Fermé le dimanche soir sauf juillet et août. Animaux acceptés. Wifi. Restauration.

Tenu par Francis et Maryse Puech, cet établissement est une institution depuis près de 50 ans. Hôtel-restaurant d'allure extérieure moderne, doté d'un grand jardin avec tennis, piscine, jardin, sauna. La grande salle avec sa cheminée à la tête de cerf stylisée et la véranda, pour se restaurer devant une cuisine traditionnelle de qualité à base de produits du terroir. La carte change au gré des saisons et on y retrouve la provenances des produits ariégeois et locaux. Une excellente adresse, une cuisine goûteuse. Magnifique vue sur les Pyrénées et le mont Valier.

HÔTEL LE VALIER** €€

29, avenue d'Aulot
✆ 05 61 66 22 25
www.hotellevalier.com

Ouvert toute l'année. Chambre simple de 60 € à 75 € ; chambre double de 65 € à 75 €. Wifi gratuit.

Cet hôtel se trouve face au parc des expositions, à deux minutes à pied du marché de Saint-Girons (le samedi matin) et du centre-ville historique. Il constitue une possibilité de halte reposante dans la capitale du Couserans. Les chambres, douillettes, proposent une décoration très soignée et offrent un confort qui est une invitation pressante à passer une excellente nuit dans la cité couserannaise. A noter : un accueil comme on les aime, simple et chaleureux et, d'autre part, que «Valier» s'écrit avec un seul «l» comme le saint et le mont du même nom.

LA MAISON BLANCHE €€

17, Chemin de la Mole - **LORP-SENTARAILLE**
✆ 06 12 52 36 00
www.couseransmaisonblanche.com

Chambre simple 55 € ; chambre double 60 € ; chambre triple 70 €. Petit déjeuner inclus. Enfant moins de 2 ans : 5 €.

Alain et Agnès, amoureux de leur Couserans natal, vous accueillent en toute simplicité dans leur maison familiale. Ils vous feront découvrir leurs passions : le cheval pour Agnès et la montagne et la photographie pour Alain. Les chambres d'hôtes se situent dans la commune de Lorp-Sentaraille, patrie de d'Aristide Bergès, l'arrière-grand-oncle d'Agnès. Vous pourrez profiter de la table d'hôtes sur réservation, avec ses petits plats du terroir. Vous aurez la possibilité de partir en balade avec Agnès qui est accompagnatrice de tourisme équestre.

DOMAINE DU CHÂTEAU DE BEAUREGARD*** €€€

Avenue de la Résistance ✆ 05 61 66 66 64
www.chateaubeauregard.net

Basse saison : chambre double 65 €. Haute saison : chambre double de 85 à 105 €. Petit déjeuner buffet : 13 €.

Cette bâtisse du XIXe siècle a été aménagée avec goût et respect des temps passés. Dix superbes chambres vous attendent, toutes différentes, toutes meublées de mobilier ancien, claires et spacieuses. Les salles de bains occupent les quatre tourelles du château. Le parc, d'une superficie de 2,5 hectares, abrite des arbres centenaires. Une piscine nichée dans la roseraie vous attend. La table, elle aussi est de qualité. Ne ratez pas le spa, il est absolument exceptionnel.

L'OUSTALET €

6, rue Jules-Desbiaux
✆ 05 61 66 57 24
Basse saison : ouvert du mardi au samedi. Haute saison : du lundi au samedi. Vente à emporter. Pas de chiens.

Charmante pizzeria dans le centre-ville. L'entrée est étroite, telle une grotte aux murs blancs. La salle est petite et on demandera à la patronne si l'on peut s'asseoir près des fenêtres aux rideaux vichy bleu. Non pas pour s'échapper, encore faut-il savoir nager, mais pour profiter de la très belle vue sur la rivière, le Salat. Au menu, pizzas, salades copieuses, lasagnes, spaghettis ou raviolis, entrecôte pour les viandes et un délicieux osso buco. Les pizzas sont de qualité et le service agréable, tout en sourire. Possible de commander des pizzas à emporter.

LE CLOS GOURMAND €€

14 bis, Avenue Aristide Berges
LORP-SENTARAILLE ✆ 05 61 01 04 77
https://le-clos-gourmand.business.site
Ouvert le mardi midi ; du jeudi au samedi midi et soir. Menus de 20 € à 35 €. Midi : 16 € (entrée+plat ou Plat+dessert).

Bien connu dans le monde de la restauration car ayant fait ses armes à l'Hôtel de la Tour à Saint Lizier, Laurent Arrighi a déplacé sa brigade pour désormais nous régaler dans son nouveau restaurant. Dans un décor gris, noir et rouge, le restaurant offre une cuisine innovante et goûteuse tout en respectant les saveurs du terroir. La carte varie au gré des saisons. Vous vous régalerez du foie gras pressé aux poires caramélisées ou du médaillon de veau et sa sauce aux morilles. Baies vitrées donnant sur le jardin et une belle terrasse calme.

LE K-NON €€

4, Place des Poilus
✆ 05 61 96 00 18
www.k-non-restaurant.fr
Ouvert tous les jours. Menu enfant : 12 €. Pizzas de 10,90 € à 14,90 €. Terrasse.

On peut en faire des choses avec un canon. On peut tirer avec, on peut en boire, on peut en voir passer... Bar au décor bleu et en briques rouges de Toulouse : Omani Madani et Mathieu Gautier ont entièrement redécoré avec goût l'ancien établissement. Les chaises sont bariolées et colorées, les tables alternent entre le noir et le gris et les menus sont élégants. On dégustera de succulentes pizzas et on trouvera à la carte quelques surprises comme l'os à moelle ou un coquelet entier rôti. Le pain est maison, cuit au feu de bois dans le superbe four à pizza.

PARC DE PALETES*** €€

Allée des Orchidées
✆ 05 61 66 06 79
www.camping-parc-de-paletes.com
Emplacements tentes et caravanes+locatifs+chambres d'hôtel. Animaux acceptés. Wifi. Restauration. Piscine. Bar. Tennis.

Repris dernièrement par Marco et Céline et entièrement rénové. Ce parc de 6 ha, avec une superbe vue sur les Pyrénées, vous permettra de loger à votre guise dans des roulottes de quatre places, dans des chalets, en studios ou bien dans des chambres, et même sous la tente ! A la sortie de Saint-Girons, en direction de Massat (D3), ce camping vous permettra de profiter du calme et de vous détendre. Sur place, piscine, tennis, terrain de volley-ball, salle de ping-pong... Des chemins de randonnée partent du site. C'est le plus grand espace d'hébergement de l'Ariège.

© PARC DE PALETES

© PARC DE PALETES

PAYS DU COUSERANS

CHEZ O'DREY €€

459, Lane d'Antichan
LORP-SENTARAILLE ✆ 09 82 41 99 33

Fermé du 15 octobre au 15 avril. 56 emplacements. Restauration (à côté).

O'drey a laissé son food truck pour une nouvelle aventure. Deux nouvelles aventures plus exactement. Le restaurant avec ses spécialités de Palavas, et la reprise du camping d'Antichan. Le concept change pour en faire un véritable camping pour les fans de vols en tous genres bien sûr mais surtout aussi pour tous les publics qui ont besoin de détente et de vacances dans le Couserans. Emplacements pour planter sa tente, mobil-home, tentes bengali. Il y a même une aire pour camping-cars. Concerts et animations au restaurant tout proche. Des vacances au top !

CHEZ O'DREY €€

459, Lane d'Antichan
LORP-SENTARAILLE
✆ 09 82 41 99 33

Ouvert du dimanche au mardi et le jeudi le midi ; le vendredi et le samedi le soir. Menu unique à 15 €.

L'établissement est situé sur l'aérodrome d'Antichan et piloté par O'drey. La salle est de style bistrot avec cuisine ouverte. La grande terrasse offre une vue époustouflante sur les montagnes. Le restaurant propose bien sur des plats traditionnels locaux, mais, c'est la grande originalité, des spécialités méditerranéennes comme la bouillabaisse (maison bien sûr !) ou une pariade de poissons (frais bien sûr !) L'origine palavasienne d'O'drey y est pour quelque chose. En hiver soirée karaoké, en été concerts. Service traiteur pour vos événements. Ça bouge !

L'AUBERGE D'ANTAN €€

Avenue de la Résistance
✆ 05 61 64 11 02

Ouvert toute l'année. Du mardi au vendredi et le dimanche le midi ; du mardi au samedi le soir. Soir 35 €, midi 17 €.

L'Auberge d'Antan, la bien nommée, nous conduit dans d'autres temps. Le menu débute par une garbure, tirée directement du chaudron qui mijote dans la cheminée, à côté le cochon de lait farci cuit à la broche lentement. Du four à pain sortent des gratins fumants, et l'auberge a même sa propre cave pour maturer les côtes de boeuf 2 à 6 mois ! La décoration est authentique, le service impeccable. Dans le rôle de l'aubergiste, Yannick Bartet, dans le rôle du chef, Laurent Bubola. En dessert, attardez-vous sur la crème brûlée à la fève de Tonka. Majestueuse terrasse.

RESTAURANT PAO MAGNY ARTMAGNY TRAITEUR CRÉATEUR DE SAVEURS €€

50, allée des tilleuls ✆ 06 83 01 83 86
www.paomagny-traiteur.fr
Ouvert du lundi au samedi.

Pao Magny, le créateur de saveurs, est un traiteur hors pair qui propose une cuisine créative et inventive toujours pleine de sensibilité. Il est spécialisé dans les mariages, cocktails, baptêmes, séminaires, repas de famille, réunions professionnelles de 10 à 500 personnes, de Saint-Girons à Toulouse. Le maître régalera vos yeux et vos papilles grâce au service à domicile avec sa signature créateur de saveurs. Scoop ! Grande nouvelle, ouverture en septembre d'un nouveau restaurant !

LE SAINT-GI €€

14, rue du Pujol
✆ 05 61 04 99 13
Ouvert le lundi soir ; du mercredi au dimanche le midi et le soir. Formule du midi : 15 €. Terrasse.

Situé dans une petite rue du centre, le restaurant a fait entièrement peau neuve ! Nouvelle déco, nouveaux propriétaires : Séverine Bordin est désormais aux commandes de sa propre affaire. Le restaurant s'est éclairé, le bar façon zinc trône à l'entrée, l'ensemble est bien plus moderne et agréable. L'établissement propose un menu le midi et une carte le soir. Tout est cuisiné majoritairement à partir de produits locaux en circuits courts. Renard s'est délecté d'un velouté de courgettes au chèvre et d'une succulente papillote de lieu noir.

LA TABLE DE L'OURS €€

Palétès ✆ 05 61 66 10 31
www.restaurant-la-table-de-l-ours.fr
Fermeture décembre et janvier. Ouvert tous les jours. Menu enfant : 10 €. Formule du midi : 15 €. Terrasse. Animations.

Ce restaurant fait partie du complexe de loisirs de Palétès, avec salles de banquets, terrasse panoramique de 170 places, piscine, tennis et hébergement en toutes saisons. La salle est claire avec une cheminée cosy et des tables très sympas. Marco est le propriétaire des lieux et le chef propose une cuisine variée, traditionnelle, goûteuse, élaborée à partir de produits frais et locaux. Certains légumes arrivent directement du jardin. Les vins et bières pression sont choisis pour leur qualité. A l'extérieur grand barbecue. Animations et soirées sympas. On adore.

HORIZON 117 €€€

Avenue du Général-de-Gaulle - **LORP-SENTARAILLE**
✆ 05 61 66 26 80
www.horizon117.com
Haute saison : ouvert tous les jours le midi et le soir. Menus de 24,50 € à 40 €. Menu enfant : 12 €. Midi : 16 €.

Tenu par Francis et Maryse Puech, l'établissement est une institution ! Un hôtel-restaurant d'allure extérieure moderne, doté d'un grand jardin avec court de tennis, piscine, jardin d'enfant et un sauna. La grande salle rustique avec cheminée et la véranda, deux lieux pour se restaurer devant une cuisine traditionnelle de qualité à base de produits du terroir. La carte change au gré des saisons et on y retrouve la provenances des produits ariégeois. Magnifique véranda. Une excellente adresse. Magnifique vue sur les pyrénées et le Mont Vallier.

PATISSERIE - CHOCOLATERIE BALARD

4, rue Gambetta
✆ 05 61 66 35 11
Ouvert du mercredi au vendredi de 10h à 12h30 et de 15h à 19h ; samedi de 8h à 12h30 et de 15h à 19h ; dimanche matin.

Jean-Pascal Balard a travaillé comme pâtissier dans quelques grands restaurants (Trois à Roanne ou le château de Mercuès) et chez quelques grands pâtissiers de France. Sa spécialité est le chocolat qu'il accommode en fonction de ses créations : bonbons, gâteaux à découvrir sur place. Parmi les spécialités, l'ardoise du Couseran, un palais de nougatine enrobé de chocolat. Pâtisserie traditionnelle avec tartes, éclairs, religieuses, millefeuilles, fraisiers, charlottes...

AUX ATELIERS DE LA LIBERTÉ

40, boulevard Frédéric Arnaud
✆ 05 61 96 36 77
www.biscuiterieloiegourmande.fr
Ouvert du mardi au samedi de 7h30 à 19h.

Martin et son équipe sont connus sur la place pour les délicieux biscuits bio et éthiques de l'Oie gourmande. Un oison vient de naître sous la forme de cette Scop. C'est ce nouveau et vaste espace de vie, à la fois salon de thé convivial, boulangerie, pâtisserie, snacking qui s'ajoutent à l'espace vente et à la fabrication des biscuits. Egalement de la petite restauration avec une éthique de transition alimentaire et des producteurs uniquement locaux. Agréable patio et son olivier.

LA BRASSERIE ARTISANALE D'ARIÈGE PYRÉNÉES

6 ter, avenue René-Plaisant
✆ 05 61 96 60 01
www.biere-ariege.com
Ouvert du mercredi au vendredi de 15h à 19h ; le samedi de 10h à 12h30 et de 15h à 19h.

La Blonde Brouche, l'ambrée Carabell, la blanche Plume et la Magie Brune, voici quelques bières brassées par Pierre-Jean Faux depuis 2005. La recette : 100 % pur malt, eau de source des Pyrénées, pas de stérilisation ni de filtration. Bien sur à consommer avec modération... ou avec qui vous voulez. La brasserie a obtenu en 2016 la médaille d'or lors de la manifestation «Aurignac sous pression». Nouveauté : toutes les bières sont passées en bio depuis février 2021 !

CROUSTADES MARTINE CRESPO

38, rue Pierre Mazaud ✆ 05 34 14 30 20
www.croustade.com
Ouvert mardi, jeudi et vendredi 9h à 12h30 et 14h30 à 18h ; samedi 8h à 13h et 14h30 à 18h ; dimanche 8h à 13h.

Martine Crespo a su faire revivre les goûts du Couserans de ses aïeux. Avec une pâte feuilletée et des fruits frais, elle compose des pâtisseries légères, dorées et appétissantes sont toutes faites au beurre. Outre les croustades aux pruneaux, pommes, noix, poires ou même chocolat, cette boutique offre un choix important de tartes de saison. En été, on se régale de l'aubergine basilic. A découvrir aussi : la croustade foie gras et hypocras. Le petit chef-d'œuvre gourmand du Couserans.

CAFÉS BLASCO

40 bis, avenue Aristide Berges
✆ 05 61 66 46 66
www.cafesblasco.com
Ouvert du lundi au vendredi de 9h à 17h.

En 1986, Michel Blasco se lançait dans l'aventure de la torréfaction du café. Plus de trente six ans après, l'entreprise est toujours et bien là et propose de bien jolis cafés, savoureux et originaux que l'on peut trouver sur place ou dans plus de 1000 établissements dans la France entière. Pour les chevronnés et les spécialistes, des machines Nuova Simonelli sont également disponibles à la vente. Pour les passionnés et les connaisseurs du breuvage noir, des stages et formations et de découverte du latte art et de la barista sont organisés !

CAVE PINCE MONNEREAU

32, rue de la République
✆ 05 61 66 02 00
www.pincemonnereau.fr
Ouvert du mardi au jeudi de 9h à 12h30 et de 14h30 à 19h ; le vendredi et le samedi de 9h à 13h et de 15h à 19h30.

C'est une véritable institution saint-gironnaise implantée depuis 1923. A l'intérieur vous serez accueillis, guidés, conseillés (et instruits) par une véritable œnologue de choc, Cassie Tafin. Elle mettra tout en œuvre pour que vous trouviez la dive bouteille si chère à Panurge et forcément à Rabelais. Si vos goûts ne vous mènent pas vers un des nectars de Bacchus, vous vous régalerez d'un des nombreux thés ou cafés proposés. A noter un grand choix également en épicerie fine et produits originaux et de grande qualité à consommer sans modération.

CHARCUTERIE CAZAUX

LORP-SENTARAILLE
✆ 05 61 66 45 90
https://andre-cazaux.fr/
Ouvert du lundi au samedi. Ouvert le dimanche (le matin en été).

En 1969, André Cazaux ouvrait une charcuterie à Saint-Girons. Aujourd'hui, les produits charcutiers jouissent d'une très bonne notoriété au niveau local et régional. Ils sont également présents en région parisienne, en Aquitaine et en Provence. Les porcs et coches proviennent exclusivement du Sud-Ouest. Saucissons, saucisses sèches, saucisses de foie, jambons, pâtés et autres succulentes sont les réalisations de cette maison en constante expansion. Le charcutier se voit régulièrement récompensé de médailles d'or au Concours Général Agricole.

CRÈMERIE DU COUSERANS

3, rue de la République
✆ 05 61 66 50 30
https://fromagedariege.com/
Ouvert du mardi au vendredi de 9h à 12h30 et de 15h à 19h ; le samedi de 8h à 13h et de 15h à 19h.

Anne et Clément Rouzaud tiennent cette crèmerie située dans le centre de Saint-Girons. Vous y dénicherez de délicieux fromages, à acheter à l'unité ou en plateaux. Vous succomberez forcément au goût délicat d'un brillat-savarin truffé, d'un pont-l'évêque, d'un livarot ou d'un praz-vechin au lait cru. Vous découvrirez des assemblages originaux faits maison, tels le brie de Meaux aux noix ou ce surprenant et succulent petit fiancé des Pyrénées marié avec du cacao. Sont aussi proposés des yaourts fermiers ainsi que des bouteilles de vin à accorder avec les fromages.

BRASSERIE LA BOUSSOLE

Camps de Bonin
TAURIGNAN-VIEUX
✆ 09 53 18 98 32
www.brasserie-laboussole.fr
Ouvert vendredi de 17h à 23h ; samedi de 17h à 20h. De juin à septembre. Le reste de l'année consulter le site Web.

Créativité, écoresponsabilité, qualité et convivialité ! Plus d'une dizaine de bières différentes et tout en bio, brassées sur place. La Boussole est axée autour de 3 points : Jenny, Guylain et Vincent à la tête d'une Scop et artisans de la bière. Fermentation, styles, recettes, Guylain est intarissable et transmet sa passion avec des bulles pétillantes dans les yeux. Le hangar accueille aux beaux jours un bar à bières avec terrasse, *food trucks*, spectacles vivants et concerts. Avec une grande capacité d'accueil, un vaste parking est idéal pour se garer.

© BRASSERIE LA BOUSSOLE

© BRASSERIE LA BOUSSOLE

FROMAGERIE LE MOULIS

1, rue Principale - **MOULIS**
✆ 05 61 66 09 64
www.le-moulis.com/nos-fromages
Ouvert du mardi au vendredi de 9h à 12h et de 14h à 17h ; le samedi de 9h à 12h.

Caché jalousement dans la vallée du Couserans, la fromagerie «Le Moulis» travaille encore à l'ancienne pour affiner ses fromages. Marie-Jo Coudray perpétue la tradition fromagère que lui a léguée son grand-père, artisan depuis 1934. Le Moulis est une tomme de vache à pâte pressée reconnaissable entre toutes à sa belle croûte couleur muscade. Sa pâte non cuite est souple et onctueuse. Affiné entre 8 et 10 semaines, il est brossé plusieurs fois par semaine afin qu'il exprime tous ses arômes. La fromagerie propose aussi du Moulis au lait chèvre ou de brebis.

MARCHÉ

Ouvert le samedi de 7h à 13h.

Le marché de Saint-Girons est autant réputé que le marché ancestral de Mirepoix. Vous y trouverez tous types de produits artisanaux, manufacturés localement qui descendent souvent directement des montagnes avoisinantes. Fromages de vache, chèvres, mélange de laits, artisans d'art, produits divers (et d'été), volailles, confitures, charcuteries variées et délicieuses... Outre les Saint-Gironnais locaux, une population de néo-ruraux colorée, en provenance des villages alentour, enchante le marché et procure une ambiance toujours au top.

SILKO ASINUS

22, rue Pierre Mazaud
✆ 05 61 04 65 91
www.asinus.fr
Ouvert du mercredi au vendredi de 15h30 à 18h ; le samedi de 9h30 à 13h. Boutique en ligne.

La boutique vous propose un large choix de produits élaborés à partir du lait d'ânesse, certains bénéficiant de la licence Ecocert. 13 variétés de savon, fabriqués artisanalement par un savonnier ardéchois, aux parfums originaux tels avoine, cannelle, concombre... des shampoings, des crèmes pour le visage, des laits de toilette ou de douche, des crèmes pour le visage ou le corps... et découvrir également les délicieux bonbons. Car le lait d'ânesse facilite la digestion et est particulièrement riche en minéraux et en vitamines.

SAINT-LIZIER

Depuis le VIe siècle et jusqu'à la Révolution française, les évêques du Couserans ont élu domicile à Saint-Lizier et ont bâti le somptueux édifice, « le palais de évêques », que l'on peut découvrir de nos jours et qui fait office de musée départemental de l'Ariège. La cité, fondée par les Romains, est classée parmi les Plus Beaux Villages de France et fait partie des Grands Sites de Midi-Pyrénées. Le paysage et la vue sur les Pyrénées sont grandioses. Cet ensemble de richesses fait de Saint-Lizier une étape incontournable dans la découverte de l'Ariège. Depuis 1998, ses principaux monuments sont inscrits sur la liste du patrimoine mondial de l'Unesco.

CLOÎTRE ROMAN ★

Place de l'Eglise
Ouvert toute l'année. Tous les jours. Gratuit.

Il faut voir le cloître, d'une saisissante beauté lorsque le soleil joue entre les colonnes. L'édifice qui jouxte l'église, est surmonté d'une galerie à piliers de bois ajoutée au XIVe siècle, ce qui est rare dans cette région, et comprend quatre galeries d'arcades en plein cintre avec des chapiteaux richement sculptés. De proportions harmonieuses, ce cloître dégage une très grande impression de sérénité et encourage à la réflexion et la spiritualité. Les chapiteaux de la galerie nord sont d'un style rappelant celui de l'église toulousaine de la Daurade.

ÉGLISE DE SAINT-LIZIER - ANCIENNE CATHÉDRALE ✞ ★

Place de l'Église
Ouvert toute l'année. Tous les jours. Gratuit.

Bâtie au XIe et consacrée en 1117, elle renferme un magnifique ensemble de fresques romanes. Le cloître est surmonté d'une galerie ajoutée au XIVe. Le trésor des Evêques présente un ensemble d'orfèvrerie dont la pièce maîtresse est le buste de Saint-Lizier en argent. Étape du Chemin du Piémont, Saint Lizier est un souvenir vivant de la grande époque du pèlerinage de Compostelle. Le clocher octogonal, date du XIVe. La nef intérieure possède des fresques romanes remarquables.

ESPACE ARISTIDE BERGÈS

LORP-SENTARAILLE ✆ 05 61 66 13 97
www.asso-ab.fr

Ouvert tous les jours. Durée de la visite : 1h30 à 2h. Visite guidée (sur rendez-vous). Boutique.

Créé par une association d'anciens ouvriers et de passionnés de l'imprimerie, l'Observatoire du Papier des Arts Graphiques et de la Communication est situé dans une ancienne usine à papier inscrite au titre des Monuments historiques. Le musée présente toute l'histoire du papier dans tous ses états. C'est le seul musée de France où l'on peut voir une ligne de fabrication contemporaine du papier en continu. Vous découvrirez également plus de 120 machines et outils à imprimer présentant les quatre procédés d'impression existants.

MUSÉE PALAIS DES ÉVÊQUES ET CATHÉDRALE ND LA SEDE ★★

Palais des Évêques ✆ 05 61 05 10 10
www.sites-touristiques-ariege.fr

Ouvert toute l'année. Gratuit jusqu'à 5 ans. Adulte : 5,60 €. Visite guidée. Boutique.

Nouveaux aménagements et nouvelles scénographie pour le musée qui devient plus moderne et ludique. Dans la cathédrale, les peintures les plus anciennes datent du XIIe siècle et sont d'une richesse exceptionnelle sur la voûte et les murs. Sont visibles 12 sibylles, l'arbre de Jessé sur le mur sud et des moments de la vie de saint Jacques sur le mur Nord. La visite guidée vous permettra de découvrir les peintures cachées sous quelques astucieuses manipulations techniques.

PALAIS DES ÉVÊQUES - NOTRE-DAME-DE-LA-SÈDE ★

Route de l'Evêché
✆ 05 61 05 10 10
www.sites-touristiques-ariege.fr

Ouverture en avril. Jours d'ouverture variables selon les périodes : voir site Internet. 10h30-12h30/14h-18h. 5 à 7 €.

Les évêques ont bâti ici ce palais somptueux et sa riche cathédrale, embellis du XIe au XVIIIe siècle. Le site abrite le musée départemental riche de collections couvrant 2 000 ans d'histoire locale, de l'Antiquité à nos jours. Y sont présentés : la présence romaine en Couserans, de la cité gallo-romaine à l'évêché du Couserans, le Palais des Evêques, histoire et architecture, Vivre dans une vallée pyrénéenne au début du XXe siècle. La visite inclut la cathédrale.

AU PAYS DES TRACES

8, route de Miguet
✆ 05 61 66 47 98
www.paysdestraces.fr

Haute saison ouvert tous les jours de 13h30 à 19h. Adulte : 12 €. Enfant de 3 à 12 ans : 10 €.

Catherine et Jean-Louis, naturalistes chevronnés, accompagnés d'une équipe de passionnés font découvrir cette science. Indices de présence d'animaux, empreintes et adaptations morphologiques, étude des oiseaux, insectes et reptiles. Visite de la grotte du loup, la sépulture préhistorique du troglodyte, le parc animalier végétal avec indices de la faune pyrénéenne. Atelier de moulage de traces, simulation d'avalanche. Sans oublier le village à mouler et un parcours d'observation d'ossements préhistoriques. Exposition Les traces sous toutes leurs formes.

Le Palais des Evêques - Saint-Lizier.

PHARMACIE DU XVIIIE SIÈCLE ★

✆ 05 61 96 77 77

Haute saison : ouvert tous les jours et les jours fériés. Visite sur réservation pour les groupes. Visite guidée.

Dans l'hôtel-Dieu, une magnifique pharmacie du XVIIIe remarquablement préservée et restaurée qui présente des faïences, une trousse de chirurgien militaire, de nombreux ouvrages de médecine, une herboristerie, une collection de bouteilles, de flacons, des bocaux et autres pots du XVIIe. N'hésitez pas à demander des informations sur l'histoire du mystérieux vinaigre des 4 voleurs ou l'huile des petits chiens ou élixir de longue vie. La pharmacie n'est accessible qu'en visite commentée.

REMPARTS GALLO-ROMAINS

Ouvert toute l'année. Tous les jours. Gratuit.

Ces remparts antiques ceinturent la cité sur 750 mètres pour une hauteur de 4 à 5 mètres et sont flanqués de 6 tours rondes ou carrées. Ils enclavent une superficie de 3,5 hectares. Cette muraille aurait été construite au IIIe ou au IVe siècle après Jésus-Christ et repose à même le socle rocheux. Ce vestige est le mieux conservé de la ville antique. Son état remarquable est dû à sa réutilisation médiévale et moderne qui ont contribué à son entretien régulier. Il est même considéré par les spécialistes comme un des mieux conservés du Midi de la France.

VILLA BELISAMA €€

Rue Notre-Dame

✆ 06 72 87 63 71

Ouvert de mai à octobre. 3 chambres. De 85 € à 100 € pour deux personnes.Table d'hôte 30 € sur réservation.

Cette maison à colombage dont l'assise date du XIIe, fut embellie en 1699 par un chanoine. Le jardin, véritable belvédère, permet d'embrasser un panorama grandiose sur la chaîne des Pyrénées Un salon de lecture avec cheminée et une importante bibliothèque spécialisée où Jean-Michel, amateur d'art roman vous fera découvrir un Couserans oublié, celui des grottes préhistoriques, des musées, des verriers, la forêt du roi ou le superbe cloître de la cathédrale. Au petit déjeuner : pain bio, confitures, gâteaux maison. La piscine privée est mise à votre disposition.

LE CHALET DE CHANTERAINE €€

✆ 05 61 66 11 33 - www.lechanteraine.com

BS : jeudi au lundi soir, tous les midis. HS : tous les jours midi et soir. Réservation recommandée. Menus de 16€ à 35€

Alain Chevalier et Marie-France tiennent ce chalet depuis plus de 35 ans. Le chef aime travailler le poisson avec des brochettes, le pot-au-feu du pêcheur ou des encornets farcis au coulis de poivron. Pour les carnivores : le foie gras aux pommes, des escalopes de magret au miel et xérès ou le filet de bœuf aux morilles. C'est une cuisine traditionnelle servie en de copieuses assiettes. Vous êtes convié à la légendaire douceur de vivre du Pays de Cocagne. Bonus : un jardin aménagé pour les enfants et une terrasse ombragée pour accueillir les gourmets.

LE CARRÉ DE L'ANGE €€€

Palais des Evêques

✆ 05 61 65 65 65

www.lecarredelange.com

Ouvert du mercredi au dimanche le midi ; du mercredi au samedi le soir. Menus de 22 € à 69 €. Midi : 22 €. Terrasse.

Restaurant gastronomique, Bib Gourmand Michelin, dirigé par Paul Fontvieille, situé dans le prestigieux Palais des Evêques. Chaque plat est travaillé avec soin et inventivité dans le plus grand respect des produits bio et locaux et des saveurs du terroir. Voici une cuisine haut de gamme, élégante, savoureuse. Couverts design, verres en cristal gros volume, et des couteaux typiquement pyrénéens.... On peut aussi s'attarder sur la terrasse et sa vue magistrale, s'offrir une glace, savourer un thé installé dans des fauteuils grand confort. Un palais pour le palais !

LA BISCUITERIE ARIÉGEOISE

Pont du Baup

✆ 05 61 66 36 35

Ouvert du lundi au vendredi.

Rémy Houdu a créé cette biscuiterie afin de mettre à disposition tout son savoir-faire et son expérience à tous les gourmets et les gourmands. A la retraite il a transmis son entreprise à 2 gourmands, Pascale et Bernard Jougla, célébrités dans le monde de la confiture artisanale. La biscuiterie conserve l'esprit familial qu'elle a toujours eu. Découvrez les délicieuses navettes à la fleur d'oranger. Tous les produits sont locaux ou régionaux, dans la mesure du possible, et biologique.

MAISON JOUGLA - LES DÉLICES DE PASCALE

Pont Du Baup
✆ 05 61 66 36 35
www.maisonjougla.com
Ouvert du mardi au jeudi et le samedi de 9h à 12h ; le vendredi de 9h à 12h et de 14h30 à 18h.

Depuis 2012, Pascale et Bernard Jougla sont des producteurs artisanaux de confitures, gelées, chutneys, crèmes, marmelades. Plus de 60 saveurs et parfums différents, 100 % naturels. Les cuissons se font « au chaudron », à l'ancienne : le but principal est de retrouver le fruit. Bernard ne travaille que des fruits de qualité, majoritairement bios et en circuits courts. Le succès est au rendez-vous : ils ont (encore !) remporté 3 nouvelles médailles au Concours Général Agricole 2022 !

SEIX

Niché au cœur des Pyrénées, à 510 m d'altitude, Seix est édifiée dans un cadre de forêts et de prairies verdoyantes, ouvert sur toutes les vallées environnantes. Seix tient une place prépondérante dans la dynamique du pays. Sa position géographique centrale offre aux randonneurs un grand choix d'excursions, aux pêcheurs de nombreux cours d'eau, aux promeneurs la visite des vallées du Haut-Couserans... Le sportif trouvera sur place une large panoplie d'activités comme le parapente, le VTT, le rafting… Au cœur du village, remarquez les plaques mentionnant la devise : *Que som de Seish, cap de paur*, soit en français : « Je suis de Seix, je n'ai pas peur ».

CHÂTEAU DE SEIX

Montée du Château
✆ 05 34 09 88 30
www.patrimoine-du-couserans.com
Haute saison : ouvert tous les jours. Adulte : 2 €. Enfant : 1 €. Pass'famille : 5 €.

Centre d'interprétation du patrimoine culturel, le château de Seix évoque les logiques qui ont façonné le territoire actuel des vallées du Haut Salat. Ce château date des XVIe et XVIIe siècles. Un parcours scénographique permet au visiteur d'appréhender ces processus dans les contextes où ils s'inscrivent. Les liens entre homme et espace sont soulignés et interrogent notre perception de la montagne aujourd'hui pour l'intégrer à notre XXIe siècle. Il vous est même possible de piloter un hélicoptère virtuel au-dessus des Pyrénées !

ÉGLISE NOTRE-DAME DE VIC D'OUST

OUST
✆ 05 61 96 00 01
www.haut-couserans.com
Ouvert tous les jours. Visites commentées en été. Fiches descriptives en vente à l'office de tourisme.

Les églises romanes du Haut-Salat témoignent de l'unité du style de l'art roman pyrénéen. L'extérieur de ces églises, peu remanié depuis le Moyen Age, illustrent les techniques de constructions des architectes romans. En revanche, leur décoration intérieure fut retravaillée aux XVIe, XVIIe et XVIIIe siècles. Vic-d'Oust, en particulier, possède un ensemble rare, par son unité et sa conservation, de décorations et d'œuvres d'art de l'époque baroque.

OFFICE DE TOURISME DU HAUT-COUSERANS

Place de l'Allée
✆ 05 61 96 00 01
www.haut-couserans.com
Ouvert tous les jours.

Trois vallées principales sillonnent le Haut Couserans, les vallées du Salat, de l'Alet et du Garbet. L'office de tourisme du Haut-Couserans se déclinent en 4 sites d'accueil, Aulus-les-Bains, Seix, Oust et Guzet, chacun vous donnera toutes les informations sur les hébergements, les campings, les village de vacances, les disponibilités des locations de particuliers, les hôtels, les gîtes d'étapes et les résidences de tourisme et de nombreux renseignements sur la station de Guzet.

AUBERGE DES DEUX RIVIÈRES €

Pont de la Taule
✆ 05 61 66 83 57
www.aubergedesdeuxrivieres.com
9 chambres. Chambre double 45 € ; chambre triple 55 €. Restauration.

En pleine montagne, jouissant d'un calme apaisant et offrant une belle vue sur les paysages environnants, cette auberge est tenue par Robert et Philip, un Néerlandais et un Belge qui ont craqué pour ce coin d'Ariège. Philip est aux fourneaux et s'inspire de la cuisine et des traditions locales, en apportant sa touche personnelle et sa créativité. Robert vinologue de formation vous conseillera le vin assorti. Le cadre est rustique avec pierres, poutres apparentes, cheminée.

AUBERGE DU HAUT-SALAT €

Place de l'Allée ✆ 05 61 66 88 03
www.aubergeduhautsalat.com
Chambre double de 46 € à 52 € ; suite de 61 € à 62 €. Petit déjeuner : 10 €. Demi-pension : 28 €. Parking fermé.

Thierry et Cristiana vous accueillent dans leur charmant B&B situé sur la place du village. Ils vous proposent des chambres agréables et confortables. L'établissement met à votre disposition ses chambres aux hauts plafonds, revêtues de parquet, dans un style montagnard... De quoi rappeler les origines de ce bâtiment du XIXe siècle. Les propriétaires travaillent d'ailleurs à sa restauration ! Le plus ? Les terrasses présentes dans 7 des 10 chambres et le parking fermé, gratuit pour les vélos et motos ! En été, profitez à partir de 18h des «piq'Apéros» (tapas) !

RÉSIDENCE LA SOULEILLE DES LANNES €€

✆ 04 68 37 87 87
Wifi gratuit. Sauna. Animations.

A l'écart du village de Seix, en pleine nature préservée et s'ouvrant sur un paysage magnifique, la résidence La Souleille des Lannes se compose de 70 chalets de plain pied avec étage. Un véritable et authentique petit hameau où l'on vient chercher la quiétude et se ressourcer, alors que la petite station familiale de Guzet se trouve à moins de 20 km. Tous les chalets de la résidence sont aménagés avec une cuisine équipée, une salle de bains avec douche et une terrasse.

GÎTE LA COMTE €€

Cominac - **ERCÉ** ✆ 05 61 66 95 79
www.lacomte.fr
Pour 29 personnes (8 chambres). Label Rando'Plume. Nuitée 26 €, enfants : 17 €. Demi-pension 46 €, enfants 28 €.

Gîte de construction traditionnelle qui dispose d'une vue exceptionnelle sur le Valier et sur les montagnes d'Aulus. Il offre 29 places en chambres (+ 7 places en dortoir) de 2 à 5 lits, avec salle de bains, balcon et terrasse pour prendre le petit-déjeuner ou les repas au soleil. Une grande salle de 60 m² : un salon et sa cheminée ainsi qu'une bibliothèque complètent l'équipement. Parmi les activités proposées au gîte : parcours d'orientation, des sentiers à thèmes avec topo-guide et un espace ludique pour les enfants. Nombreuses randonnées, station de Guzet.

CHALET DE BEAUREGARD €

✆ 05 61 66 75 99
www.chaletdebeauregard.com
Ouvert tous les jours. Menus de 22 € à 37 €. American Express, Chèque Vacances, Chèque Restaurant. Terrasse. Animations.

Une auberge d'altitude située sur le domaine de Guzet, on y accède par télésiège en hiver et par piste en été. C'est au col d'Escot que Paul Fontvieille, a choisi d'ouvrir ce chalet et propose des sandwichs gascons aux saveurs ariégeoises. Cette construction a des allures de chalet pyrénéen : des bardages de bois habillent l'extérieur de l'établissement et des objets rappellent l'histoire du massif. La carte créative a été réfléchie pour sublimer les produits de l'Ariège. Le service est assuré en salle ou en terrasse face à un panorama exceptionnel.

HOSTELLERIE DE LA POSTE** €€

Rue Principale
OUST
✆ 05 61 66 86 33
www.hotel-poste-ariege.com
20 chambres. Chambre double de 62 € à 79 €. Animaux acceptés. Wifi gratuit.

L'esprit d'autrefois de l'ancien relais de poste est bien conservé, avec une décoration très rustique qui lui donne un cachet et un charme fou. La nature est omniprésente et vous profiterez de la vue sur les montagnes depuis la terrasse et la piscine. Les chambres sont confortables et la cuisine délicieuse. En terrasse aux beaux jours ou dans la salle à manger avec sa grande cheminée, vous dégusterez le tatin de confit de canard ou le carré d'agneau du pays.

FROMAGERIE LE ROGALLAIS

5, quartier de la Tuilerie ✆ 05 61 96 54 06
www.lerogallais.com
Ouvert du lundi au samedi de 9h à 12h30 et de 14h30 à 15h ; le dimanche de 9h à 12h30.

La fabrication du rogallais, fromage de vache, de brebis ou de chèvre mais aussi au savant mélange des trois laits et à la croûte naturelle, a été transmise de père en fils depuis cinq générations, en fille devrait-on dire car maintenant, Marie-Lise Coumes est aux commandes. Devant la salle de fabrication, les secrets du travail du lait vous seront dévoilés. Vous apercevrez de la cave d'affinage, uniquement vue de l'extérieur. Ne repartez pas sans un bon morceau de cette production : fromage de chèvre, vache, brebis, ou alors un bon beurre de baratte.

SENTEIN

Capitale de la vallée du Biros, Sentein garde les traces d'un passé glorieux. Dès l'entrée du village, on aperçoit le clocher. Avec ses 42 mètres, il est le troisième du Couserans après Massat et Saint-Girons. Fleuron de l'art roman franco-catalan, l'église a conservé l'enceinte fortifiée qui permettait aux habitants de se protéger des exactions. Elle abrite de magnifiques fresques. Cette église est d'une grande richesse, même si les outrages du temps et le choix des hommes l'ont quelque peu démantelée. Sentein a longtemps vécu des mouvements pastoraux et commerciaux anciens avec son voisin espagnol du Val d'Arann à quelques heures de marche, par les crêtes étroites qui entourent la vallée. Depuis le milieu du XIXe siècle, les mines de zinc et de plomb ainsi que les thermes transforment le village en petite ville qui atteint les 3 000 habitants en 1846. Aujourd'hui la population se réduit à quelques dizaines d'âmes. A cause de la fermeture des mines et des sources mal compensées par l'électricité, la ville est aujourd'hui devenue très paisible. A quelques kilomètres des poulies restent suspendues dans le vide et les grandes bâtisses sont à l'abandon. Les mines, devenues fantômes, offrent un paysage digne de l'Ouest américain. La commune fait partie intégrante du parc naturel régional des Pyrénées ariégeoises grâce à la qualité de son patrimoine naturel. Trois sites sont labellisés Natura 2000 (la vallée de l'Isard, le mail de Bulard et les pics de Maubermé, de Serre-Haute et du Crabère »). Elle est également classée zones naturelles d'intérêt écologique, faunistique et floristique.

ÉGLISE FORTIFIÉE ✝ ★

✆ 05 61 96 10 90

www.tourisme-biros.com

Haute saison : ouvert le mardi et le jeudi de 15h30 à 17h. Autres périodes sur rendez-vous.

Sentein est le village principal de la vallée du Biros. Il doit sa notoriété aux anciennes mines et au thermalisme, il est maintenant tourné vers le pastoralisme et la randonnée. Récemment redécouverte, l'église fortifiée Notre-Dame de Sentein mérite le détour. Construite une première fois dès le XIIe siècle, (seul le clocher a subsisté de cette époque), elle abrite de magnifiques fresques du XVIe découvertes au milieu des années soixante. Deux tours de la fortification subsistent. La visite prévoit le circuit historique du village et de l'église.

LES EGLISES DU BIROS ✝

Boulevard du Barry

Ouvert toute l'année. Tous les jours.

Le Biros est constitué de 6 villages possédant chacun une église. Ces 6 églises n'ont peut-être pas la notoriété de celles d'Unac ou de Saint-Jean-de-Verges, elles n'ont pas la chance d'être situées sur un axe important de circulation, elles ne drainent pas des foules importantes, mais elles ont un charme fait d'humilité et de discrétion, un peu à l'image des Biroussans. En route pour les églises du Biros, sur un circuit particulièrement futé, celui de la Soulane qui passe par les villages de Antras, Balacet, Bonac, Irazein, Sentein, Uchentein.

LA MAISON DU RABADA €€

Place de l'Eglise

✆ 05 61 96 07 76

www.rabada.fr

Fermé en janvier. 3 chambres. Demi-pension : 95 € (pour 2 personnes). Chèque Vacances. Table d'Hôtes.

Situé à 800 m d'altitude, ce petit village de montagne est un havre de paix. La maison, face à l'église, est une ancienne demeure aux pierres grises qui a été restaurée et décorée avec talent et goût par Véronique. Vous y trouverez 3 chambres d'hôte offrant un confort comparable aux prestations hôtelières classiques. Douche dans les chambres, grand salon, salle à manger, magnifique cheminée, coin lecture, jeux, télévision… En réservant il vous sera servi une cuisine familiale préparée en partie au feu de bois. Le calme et le repos sont garantis.

PASSPORT

ORGANISER SON SÉJOUR

Vous allez ou vous venez de prendre l'excellente décision de venir passer quelques jours dans la belle Ariège. Vous l'avez choisie pour son côté sauvage, naturel, son mode de vie simple et sain, son patrimoine historique, voire même préhistorique… Donc la question peut se poser : Y a-t-il des routes ? Y a-t-il encore des brigands de grands chemins ? Peut-on y aller en train ? Comment s'informer sur ce qu'il s'y passe ? Rassurez-vous, le Renard vit sur place et pas dans une grotte. Ce guide va vous aider à passer un moment fantastique dans ce département couvert par les médias, la fibre optique, un développement des réseaux téléphoniques absolument exceptionnel (vous pourrez envoyer une photo de marmotte sur « Insta » depuis n'importe quelle vallée.) Vous pourrez vous déplacer en voiture, à vélo (avec de bons mollets), en canoë/kayak, à ski… Vous trouverez dans ce chapitre tout le nécessaire pour appréhender votre séjour.

S'Y RENDRE

On ne passe pas par hasard en Ariège, on s'y rend ! Il n'y a qu'une seule et unique ligne de train, qu'une seule et unique autoroute à péage (l'A66) qui desservent l'Ariège. L'autoroute est justement nommée l'Ariégeoise, de Villefranche de Lauragais à Pamiers. Ensuite, une route à quatre voies la prolonge jusqu'à Tarascon-sur-Ariège. Le tunnel de Foix permet heureusement d'éviter la traversée de la cité comtale en direction de l'Andorre. L'Ariège dispose de quelques aérodromes, notamment celui de Pamiers (où l'on peut apercevoir quelques fois le Falcon présidentiel) mais les vols commerciaux atterrissent à Toulouse (87 km de Foix) ou à Carcassonne (82 km de Foix), il faudra ensuite prendre un train ou un bus pour continuer le périple vers l'Ariège, mais la location d'une voiture semble la solution la plus judicieuse surtout la plus pratique tant les points de découverte sont éloignés les uns des autres.

AÉROPORT DE TOULOUSE-BLAGNAC

✆ 08 25 38 00 00
www.toulouse.aeroport.fr

Situé à moins de 30 minutes de route du département du Tarn, l'aéroport Toulouse-Blagnac permet de rejoindre plusieurs destinations internationales et nationales en quelques heures. Il est très facile d'accéder à la gare de Toulouse-Matabiau depuis le réseau ferré tarnais. Depuis la gare, le métro toulousain ou la navette de l'aéroport vous amènera jusqu'à l'aéroport de Toulouse-Blagnac en dizaines de minutes. L'aéroport est moderne et à taille humaine.

GARE DE FOIX

17, avenue Pierre Sémard
FOIX
✆ 08 91 67 68 69
www.voyages-sncf.com

Ouvert tous les jours de 5h40 à 21h30. Distributeur de titres de transport TER.

Foix a la chance de posséder depuis une superbe gare multimodale (utilisation combinée de plusieurs modes de transport) permettant ainsi de réduire l'utilisation de l'automobile. Accès piétons facilité, également pour les personnes à mobilité réduite, consignes à vélo couvertes et attache- vélos, arrêts de bus avec abri, parking arboré de 260 places, borne de recharge pour véhicules électriques, des espaces verts et fleuris. L'ensemble a reçu le trophée Orquasi en 2017 (Observatoire Régional de la Qualité de Service des Infrastructures).

AÉROPORT SUD DE FRANCE CARCASSONNE

Route de Montréal - **CARCASSONNE**
✆ 08 20 67 34 11
www.aeroport-carcassonne.com

Wifi, location de véhicules, parking, taxis, navettes, boutiques, restauration.

L'aéroport de Carcassonne assure 4 vols réguliers vers Bruxelles, Londres, Manchester, Dublin et 5 vols estivaux à destination de Porto, Cagliari, East Midlands, Édimbourg et Cork exploités par la compagnie aérienne Ryanair. L'aéroport, qui s'est doté d'une «passerelle» permettant l'accès direct aux avions, est aussi ouvert au trafic national et aux avions privés. Des navettes vous attendent en sortie principale de l'aéroport, pour établir la liaison jusqu'au cœur de ville de Carcassonne.

GARE SNCF DE PAMIERS

La Gare - **PAMIERS**
✆ 05 61 67 00 85
www.voyages-sncf.com

Lun-ven 6h-22h30, samedi jusqu´à 21h3, dimanche & jours fériés 7h-21h30. Guichet 8h-19h, dimanche & j. fériés 12h-19h.

La petite gare de Pamiers, récemment rénovée, accueille près de 350 000 voyageurs par an, ce qui en fait la gare la plus fréquentée d'Ariège. Elle est desservie par les trains Intercités qui cheminent de Paris jusqu'à la frontière espagnole, à la gare de Latour-de-Carole-Entveigt (deux heures depuis Pamiers), où l'on peut embarquer dans le caractéristique Train Jaune touristique. Elle accueille également les TER qui la relient à Toulouse. Elle dispose d'un parking, d'un parc à vélos et d'automates pour la vente de billets de TER quand les guichets sont fermés.

SÉJOURS ET CIRCUITS

Venir en Ariège et pas envie de se prendre la tête à choisir que voir ou que faire ? Normalement le guide que vous avez entre les mains devrait répondre à la moindre de vos interrogations ! Mais il est vrai qu'il est parfois plus facile et plus confortable de confier ses rêves et ses projets à des professionnels du tourisme, ou de grandes agences qui vous proposerons des séjours clefs en main qui correspondront totalement à vos goûts et vos attentes. Pour des escapades plus spécifiques, à cheval, en montagne… il existe aussi des guides spécialisés qui vous bichonneront. Pour les skieurs qui arrivent depuis Toulouse et qui veulent profiter des pistes de ski, la SNCF a mis en place une ingénieuse formule : l'offre Skirail. Tout est compris, le train aller retour, l'accès en télécabines à la station, aller retour bien sûr, et le forfait journée pour profiter à fond du superbe domaine skiable d'Ax 3 Domaines.

BUREAU DES GUIDES EQUESTRES TRANSPYRENEENS

Le Bayche
DUN
✆ 05 61 69 01 99
www.equipyrene.org
Ouvert toute l'année.

Le réseau EQUIPYRENE mis en place depuis plus de 25 ans a pour but de rassembler pour toutes les Pyrénées une dizaine de guides équestres, fondateurs du Bureau des Guides Équestres Transpyrénéens (BGET), mais aussi d'autres professionnels de la randonnée équestre comme des écoles d'équitation ou des gîtes équestres, ou bien encore des selliers… Une adresse bien précieuse pour qui veut vivre une randonnée transpyréenne et ses 3 000 kilomètres de sentiers.

PYRENEVASION

6, route de Ganac
FOIX
✆ 06 88 24 12 64
www.canyoning-ariege.com

Jean Nadal aime la montagne et le sport et il sera le guide par excellence qu'il vous faut. Il vous accompagnera, seul, en groupe ou en famille, et vous conseillera pour des expériences ou des découvertes en canyoning, en randonnée vers les étangs ou le Montcalm, en randonnées ou descente en VTT (formule adaptée aux non-voyants). En hiver, Jean Nadal est également moniteur de ski. Notre supersportif est bien sûr diplômé dans toutes ces disciplines. Il vous guidera en toute sécurité et partagera ses passions des sensations et de la montagne ariégeoise.

E.LECLERC VOYAGES

✆ 08 25 88 46 20
www.leclercvoyages.com

E.Leclerc a sélectionné pour vous les offres des meilleurs voyagistes. Un grand choix de formules, vous pouvez payer en plusieurs fois, l'agence s'adapte à votre statut, allant de monoparental, à jeunes mariés, ou encore à spécial enfant. Des conseillers vous aident pour voyager, et petit plus : un carnet de voyages vous sera donné avant le départ en vacances. S'adaptant à chaque voyageur, il vous est proposé des destinations partout dans le monde. En général, niveau prix, vous pouvez trouver des formules plus économiques que chez les spécialistes.

QUOTATRIP

www.quotatrip.com
Voyages sur mesure.

QuotaTrip est une nouvelle plateforme de réservation de voyage en ligne qui met en relation des voyageurs à la recherche d'expériences authentiques et uniques et des agences de voyages locales sélectionnées pour leurs compétences et leur sérieux. Le réseau de QuotaTrip couvre près de 200 destinations dans le monde entier. Le but de ce rapprochement est simple : proposer un séjour entièrement personnalisé aux utilisateurs. QuotaTrip promet ainsi l'assurance d'un voyage serein, sur mesure, sans intermédiaires et sans frais supplémentaires.

SE LOGER

Il est très facile de se loger en Ariège. Camping, hôtel, chambre d'hôtes, gîte d'étape, en montagne, en plaine, au ski, ou comme la célèbre Martine, à la ferme. Il y en a pour tous les goûts, toutes les bourses, toutes les envies… On peut passer par des grandes plates-formes internationales, dormir chez l'habitant ou bénéficier de prestations de qualité proposée par de véritables professionnels du tourisme. Tout est possible dans ce département, axé sur la nature et la qualité de ses accueils. Intéressante et originale initiative de l'Agence de Développement Touristique de l'Ariège que sont les « Routes du Catharisme et du Moyen Age ». Les acteurs touristiques de l'Ariège et du Bergueda (en Catalogne espagnole) se sont associés dans une démarche commune de qualité et de gestion environnementale pour vous faire découvrir leurs régions. Au fil de la route, divertissez-vous en participant aux fêtes, festivals et manifestations.

WORKAWAY €€

www.workaway.info

Ici, le système est simple : être nourri et logé en échange d'un travail. Des fermes, des maisons à retaper, ou plus simplement des vendanges ou cueillettes… Une expérience unique en son genre où l'on ne paye pas son hébergement avec de l'argent mais en rendant des services. Ce mode de logement alternatif, s'il n'est pas de tout repos, est de plus en plus populaire. Lors de notre dernière visite, des hôtes proposaient le gîte et parfois le couvert, majoritairement en échange de la pratique de l'anglais avec eux... Un bon deal !

GÎTES DE FRANCE ARIÈGE €€

2, boulevard du Sud - **FOIX**

✆ 05 64 25 05 68

www.gites-de-france-ariege.com

Ouvert toute l'année. Du lundi au jeudi de 8h00 à 12h30 et de 13h30 à 17h30.

Vous désirez découvrir le département, affronter les montagnes et leurs lacs, découvrir une nature authentique, des paysages grandioses où coulent torrents et rivières ou bien vous préférez vous promener à travers les vertes vallées pour visiter cités médiévales, bastides et grottes peintes. Gîtes de France Ariège saura vous aider à dénicher le gîte, la chambre d'hôtes ou le chalet idéal pour votre séjour parmi les 500 hébergements en Ariège-Pyrénées. Leur site internet propose les réservations en ligne et des bons plans de locations de dernière minute.

BIENVENUE À LA FERME OCCITANIE €€

32, rue de Lisieux

TOULOUSE

✆ 05 61 10 43 01

www.bienvenue-a-la-ferme.com/occitanie

Bienvenue à la Ferme.

Le réseau Bienvenue à la Ferme est une mine de bonnes idées pour vos escapades au vert. Il réunit plus de 8 000 agriculteurs. Au programme, selon les adresses : visite de l'exploitation, vente directe, restauration et gîte. C'est une bonne idée pour un retour à la nature le temps d'un week-end ou de vacances en famille. De nombreuses solutions de logement sont proposées d'une ferme à l'autre : camping, chambre d'hôtes, hébergement insolite... À chacun ses vacances à la ferme !

ACCUEIL VÉLO €€

Accueil Vélo est une marque nationale qui garantit un accueil et des services de qualité pour l'accueil des cyclistes. Le label peut être attribué à un hébergement, un loueur de cycles, un réparateur de cycles, un restaurateur, un office de tourisme, un site touristique. Les normes à respecter sont les suivantes : être à moins de 5 km d'un itinéraire cyclable, disposer d'un équipement adapté (abri sécurisé, kit de réparation), disposer de services adaptés aux cyclistes tels les transferts des bagages, la possibilité de lavage et séchage du linge et des vélos...

SE DÉPLACER

Il n'y a qu'une seule voie ferrée dans le département, bien pratique et très agréable dans sa diversité de paysages, elle permet de se déplacer de Toulouse à Latour-de-Carol dans les Pyrénées-Orientales, en traversant Pamiers, Foix, Ax-les-Thermes et de nombreux villages. Mais à partir de cet axe, il faudra trouver d'autres véhicules pour s'enfoncer dans les vallées. L'auto-stop marche assez bien dans le département, les automobilistes sont habitués. De nombreuses lignes de bus sillonnent le département, reliant les principales agglomérations mais également Toulouse. Pour obtenir plus d'informations sur les villes desservies ainsi que les horaires, rendez-vous sur le site Internet de la Région Occitanie (www.mestrajets.lio.laregion.fr). Il est quand même plus judicieux d'être indépendant et motorisé si on veut véritablement avoir la liberté d'aller où bon nous semble sur ces nombreuses routes de montagne.

ADA

6, route de Foix
PAMIERS
✆ 0561683838
Ouvert du lundi au vendredi de 8h à 18h ; le samedi de 8h à 12h et de 14h à 18h.

ADA est le leader français de la location de voitures de proximité. Le loueur propose la plus importante sélection de véhicules de tourisme de grandes marques (Renault, Peugeot, Mercedes...), disponibles dans un réseau de plus de 480 agences. Tous les modèles sont disponibles, pour tous les budgets : de la citadine compacte pour les vacances à deux au monospace pour les longs séjours en famille, sans oublier les cabriolets ou 4x4 pour l'aventure... Les agences sont présentes dans l'ensemble des grands aéroports, les gares, les moyennes et grandes villes.

EUROPCAR

1, avenue De Toulouse
PAMIERS
✆ 05 61 67 06 15
Ouvert du lundi au samedi de 7h à 20h.

De la petite citadine aux voitures de luxe, minibus, camionnettes et fourgonnettes, Europcar dispose d'un vaste choix d'options de location. Depuis plus de 60 ans, cette compagnie est spécialiste dans la location de voitures thermiques ou hybrides, de voiture de prestige, et de tous types de véhicules utilitaires dans 365 agences en France et dans plus de 3 835 destinations à travers le monde dont 140 pays. Cette société de location est, de plus, réputée pour sa qualité de service incomparable et ses relations avec sa clientèle.

AVIS

Avenue de Rome
BLAGNAC
✆ 08 21 23 07 60
www.avis.fr

Le groupe Avis dispose d'une agence de location de voitures directement située dans l'aéroport de Toulouse-Blagnac. Les agents d'Avis vous conseillent et vous renseignent sur le choix du véhicule, des options sur-mesure, des accessoires et des assurances. De la simple réservation d'une journée à la location de plusieurs semaines, vous pouvez trouver l'offre qui s'adaptera à votre séjour. Avis propose un large choix de véhicules depuis le modèle économique jusqu'à la voiture de prestige. Avis s'engage sur de nombreux critères de qualité.

LE PETIT PLATEAU

rue de la gare
LES CABANNES
✆ 06 42 42 84 35
www.vtt-location-ariege.com
Ouvert tous les jours de 8h30 à 12h30. Après-midi sur réservation.

« Quand on partait de bon matin, quand on partait sur les chemins… à bicyclette ». En Ariège il y a Montand et descendant. Vous pourrez louer aux Cabannes ou sur le plateau de Beille des VTT enfants et adultes, à assistance électrique, pour des promenades en famille, seul ou avec un guide ! Le matériel est récent et performant. On peut également louer ou acheter un large panel d'accessoires pour agrémenter la rando. Florent réparera et en prendra le plus grand soin. Bon à savoir, pendant la saison de ski, vente de forfaits. Location luge, raquettes.

S'INFORMER

Présence de la régie d'une chaine de Télévision nationale, nombreux titres de presse hebdomadaires et un journal quotidien, radios commerciales et surtout des radios totalement indépendantes, une multitude de sites internet et de pages dédiées sur les réseaux sociaux, l'Ariège est véritablement couverte médiatiquement. Chaque jour, on s'accompagnera de la Dépêche du Midi en écoutant la programmation et les magazines de Radio Transparence. On découvrira d'excellents reportages chaque semaine dans la Gazette Ariégeoise et on s'évadera grâce aux photos de l'Ariégeois Magazine. Pour sortir, La Bougeotte, en complément, bien entendu, de votre guide préféré (que vous avez entre les mains) ! Et chaque soir, au coeur du journal régional de France 3 Occitanie (édition Toulouse), les passionnants reportages de l'antenne locale de Foix toujours sur le fil de l'épée et à la pointe de l'actualité locale.

AGENCE DÉVELOPPEMENT TOURISTIQUE ARIÈGE PYRÉNÉES

2, boulevard du Sud
FOIX
✆ 05 61 02 30 70
www.ariegepyrenees.com

Le site Internet qui est parfait pour aider les touristes à glaner la moindre information utile pour partir à la découverte de notre beau département à vélo, en rando... Vous pouvez ainsi télécharger toutes les brochures possibles, réserver directement en ligne un hôtel, un gîte, un camping ou une chambre d'hôtes, vous informer sur les découvertes gastronomiques et culturelles, les sports, l'aventure… Bref, une étape indispensable pour qui veut découvrir l'Ariège.

LA BOUGEOTTE

Domaine de Ruffié
FOIX
✆ 05 61 65 14 64
www.la-bougeotte.com
Mensuel.

Depuis 2012, La Bougeotte est un magazine mensuel gratuit que l'on trouve partout et dans tout le département de l'Ariège qui tire à 40 000 exemplaires en été. Vous ne pouvez pas le rater ! C'est le « pariscope » du département qui recense toutes les sorties et manifestations locales (les conférences, les expositions, les concerts, le théâtres sous toutes ses formes, les festivals estivaux..). Idéal également pour connaitre ce que fait l'association de votre village ou de votre quartier. Version internet et application, bien sûr. La bougeotte pour ceux qui l'ont.

PYRENÉES FM

99, route d'Espagne - **TOULOUSE**
✆ 05 61 44 00 00 - www.pyreneesfm.com
Fréquences : Andorre 90.7 ; Ariège 90.7 et 107.5 ; Aude 97.1, 104.1, 107.5 ; Haute-Garonne 107.5.

Pyrénées Fm est une radio régionale qui diffuse ses programmes sur une grande partie des Pyrénées, la région toulousaine, l'Aude, l'Ariège, les Pyrénées-Orientales, l'Andorre et prochainement en Nouvelle-Aquitaine, à Pau et Bayonne. Grâce à une programmation musicale variée où se mêlent informations nationales et locales, la Radio a su conquérir un public d'environ 100 000 auditeurs réguliers. Média de proximité, elle favorise un contact permanent avec les acteurs économiques et culturels sur sa zone d'écoute. Un média incontournable de la région.

100% RADIO

www.centpourcent.com
Ouvert toute l'année. Fréquence 91.6 mhz. Tous les jours.

100% RADIO est la première radio indépendante d'Occitanie et l'un des plus grands médias du sud de la France. Informer et divertir est la devise de la station, résumée par son identité « Les Tubes et l'Info ». Cela se traduit par une grille des programmes ambitieuse faite de convivialité et de personnalités fortes. Bien évidemment présente sur la FM avec 29 fréquences étalées de Pau à Perpignan et de Cahors à Font-Romeu, la marque du groupe 100% se décline désormais sur le digital : Internet, application, web radios thématiques, informations en ligne.

AZINAT.COM

FOIX

✆ 05 34 01 53 86

www.azinat.com

Un site d'information départementale, maintenant basé à Foix, dont la notoriété n'est plus à démontrer, qui s'est spécialisé dans les infos culturelles et festives et tend à devenir un média multi sujets par une présence plus accrue sur le terrain. On trouvera également des rubriques plus diversifées, l'invité de la semaine embarqué... Sa vocation est avant tout de réunir tous les Ariégeois territoriaux ou expatriés. Un site incontournable pour qui veut savoir ce qu'il se passe dans le département pour «tous les Ariégeois de cœur, d'origine et d'adoption».

TOULOUSE FM 92.6

✆ 05 62 20 30 40 - www.toulouse.fm

Fréquence FM sur Toulouse 92.6, Saint-Gaudens 93.6, Pamiers 102.9, Ax-les-Thermes 95.6 et Auch 88.6.

Écoutez Toulouse FM sur toute la région ! Au programme : info de proximité, bonne humeur, jeux avec de nombreux cadeaux à gagner, le plein de hits et tous les bons plans pour vivre et sortir en famille... À ne pas rater, tous les soirs à 19h, à l'heure des tapas, c'est l'apéro latino ! Toulouse FM organise chaque année, à la mi-novembre, la Journée Mondiale de la Chocolatine, pour célébrer l'emblématique viennoiserie du Sud-Ouest et les artisans ! C'est aussi la radio des grands évènements et des clubs sportifs... en FM mais aussi sur l'Appli et le site internet.

LA DÉPÊCHE DU MIDI

FOIX

✆ 05 61 05 45 00

www.ladepeche.fr

Ouvert toute l'année. Tous les jours et les jours fériés.

C'est évidemment le quotidien de l'Ariège, c'est aussi le seul depuis plus de cent ans. Plus qu'un journal, c'est une institution, une habitude, un rituel dans certains cafés. En dehors des informations nationales et régionales, plusieurs pages sont entièrement consacrées à l'Ariège : spectacles, faits divers, politique, petites infos ou grands événements. Indispensable pour savoir ce qui se passe au quotidien. Le site Internet reprend également quelques articles locaux. Sur abonnement, accès à des reportages et aux vidéos en ligne.

LA GAZETTE ARIÉGEOISE

✆ 05 61 02 91 72

www.gazette-ariegeoise.fr

Ouvert toute l'année. Tous les jours et les jours fériés. Abonnement 43 € par an.

Créé le 26 octobre 1944, c'est un hebdomadaire d'information générale et d'annonces légales. Economie, sports, culture, terroir, éducation, gastronomie, histoire en sont les principales rubriques rédigées par des journalistes professionnels et intègres. C'est véritablement la voix incontournable de l'Ariège. Un site web et une application iPhone afin de rester proche de ceux qui ont abandonné le papier au profit du tout numérique. L'Ariège a encore des médias libres et indépendants, nous devons soutenir une équipe investie, sérieuse et compétente.

FRANCE 3

32, avenue du Général-de-Gaulle

FOIX

✆ 05 62 23 99 31

www.france3.fr

Ouvert tous les jours et les jours fériés.

L'antenne ariégeoise de France 3 Sud existe depuis 2008. Le célébrissime Pascal Dussol, l'enfant du pays, journaliste-reporter d'images, bretteur et joueur d'accordéon, couvre, au plus près du terrain, l'actualité de l'Ariège et de l'Andorre. Des équipements techniques et informatiques de la toute dernière génération assurent une transmission de très haute qualité et un studio aménagé dans ces lieux permet des duplex, en direct ou en différé. On savait que l'Ariège produisait des hommes et du fer, elle produit également des images.

RADIO COUSERANS

✆ 05 61 66 21 00

www.radiocouserans.fr

Ouvert toute l'année. 24h/24.

Depuis 40 ans (bon anniversaire), RDC, la radio associative du Couserans a créé un lien entre tous les Couserannais. Cette radio est là, contrairement aux radios nationales, pour parler de tout le Couserans, le faire vivre et donner la parole au plus grand nombre, et en toute modestie et participer au rapprochement de toutes les vallées. Possibilité d'écouter la radio en *streaming* sur internet. Fréquences hertziennes : 94.7 FM Saint-Girons, Bas-Salat. 90.7 FM Bas-Salat et Comminges. 105.2 FM Castillon, Sentein, Saint-Lary et 99.2 FM Haut-Salat, Guzet, Massat.

ON EST
LÀ LÀ LÀ !
ÉCOUTEZ NOUS AUSSI EN ARIÈGE !
TOULOUSE FM
PAMIERS
102.9
AX
95.6
www.toulousefm.fr
DISPONIBLE SUR Google Play
Télécharger dans l'App Store
dab+

Aulus-les-Bains.

INDEX

EDITION
Directeurs de collection et auteurs : Dominique AUZIAS et Jean-Paul LABOURDETTE
Responsable d'édition : Christiane BOUCHE-ALBERTINI
Auteurs : Maxime ALARD, Gilles CASTROVIEJO, Agnès VIGNON, Jean-Paul LABOURDETTE, Dominique AUZIAS et alter
Directeur Editorial : Stéphan SZEREMETA
Rédaction France : Briséis CREAC'H-MENUT, Mélanie COTTARD, Audrey VEDOVOTTO, Nicolas WODARCZAK
Rédaction Monde : Laure CHATAIGNON, Morgane VESLIN, Pierre-Yves SOUCHET, Natalia COLLIER

FABRICATION
Maquette et Montage : Romain AUDREN, Julie BORDES, Delphine PAGANO
Iconographie et Cartographie : Anne DIOT, Julien DOUCET

WEB ET NUMERIQUE
Directeur Web : Louis GENEAU DE LAMARLIERE
Développeurs : Guillaume BARBET, Adeline CAUX et Roland SPOUTIL
Intégrateur Web : Mickael LATTES, Antoine DION
Webdesigner : Caroline LAFFAITEUR
Community Traffic Manager : Alice BARBIER, Mariana BURLAMAQUI et Noémie LE SAUX

DIRECTION COMMERCIALE
Directeur commercial : Guillaume VORBURGER
Coordinatrice des Régies commerciales : Manon GUERIN assistée de Jonas HESOL
Account Manager Marketplace : Leila ROUGEOT assistée de Lola FAVRE-MOT
Responsable Régies locales : Michel GRANSEIGNE
Responsables Développement régie inter : Jean-Marc FARAGUET et Guillaume LABOUREUR et Camille ESMIEU
Chefs de Publicité Régie nationale : Caroline AUBRY, François BRIANCON-MARJOLLET, Perrine DE CARNE MARCEIN, Jonathan TOUTOUX et Amélie NOEL

DIFFUSION ET PROMOTION
Directrice des Ventes : Bénédicte MOULET assistée d'Aissatou DIOP
Responsable des ventes : Jean-Pierre GHEZ assisté de Nelly BRION
Relations Presse-Partenariats : Jean-Mary MARCHAL

ADMINISTRATION
Président : Jean-Paul LABOURDETTE
Directrice des Ressources Humaines : Dina BOURDEAU assistée de Sandra DOS REIS et Eva BAELEN
Directrice Administrative et Financière : Valérie DECOTTIGNIES
Comptabilité : Guillaume PETIT, Aminata BAGAYOKO, Jeannine DEMIRDJIAN
Recouvrement : Fabien BONNAN assisté de Sandra BRIJLALL
Responsable informatique : Elie NZUZI-LEBA

PETIT FUTÉ ARIÈGE
LES NOUVELLES EDITIONS DE L'UNIVERSITE
18, rue des Volontaires - 75015 Paris.
✆ 01 53 69 70 00 - Fax 01 42 73 15 24
Internet : www.petitfute.com
SAS au capital de 1 000 000 € - RC PARIS B 309 769 966
Couverture : Tarascon-sur-Ariege, © JackF - iStockPhoto.com
Impression : IMPRIMERIE CHIRAT - 42540 Saint-Just-la-Pendue
Achevé d'imprimer : juin 2022
Dépôt légal : 01/08/2022
ISBN : 9782305074030
Pour nous contacter par email, indiquez le nom de famille en minuscule suivi de @petitfute.com
Pour le courrier des lecteurs : info@petitfute.com

IMPRIMÉ EN FRANCE